LES COMMENCEMENTS D'UNE CONQUÊTE

L'ALGÉRIE

DE 1830 A 1840

PARIS. TYP. DE E. PLON, NOURRIT ET Cie, RUE GARANCIÈRE, 8.

LES COMMENCEMENTS D'UNE CONQUÊTE

L'ALGÉRIE

DE 1830 A 1840

PAR

CAMILLE ROUSSET

DE L'ACADÉMIE FRANÇAISE

TOME SECOND

PARIS

LIBRAIRIE PLON

E. PLON, NOURRIT ET Cie, IMPRIMEURS-ÉDITEURS

RUE GARANCIÈRE, 10

1887

LES COMMENCEMENTS

D'UNE CONQUÊTE

CHAPITRE VI

LE MARÉCHAL CLAUZEL

I. Proclamation du maréchal Clauzel. — Ses vastes projets. — Les Hadjoutes. — II. Affaires d'Oran. — Occupation de l'île de Rachgoun.— Expédition de Mascara.— Combats du Sig et de l'Habra. — Le duc d'Orléans. — Occupation et évacuation de Mascara. — III. Projet pour l'occupation totale de l'Algérie. — Abd-el-Kader reprend l'offensive. — Expédition de Tlemcen. — Opérations sur la Tafna. — Contribution de Tlemcen. — IV. Opérations du général Perregaux. — Expédition de Médéa. — Combat du Ténia de Mouzaïa. — Départ du maréchal Clauzel pour Paris. — Le général d'Arlanges à la Tafna. — Combat de Sidi-Yacoub. — V. Le général Bugeaud. — Marche sur Tlemcen. — Marche sur le camp de la Tafna. — Combat de la Sikak. — Opinion du général Bugeaud sur l'Algérie.

I

« Avec l'ardeur d'un sous-lieutenant, écrivait vingt années plus tard le général Changarnier, le maréchal Clauzel en avait, à soixante-trois ans, l'imprévoyance. Habile dans le maniement des troupes, ferme en face des difficultés parfois imprudemment provoquées, équitable et bienveillant dans l'exercice du commandement, même à l'égard des hommes qui, dans la vie politique, auraient été ses adversaires, il était aimé des officiers, même des soldats, quoique négligent, non indifférent, il ne donnât pas assez de soins au bien-être de ces généreux instruments de sa gloire. Incomplet, inégal, mais doué de rares facultés, il est, de tous les hommes de guerre que j'ai vus de près, celui qui m'a le plus instruit par ses défauts comme par ses grandes qualités. »

Profondément troublé par le désastre de la Macta, Alger attendait avec impatience le maréchal Clauzel. Quand il débarqua, le 10 août 1835, sur le quai de la Marine, d'où il était parti, quatre ans et demi auparavant, délaissé par la faveur populaire, il fut accueilli par une foule enthousiaste. C'était, pour beaucoup, à la médiocrité de ses prédécesseurs qu'il devait ce regain de popularité; entre eux et lui, la comparaison était tout à son avantage; on le regrettait déjà sous le général Berthezène; sous le comte d'Erlon, on le réclamait à grands cris. Son attitude à la Chambre des députés, en face des ennemis de la conquête, avait achevé de rétablir son prestige. Tel on l'avait vu en 1831, tel on le revoyait en 1835. En faveur de ses qualités, qui paraissaient plutôt rajeunies, on oubliait volontiers ses défauts, ou l'on aimait à croire qu'il s'en était corrigé : on se trompait. La confiance excessive en soi-même, la mobilité d'esprit, l'imprévoyance, les illusions étaient toujours aussi grandes. Il en donna tout de suite la preuve dans une proclamation dont l'optimisme promettait bien plus qu'il ne pouvait tenir.

« Habitants de la régence d'Alger, disait-il, ma nomination au gouvernement des possessions françaises dans le nord de l'Afrique est un acte des plus significatifs des intentions du roi des Français. Quelque compliquées que soient en ce moment les affaires, je parviendrai, j'en ai l'espoir, avec l'aide de l'administration et le concours des habitants, à rétablir la paix, après avoir puni les rebelles, quels qu'ils soient et où qu'ils se trouvent, à favoriser toutes les entreprises agricoles et commerciales dans une grande étendue de pays, à attirer des cultivateurs européens dans la régence pour fertiliser par leurs travaux les terres les plus riches du monde connu, et à donner ensuite un grand développement au commerce de la colonie, développement dont le commerce et l'industrie de la métropole ressentiront aussi les heureux effets. Habitants de la régence d'Alger, livrez-vous à l'espérance ; elle ne sera pas déçue sous mon administration. Formez et exécutez librement des entreprises dans l'étendue des terres que nous occupons, et vous y recevrez toute la protection de la force qui est à ma disposition ; mais sachez aussi que cette force dont je dispose n'est qu'un moyen secondaire ; car c'est seulement par l'émigration européenne, le travail des colons et le commerce que nous jetterons ici des racines profondes. Nous formerons, à force de persévérance, un nouveau peuple qui grandira plus vite encore que celui qui commença sa création au delà de l'Atlantique, il n'y a pas un siècle. »

Cette déclaration n'était pas du tout en rapport avec les instructions que le nouveau gouverneur avait reçues du maréchal Maison, ministre de la guerre. Il lui avait été bien recommandé, précisément au sujet des entreprises commerciales, industrielles et agricoles, de prévenir des rêves et des prétentions que le gouvernement ne pouvait admettre, et de se garder bien d'encourager prématurément des essais de colonisation dont le résultat, dans les circonstances présentes, ne pouvait être pour la métropole qu'une charge onéreuse. Aussi le ministre n'hésita-t-il pas à regretter, sinon à blâmer formellement, les promesses au moins imprudentes du gouverneur général.

C'était d'abord et surtout le désastre de la Macta que le maréchal Clauzel avait mission de venger; mais, comme les ressources de l'armée d'Afrique n'y pouvaient pas suffire, il avait été convenu que quatre régiments d'infanterie envoyés de France viendraient renforcer la division d'Oran; malheureusement une invasion simultanée du choléra en Algérie et en Provence arrêta soudain et empêcha longtemps le départ de ces troupes; le seul 47ᵉ de ligne put arriver à Mers-el-Kébir au commencement du mois de septembre. Pendant quinze jours, du 8 au 21 août, les habitants d'Alger, les Juifs surtout, furent cruellement éprouvés par le fléau; du côté des Arabes, Blida, Médéa, Miliana souffrirent bien plus encore. Quand l'épidémie eut à peu près cessé ses ravages, le maréchal, avant de s'engager de fait contre Abd-el-Kader, voulut lui disputer indirectement ses dernières acquisitions en opposant à ses khalifas des représentants indigènes de l'autorité française.

L'inévitable Ben-Omar étant sous sa main, il l'institua, par un arrêté du 9 septembre, bey de

Cherchel et de Miliana; l'instituer, c'était facile; mais l'installer, c'était une autre affaire. Ben-Omar, qui avait de l'expérience, Ben-Omar, qui jadis avait été forcé de quitter Médéa et que, tout récemment, Blida même avait refusé de recevoir, n'était pas très-pressé de courir au-devant d'un nouveau mécompte. Lorsqu'il fut décidé qu'il serait envoyé par mer à Cherchel, il fallut l'embarquer presque de force. C'était bien lui d'ailleurs qui avait été le prévoyant; arrivé devant la capitale maritime de son beylik, il apprit que, s'il mettait pied à terre, il serait indubitablement massacré. Cédant à ses prières, l'officier qui le conduisait voulut bien consentir à ne pas l'envoyer à la mort, et le bey *in partibus* fut tout heureux de revenir dans sa maison d'Alger jouir en paix de la pension de six mille francs que lui faisait la France.

Huit jours après la nomination de Ben-Omar, le maréchal Clauzel s'était donné une seconde satisfaction du même genre. Il y avait un vieux Turc, nommé Mohammed-ben-Hussein, ancien khalifa du beylik de Titteri avant 1830; le gouverneur imagina de l'instituer bey de Médéa, et d'abord le succès de cette fantaisie ne parut pas impossible. Quelques tribus écrivirent au maréchal qu'elles acceptaient son client et qu'une députation d'une quarantaine de cavaliers allait se rendre auprès de lui pour lui faire cortége; mais les gens de la montagne, Mouzaïa et Soumata, qui avaient gardé mauvais souvenir des Turcs, étaient résolus à barrer le passage aux députés. Ceux-ci, contraints de faire un grand détour par l'est, arrivèrent à Alger le 1er octobre. Le 3, le gouverneur, en grande cérémonie, devant toutes les autorités, en présence des cadis de la ville et des grands de la plaine, donna solennellement l'investiture au nouveau bey, lui mit la gandoura sur les épaules et dans les mains un yatagan au fourreau d'or. Le général Rapatel fut chargé de l'escorter jusqu'au pied de l'Atlas. Dans la nuit du 5 au 6, une colonne de deux mille hommes réunis au camp d'Erlon se porta sur Haouch-Mouzaïa, où elle établit son bivouac; quand elle reprit, le lendemain, le chemin du camp, elle fut, comme d'usage, reconduite à coups de fusil par quelques centaines d'Arabes et de Kabyles. Le vieux Mohammed, n'ayant pas jugé prudent de s'engager dans le sentier du Ténia, revint à Boufarik avec la colonne; il se proposait de gagner Médéa sans bruit par quelque chemin plus long, mais moins dangereux. En attendant, le général Rapatel, ne voulant pas laisser impunie l'insolence des Hadjoutes, qui, depuis la nouvelle de la Macta surtout, redoublaient d'audace, envoya contre eux le lieutenant-colonel Marey avec les zouaves, les spahis réguliers et les auxiliaires. S'il n'y avait pas eu la capture d'un marabout, Sidi-Yahia, célèbre en ces parages, c'eût été une course inutile, comme tant d'autres; il est vrai qu'avec le marabout on avait pris ses chevaux et son bétail, qui comptait près de neuf cents têtes.

Irrité d'entendre toujours parler de ces Hadjoutes, qui, toujours battus et toujours fuyant, reparaissaient toujours, le gouverneur voulut leur infliger de sa main de maréchal une si bonne leçon qu'elle fût décidément la dernière. Par une heureuse rencontre, il allait avoir la chance de faire coup double, car le khalifa d'Abd-el-Kader à Miliana, Sidi Mbarek-Mahiddine-el-Sghir, venait de descendre en plaine avec des forces considérables. Le 17 octobre, cinq mille hommes de troupes de toutes armes étaient réunis au camp d'Erlon. Le 18, au point du jour, le mouvement commença. Après avoir passé la Chiffa, on aperçut, au-dessus des gorges d'où sortent le Bou-Roumi et l'Oued-Ddjer, flotter les drapeaux rouges de Sidi-Mbarek. A gauche, deux escadrons de chasseurs d'Afrique, auxquels s'était joint un peloton de la milice à cheval d'Alger, refoulèrent l'ennemi, que le 3e bataillon d'Afrique acheva de mettre en déroute ; à droite, une autre charge, conduite par le général Rapatel en personne et soutenue par le 63e de ligne, eut le même succès. Le lendemain, on ne vit plus personne : Soumata, Mouzaïa, gens de Miliana, gens de la plaine, Hadjoutes même, tout avait disparu. La colonne alla devant elle jusqu'au lac Halloula, brûlant tout, haouchs, gourbis, meules et fourrages. Le 20, elle revint sur ses pas, achevant ce qu'elle n'avait pas détruit la veille ; le 21, elle bivouaquait à Boufarik ; le 22, elle était dissoute.

Alger était dans l'enthousiasme ; c'était le bruit commun par toute la ville que les Hadjoutes avaient été littéralement anéantis ; la population, précédée du conseil municipal, s'était portée au-devant du gouverneur ; l'intendant civil l'avait harangué. Le soir, il y eut des illuminations et des feux de joie. Le lendemain, on apprit avec stupeur que le 21, pendant que la colonne revenait à Boufarik, la ferme de Baba-Ali, la grande propriété du gouverneur, avait été mise à sac et que les pillards n'étaient ni plus ni moins que des Hadjoutes. Aussitôt, passant d'un extrême à l'autre, les enthousiastes de la veille ne tarirent plus d'épigrammes au sujet de cette expédition dérisoire, et tous ceux qui l'avaient faite, même ces miliciens tout fiers d'avoir chargé au Bou-Roumi, en eurent leur part.

II

Dans le drame qui avait pour nœud le désastre de la Macta, les affaires d'Alger même n'offraient qu'un intérêt secondaire : c'était la scène d'Oran qui captivait l'attention du public. Il y avait de ce côté-là un entr'acte dont on s'étonnait. Comment Abd-el-Kader n'avait-il pas poursuivi sa victoire ? Comment n'avait-il pas anéanti sous Arzeu les vaincus démoralisés ? Comment n'avait-il pas surpris et attaqué, dans cette marche de flanc d'Arzeu à Oran, les escadrons réduits des chasseurs d'Afrique ? Comment enfin, pendant deux mois entiers, Oran n'avait-il pas même aperçu ses coureurs ? Prudent homme de guerre, l'émir n'avait encore entre les mains qu'un instrument défectueux, fragile, facile à briser par la victoire autant que par la défaite. Était-ce une armée que ce rassemblement de goums sans cohésion, sans discipline, ardents sans doute à combattre, mais à piller bien davantage, lâchant l'ennemi pour le butin dès avant la fin de la bataille, et n'ayant plus d'autre idée que de retourner bien vite à leurs douars mettre en sûreté leur part de pillage? Abd-el-Kader, le soir de la Macta, s'était trouvé presque réduit à ses réguliers, qui, dans le combat de Mouley-Ismaël, le 26 juin, avaient eux-mêmes beaucoup souffert; il lui fallait du temps pour les rétablir et les renforcer, plus de temps encore pour convoquer de nouveau ce qu'on peut appeler le ban et l'arrière-ban de la féodalité arabe, pour rappeler sous ses drapeaux tous ceux qui lui devaient le service. Voilà pourquoi, du 28 juin au 27 août, les alentours d'Oran furent si calmes que les Douair et les Sméla y firent paisiblement leurs récoltes. Le 27 août, les coups de fusil recommencèrent; le 2 septembre, l'arrivée du 47ᵉ, le premier des régiments attendus de France, permit à la garnison d'Oran de se montrer hors de la ligne des blockhaus, où la prudence du général d'Arlanges la tenait confinée depuis deux mois. L'émir, qui s'était avancé jusqu'à Misserghine, se retira d'abord sur le Sig, puis sur l'Habra, et finit par rentrer dans la montagne.

D'après les ordres du maréchal Clauzel, la position de Msoulen ou du Figuier, à quatorze kilomètres au sud-est d'Oran, à la pointe orientale de la Grande-Sebkha, devait être occupée d'une façon permanente. Le génie, du 10 au 21 septembre, y construisit un fort étoilé capable de contenir cinq cents hommes. C'était la première étape dans la direction de Mascara, qui était le principal objectif du maréchal. Il y en avait un autre, Tlemcen, où Moustafa-ben-Ismaïl et les coulouglis, bloqués depuis six ans dans le Méchouar, attendaient enfin de lui leur délivrance. Afin de leur donner courage et d'empêcher en même temps l'introduction des armes et des munitions de guerre que l'émir se faisait envoyer de Gibraltar et de Tanger, le gouverneur fit occuper l'île de Rachgoun, qui commande l'embouchure de la Tafna. C'est un rocher, long de huit à neuf cents mètres, large de trois cents, dont le profil escarpé, de formation volcanique, se dresse à quarante ou cinquante mètres au-dessus de la mer; il n'y a ni une goutte d'eau ni une feuille verte; rien que le roc nu, aride, brûlé par le soleil. Le 30 octobre, au point du jour, un bateau à vapeur y débarqua, non sans peine, une petite colonie militaire. Le chef d'escadron d'état-major Sol, qui en était le chef, avait sous ses ordres un capitaine du génie, un lieutenant d'artillerie, un chirurgien militaire, un agent comptable, un interprète, cent douze hommes du 1er bataillon d'Afrique, vingt-trois sapeurs du génie, dix-huit canonniers garde-côtes, quatre soldats d'administration, un quartier-maître et quatre matelots. Le matériel se composait de deux bouches à feu, de quatre fusils de rempart, de quarante-cinq mille cartouches d'infanterie, d'outils, de planches, de bois d'œuvre, de ferrures, de tentes, de vivres et d'eau douce pour un mois; enfin, d'un canot; car il était recommandé au chef de la colonie de se mettre en communication avec les tribus de la côte. Sur ce roc inhospitalier, l'installation fut pénible et longue; enfin, à force de patience et d'industrie, des baraques remplacèrent les tentes, et la vie matérielle s'organisa tant bien que mal; mais quelle épreuve pour des hommes habitués à l'action que l'existence passive, inoccupée, de cette sorte de naufragés volontaires! Combien devaient-ils envier le sort des heureux camarades qui, dans ce même temps, sans avoir probablement conscience de leur fortune, faisaient la traversée de France en Algérie, de Port-Vendres à Mers-el-Kébir!

Le 11e de ligne, le 2e et le 17e léger arrivèrent ainsi, mais sans ustensiles de campement, sans bidons ni marmites; on fut obligé d'en faire venir de Metz. En attendant, les troupes furent employées à la construction d'un grand ouvrage que le maréchal Clauzel avait donné l'ordre d'ajouter à la redoute du Figuier. Le 21 novembre, l'artillerie d'Oran salua l'entrée du duc d'Orléans et du gouverneur; un demi-bataillon de zouaves et trois compagnies d'élite, empruntées aux régiments d'Alger, leur servaient d'escorte. Le 23, le Turc Ibrahim, l'ancien kaïd de Mostaganem, fut nommé par le maréchal bey de Mascara; il ne restait plus qu'à l'installer à la place d'Abd-el-Kader. Mais comment conduire jusqu'à Mascara l'énorme quantité d'approvisionnements dont l'armée allait être embarrassée pour combattre, et qui lui était indispensable pour vivre? Les moyens de transport adoptés en Europe ne convenaient plus à la guerre d'Afrique; c'était au convoi du général Trézel qu'était dû, pour beaucoup, le désastre qu'on allait venger: l'expérience était faite. Aux prolonges et aux fourgons du train le maréchal Clauzel eut l'idée de substituer, pour une grande part au moins, des chameaux. On en loua sept cents aux Sméla et aux Douair, qui ne mirent pas beaucoup d'empressement à les fournir; aussi, pour être bien sûr de les avoir en temps utile, le gouverneur, dans la nuit du 25 au 26, fit cerner tous les douars et opérer la réquisition par l'intendance. Les troupes étaient prêtes à marcher. Deux cents hommes par régiment, pris parmi les moins valides, les cavaliers démontés, et trois cents marins furent laissés à la garde d'Oran et de Mers-el-Kébir.

Le corps expéditionnaire comprenait quatre brigades et une réserve. La première brigade, sous les ordres du général Oudinot, frère du colonel tué au combat de Mouley-Ismaël, avait la composition suivante : Douair et Sméla, Turcs et coulouglis d'Ibrahim; 2e régiment de chasseurs d'Afrique; quatre compagnies de zouaves; 2e léger; une compagnie de mineurs, une de sapeurs. Les autres brigades se composaient : la deuxième, sous le général Perregaux, des trois compagnies d'élite venues d'Alger, du 17e léger et d'une compagnie de sapeurs; la troisième, sous le général d'Arlanges, du 1er bataillon d'Afrique et du 11e de ligne; la quatrième, sous le colonel Combe, du 47e. Deux obusiers de montagne étaient attachés à chaque brigade. La réserve était formée d'un bataillon du 66e, d'une compagnie de sapeurs, de quatre obusiers de montagne et d'une batterie de campagne. L'effectif dépassait onze mille hommes, dont un millier d'indigènes. Quoique l'emploi des chameaux affectés au transport des approvisionnements eût permis de réduire le nombre des voitures, il y avait encore neuf cents chevaux d'attelage; c'était beaucoup. Soucieux de ménager les forces du soldat, le maréchal avait fait réduire le paquetage; mais, à la place des effets laissés en magasin, chaque homme emportait des vivres pour deux jours, et, de plus, une double ration de biscuit et de riz dans un sachet cacheté, qui ne devait être ouvert que sur l'ordre des chefs de corps.

Le 26 novembre, toutes les troupes étaient réunies au camp du Figuier. Le lendemain, la première brigade se porta au camp du Tlélate, qu'elle trouva tel à peu près que le général Trézel l'avait laissé cinq mois plus tôt; c'était une remarque déjà faite ailleurs que les Arabes n'avaient pas l'idée ou ne se donnaient pas la peine de détruire les terrassements élevés par les Français. Le 29, après avoir traversé, sans rencontrer un seul ennemi, la forêt de Mouley-Ismaël, l'armée descendit dans la plaine du Sig; à midi, sous un soleil radieux, mais qui n'avait plus ses ardeurs meurtrières, elle marchait allègre, confiante, bien conduite, dans un ordre admirable : en tête, au son des hautbois et des tambourins arabes, les Douair, les Sméla, les Turcs d'Ibrahim, drapeaux flottants, bannières au vent; puis les quatre brigades dessinant un losange au milieu duquel s'avançait la masse du convoi, surveillé par la réserve. Avant la nuit, elle bivouaquait, en carré, sur la rive gauche du Sig; les indigènes seuls étaient sur la rive droite. Là, au pied des montagnes qui le séparaient de Mascara, le maréchal reconnut d'abord la difficulté d'engager dans leurs gorges sans routes la batterie de campagne et les autres voitures. Le 30, seize cents travailleurs, relevés de trois heures en trois heures, depuis le lever jusqu'au coucher du soleil, construisirent sur la rive gauche de la rivière un vaste camp retranché capable de contenir, sous la garde d'un millier d'hommes, les parcs de l'artillerie, du génie et de l'intendance. On vit, pendant le travail, des cavaliers rôder, ou plutôt se promener tranquillement aux alentours, quelques-uns même jeter des paroles de paix aux gens d'Ibrahim. Le maréchal fit couper court à ces tentatives suspectes; si l'émir voulait négocier, il n'avait qu'à le faire nettement, sinon il fallait combattre.

Pour l'obliger à se déclarer, tout au moins à déployer ses forces, le général Oudinot reçut, dans la matinée du 1er décembre, l'ordre de pousser une reconnaissance vers la gorge du Sig. A midi, deux compagnies de zouaves, trois bataillons sans sacs, deux escadrons de chasseurs d'Afrique et cent cinquante Turcs s'élancèrent à l'attaque des premiers mamelons occupés par l'ennemi; les avant-postes furent abordés au pas de course, culbutés, mis en déroute; mais alors, du fond des ravins où ils se tenaient cachés, les Arabes accoururent en foule. La reconnaissance avait atteint son but; le général Oudinot fit sonner la retraite. Engagés le plus avant au milieu des tentes abattues, les zouaves et les chasseurs d'Afrique n'entendirent pas d'abord ou ne comprirent pas le signal, et, quand ils se décidèrent à reculer, ils ne le firent que lentement. Autour d'eux le flot des assaillants grossissait comme la marée montante; trois ou quatre volées de mitraille les dégagèrent, et la colonne reformée en bon ordre reprit, sans se laisser entamer, la direction du camp. A mi-chemin, elle rencontra trois bataillons que le maréchal amenait en personne à son aide. Dans cette affaire, les forces que l'ennemi démasqua furent évaluées à quatre mille hommes, maïs on savait qu'il y avait d'autres rassemblements échelonnés dans la montagne, entre le Sig et l'Habra.

Deux idées hardies souriaient à l'imagination entreprenante du maréchal Clauzel : laisser d'abord à son adversaire le loisir de réunir tout son monde afin d'en finir avec lui d'un seul coup, puis frapper d'étonnement les Arabes en conduisant jusqu'à Mascara, en dépit de l'Atlas et d'Abd-el-Kader, par-dessus la montagne comme à travers la plaine, le lourd attirail de son artillerie et de son convoi. Joueur audacieux, il lui plaisait de jeter ce défi à la fortune. Le camp du Sig, destiné l'avant-veille à garder la batterie de campagne et les voitures de l'armée, allait rester désert, comme un monument de son passage et comme un lieu d'étape pour les expéditions à venir. Après avoir donné à ses troupes trente-six heures de repos, il les remit en chemin, le 3 décembre, au point du jour. Comme il ne voulait pas, dans cette saison, faire mouiller inutilement les hommes, il avait donné l'ordre d'établir pour l'infanterie, sur le Sig, deux ponts de chevalets; la cavalerie, l'artillerie et le convoi traversèrent à gué la rivière, qui n'avait que quelques pouces d'eau. Les ponts défaits, la brigade d'arrière-garde, qui avait attendu que le génie eût chargé les chevalets sur ses voitures, se trouva séparée du gros de l'armée. Une masse de cavaliers arabes essaya, mais sans succès, de se jeter dans l'intervalle. Repoussée par le feu du 47e, cette cavalerie se replia d'abord au pied de la montagne, et là, reformée par goums sous les yeux d'Abd-el-Kader, elle s'ébranla de nouveau pour se jeter dans le flanc des colonnes en marche.

A côté du maréchal Clauzel, le duc d'Orléans suivait avec attention les péripéties du combat. Venu en Afrique, disait-il avec une modestie noble, pour apprendre, sous un manœuvrier justement célèbre, l'art de manier les troupes, il n'avait pas désiré de commandement; c'était en volontaire qu'il voulait servir. Plus tard, dans un des plus beaux fragments de ces *Campagnes de l'armée d'Afrique,* œuvre excellente, inachevée par malheur, et dont ses fils ont recueilli pieusement les héroïques récits, voici comment il a esquissé en traits saisissants la leçon de tactique à laquelle il lui avait été donné d'assister, le 3 décembre 1835, dans la plaine du Sig, aux dépens d'Abd-el-Kader : « L'émir s'ébranle avec dix mille cavaliers déployés par goums sur plusieurs lignes, faisant retentir l'air de leurs cris glapissants. Au milieu des étendards et d'un groupe de chefs étincelants, Abd-el-Kader est reconnaissable à l'extrême simplicité de son costume. Cette masse imposante, dont la formation et l'aspect rappellent les armées du moyen âge, s'avance au grand trot, précédée de nombreux tirailleurs; mais le mouvement des Français est encore plus rapide. Un changement de direction à droite, par brigade, est commandé par le maréchal, qui, ne voulant pas recevoir sur son flanc, de pied ferme, cette attaque, se porte au-devant de l'ennemi avec les première et deuxième brigades, tandis que la troisième et la quatrième couvrent le convoi en arrière et à droite. Cette manœuvre est exécutée avec une précision et une célérité qui eussent été applaudies sur un champ d'exercice. Une batterie de dix pièces de montagne et de campagne ouvre son feu au milieu des tirailleurs de la deuxième brigade, devenue tête de colonne. L'effet en est terrible, surtout autour de l'émir; son secrétaire et son porte-étendard tombent à ses côtés; mais lui-même, fier d'être le but de tous les coups, se promène au petit pas sur son cheval noir et défie, dans son fatalisme confiant, l'adresse des canonniers, obligés d'admirer sa bravoure. Ses cavaliers continuent le combat jusqu'à ce que, débordés sur leur droite par la première brigade, qui les a tournés, ils se retirent en bon ordre dans la montagne, cédant à l'emploi habile des moyens supérieurs de la tactique européenne. Le maréchal ne veut point les y suivre. Un nouveau changement de direction à gauche replace l'armée française dans la route qu'elle avait un instant quittée. Elle redescend tranquillement dans la plaine, sans paraître s'occuper davantage de l'armée arabe, qui a vainement essayé de l'attirer dans la montagne. »

Abd-el-Kader, cependant, ne se tenait pas pour battu. Il savait que, pour trouver de l'eau et un bon bivouac, l'armée française devait nécessairement pousser jusqu'à l'Habra. C'était là qu'il espérait la surprendre et l'accabler, comme au défilé de la Macta naguère. Sans être aussi favorable à son dessein, la disposition du terrain ne laissait pas de lui assurer des avantages. En voici la topographie, telle que le duc d'Orléans l'a tracée : « Une lieue avant d'arriver à l'Habra, la plaine, découverte et unie comme un lac, se resserre entre l'Atlas, à droite, et un bois très-touffu, à gauche. La forêt et la montagne vont se rapprochant, et le fond de cette espèce d'entonnoir est fermé perpendiculairement par deux ravins parallèles entre eux, unissant les mamelons escarpés de la droite à la futaie très-resserrée de la gauche. Derrière ces ravins, d'un accès difficile, se trouve un cimetière entouré de haies d'aloès et de petits murs, et rempli de pierres tumulaires et d'accidents de terrain qui se prolongent en arrière jusqu'à l'Habra ; au centre, on voit quatre marabouts blancs, surmontés d'un croissant, dédiés à Sidi-Embarek, et servant, dans ces vastes solitudes, de point de direction et quelquefois d'asile au voyageur. C'est dans cette position que l'émir attend les Français, qui jouent quitte ou double la même partie qu'à la Macta. L'infanterie régulière s'embusque avec intelligence dans les ravins et dans le cimetière, lieu saint marqué par des prophéties qui promettent un miracle aux musulmans. Le bois est occupé par des fantassins irréguliers, soutenus par quelques pelotons de Nizams. Trois petites pièces de canon, qui jusqu'alors n'avaient servi qu'à constater la souveraineté d'Abd-el-Kader, sont pour la première fois mises en batterie contre les chrétiens : du haut d'une colline escarpée elles prendront d'écharpe les colonnes françaises obligées de se resserrer à mesure que la plaine se rétrécit. Toute la cavalerie, sous le commandement d'El-Mezari, se réunit sur les versants de la montagne pour se jeter sur le flanc droit et l'arrière-garde des chrétiens, que l'artillerie et l'infanterie combattront de front et sur le flanc gauche. Telles sont les dispositions, bien appropriées à la nature des lieux et à l'esprit de ses troupes, que l'émir a prises avec promptitude, guidé par son seul instinct, tant il est vrai que l'intelligence du terrain et la connaissance du cœur des hommes sont les premières qualités d'un général, celles auxquelles rien ne supplée, et dont les inspirations peuvent parfois suppléer elles-mêmes au manque d'études et à l'ignorance des règles de l'art. »

De son côté, le maréchal Clauzel, observateur vigilant, avait pénétré le dessein de son adversaire ; en voyant la direction uniformément suivie par les goums, après leur défaite, vers le fond rétréci de la plaine, il s'était convaincu qu'Abd-el-Kader l'attendait aux abords de l'Habra. Aussi avait-il resserré son ordre de marche et donné à la première brigade l'ordre de faire halte en attendant les autres. Puis, impatient de reconnaître le terrain qu'il avait devant lui, il s'était avancé avec le duc d'Orléans et l'état-major, précédé seulement de quelques voltigeurs et suivi d'un peloton de chasseurs d'Afrique. Tout à coup, au delà d'un mamelon qui masquait la position de l'émir, la petite troupe se trouve en présence d'un gros de cavaliers arabes ; sans hésitation, — une minute d'incertitude eût tout perdu, — les chasseurs, enlevés par l'état-major, fondent sur l'ennemi, le culbutent, remettent le sabre au fourreau, saisissent le fusil, et, tout en tiraillant de concert avec les voltigeurs, donnent aux compagnies d'avant-garde le temps d'accourir à la rescousse. Cet épisode émouvant sert de prologue à l'action décisive. Appelées aussitôt par le maréchal, les deux premières brigades sont lancées, l'une contre le bois, l'autre contre le cimetière. A peine en mouvement, du taillis, du ravin, de la montagne, de front et de flanc, une violente fusillade, soutenue par le feu lent, mais bien dirigé, des canons de l'émir, les accueille; rien ne les arrête. A gauche, le bois est envahi, fouillé, déblayé, enlevé; le duc d'Orléans, qui s'est mis à la tête d'une compagnie du 17e léger, reçoit une contusion à la jambe. A droite, les zouaves et le 2e léger, franchissant les ravins d'un seul élan, abordent dans le cimetière les réguliers de l'émir, les rompent et les poussent en désordre. Le général Oudinot, atteint d'une balle à la cuisse, remet le commandement de la première brigade au colonel Menne, du 2e léger. Le bataillon de ce régiment qui tenait la droite et couvrait de ce côté le flanc de la brigade, avait laissé en France son commandant, vieil officier d'âge à prendre sa retraite; c'était un capitaine qui le commandait par ancienneté. Ce capitaine avait quarante-deux ans et douze années de grade; il avait servi dans la garde royale et passait pour légitimiste; il se nommait Changarnier. « Si le maréchal Clauzel, a-t-il écrit plus tard, eût été près de nous et dans une de ces veines d'inspiration qui n'ont pas été rares dans sa carrière, la batterie de l'émir aurait été prise par le 2e léger. » Mais le colonel Menne n'osa pas user de son commandement intérimaire pour autoriser le mouvement que demandait le capitaine Changarnier, et quand le maréchal, qui s'était porté à l'extrême gauche, fut revenu vers la droite, il n'était plus temps ; la nuit tombait, et les Arabes avaient retiré leurs pièces. Le combat, d'ailleurs, était gagné sur toute la ligne ; à l'arrière-garde, le 47e et les chasseurs d'Afrique avaient vigoureusement repoussé les cavaliers d'El-Mzari. En somme, l'affaire bien conçue, lestement menée, courte et peu sanglante, faisait beaucoup d'honneur au maréchal et à ses troupes. C'était la revanche de la Macta.

A neuf heures du soir, l'armée bivouaqua sur la rive gauche de l'Habra. Le 4 décembre, à six heures du matin, elle passa la rivière comme elle avait passé le Sig. A la place du général Oudinot blessé, le général Marbot, aide de camp du duc d'Orléans, commandait la première brigade. La marche parut d'abord indiquée dans la direction de Mostaganem, où l'on disait que le maréchal voulait déposer ses blessés, peu nombreux d'ailleurs; mais, au milieu du jour, l'avant-garde reçut l'ordre de tourner brusquement à droite et de s'engager dans la montagne par la gorge de l'Oued-Addad. On allait à Mascara. La gorge, faiblement défendue par l'ennemi, que la défaite de la veille avait découragé, fut occupée facilement. Pour l'armée française, les difficultés n'allaient plus venir des hommes, mais de la nature. Il y avait neuf lieues de montagne à franchir, sans route, par des sentiers de mulet ou de chèvre, coupés de ravins, hérissés d'obstacles, à travers le chaos. Contre une attaque possible de l'émir, les dispositions de marche furent admirablement prises : trois brigades couvraient sur la droite le convoi que la quatrième protégeait à gauche; mais, encore une fois, les hostilités se bornèrent, pendant tout le voyage, à quelques coups de feu tirés de loin. Engagé dans les fonds, le convoi se traînait lourdement; on avait beau doubler, tripler les attelages, le génie avait beau travailler jour et nuit, multiplier déblais et remblais pour lui frayer passage, c'était beaucoup s'il avançait de deux lieues en vingt-quatre heures. Le 5 au soir, il n'avait encore atteint qu'à grand'peine le bivouac d'Aïn-Kebira.

Des nouvelles de Mascara, étranges et contradictoires, étaient arrivées au quartier général. D'une part, on disait qu'Abd-el-Kader s'apprêtait à défendre sa capitale; de l'autre, on affirmait qu'il était au contraire abandonné, maudit par ses anciens sujets. Dans sa propre tribu, des Hachem seraient venus lui enlever brutalement le parasol doré, symbole du pouvoir, et lui auraient dit avec insolence : « Quand tu seras redevenu sultan, nous te le rendrons. » D'autres, plus emportés encore, auraient poursuivi de leurs insultes la femme de l'émir et l'auraient dépouillée de ses bijoux. Impatient de savoir le vrai, et décidé à ne s'en rapporter qu'à lui-même, le maréchal partit, le 6 décembre, dès la pointe du jour, avec le prince, le quartier général et les deux premières brigades, laissant les deux autres, la réserve et le convoi, sous le commandement du général d'Arlanges, avec ordre d'occuper le col et le village d'El-Bordj et d'y attendre de nouvelles instructions. Ce jour-là, le temps, qui s'était maintenu beau depuis le commencement de l'expédition, devint subitement mauvais. Le maréchal avait hâte d'arriver; précédé des Turcs d'Ibrahim, escorté d'un seul escadron de chasseurs d'Afrique et de vingt-cinq zouaves qui avaient pu suivre le trot des chevaux, il déboucha, le soir, vers cinq heures, devant Mascara. Si l'ennemi eût encore occupé la ville, c'eût été courir au-devant d'un désastre. « Il n'aurait fallu, a dit très-judicieusement le capitaine d'état-major Pellissier, l'auteur des *Annales algériennes*, qu'un parti de trois cents chevaux pour l'enlever et conduire à la fois à Abd-el-Kader le général en chef de l'armée française et l'héritier présomptif de la couronne. » Le gros des troupes n'arriva que deux heures plus tard. Heureusement il ne restait dans Mascara, déserté par les Hadar, que des Juifs. La pluie tombait à torrents; la nuit était noire. Au milieu des ténèbres et de l'inconnu, on se casa tant bien que mal. Le quartier général, les zouaves et quelques compagnies du 2e léger s'installèrent dans la ville; le surplus de la première brigade occupa Baba-Ali, au nord; la deuxième s'établit à Bab-el-Cheikh, au sud. Quel établissement! « Des maisons délabrées, a dit un des occupants, des meubles brisés, une pluie torrentielle délayant le fumier des rues et le transformant en ruisseaux d'une boue noire et fétide; les clairons sonnant la marche pour rallier les détachements égarés dans les ténèbres; des querelles sans nombre pour se disputer une ignoble baraque ou une écurie; au milieu de tout cela, les hurlements et les aboiements furieux des chiens arabes, les cris des officiers, qui ne pouvaient se faire entendre ni obéir, et les imprécations des soldats, jurant contre tout le monde et surtout contre le temps. La nuit fut mauvaise; trempés jusqu'aux os, nous n'avions pas de feu pour sécher nos habits. Nous nous serrâmes les uns contre les autres en attendant le jour, qui fut bien lent à paraître. »

Enfin, le jour venu, on put commencer à se reconnaître. Sur le versant méridional du Chareb-er-Rih, Mascara, flanqué de ses faubourgs Argoub-Ismaïl, Aïn-Beïda, Sidi-Bougelal et Baba-Ali, était, en 1835, entouré d'une muraille haute de plus de huit mètres, avec une kasba et plusieurs mosquées; au dehors s'étendait, comme autour de toutes les villes musulmanes, une ceinture de jardins et de cimetières. En abandonnant la ville, les Arabes l'avaient mise à sac, et leur fureur s'était assouvie sur les Juifs qui n'avaient pas voulu les suivre; on trouvait les cadavres de leurs victimes dans les rues, dans les maisons, dans les puits. Cependant ils n'avaient ni tout détruit, ni tout pillé. Il restait de grandes quantités de blé, d'orge et de paille; les jardins étaient pleins de légumes; des centaines de pigeons voletaient par les rues : pour le soldat, c'était l'abondance. De son côté, l'état-major avait fait une bonne prise : l'arsenal, la fabrique d'armes, les magasins d'Abd-el-Kader, vingt-deux pièces de canon, des fusils, des barils de poudre, quatre cents milliers de soufre, et, ce qui valait mieux que tout, l'obusier de montagne et les caissons naguère enlisés dans le marais de la Macta. Il n'y avait plus qu'à installer le bey Ibrahim; mais, par un de ces revirements d'idées dont il avait l'habitude, le maréchal Clauzel s'était tout à coup dégoûté de sa conquête; l'âpreté des chemins, la difficulté des communications, la désertion des habitants, la haine dont ils étaient évidemment animés, tous ces faits, toutes ces considérations avaient réagi contre ses résolutions premières; il était décidé maintenant à quitter Mascara sans retard. Des ordres furent donnés pour détruire les canons, les magasins, les approvisionnements, démanteler la kasba, ouvrir des brèches dans le mur d'enceinte, et livrer aux flammes la ville et les faubourgs. Pendant que la torche, la sape et la mine accomplissaient leur œuvre, le maréchal voulut faire acte de souveraineté dans la capitale d'Abd-el-Kader; un arrêté, daté de Mascara, donnant à la province d'Oran une organisation nouvelle, la divisait en trois beyliks : de Tlemcen, de Mostaganem, du Chélif, et nommait Ibrahim bey de Mostaganem.

Le 9 décembre au matin, après quarante-huit heures d'occupation, les troupes françaises évacuèrent la cité condamnée, au bruit des fourneaux de mine qui sautaient, et sous les nuages d'une fumée nauséabonde et noire dont les épais flocons rampaient lourdement sur le sol humide. Tout ce qu'il y avait de familles juives avaient supplié le maréchal de les prendre sous sa garde et de les emmener avec lui. Rien de plus pitoyable que ce nouvel exode, où les lamentations et les sanglots alternaient avec les chants bibliques. Beaucoup de ces malheureux succombèrent au froid, à la fatigue, à la faim. On vit encore une fois ce qu'on avait déjà vu, ce qu'on verra toujours tant que se reproduiront ces tristes scènes d'abandon et de retraite, l'humanité, la compassion, le dévouement du soldat pour ces misères, tout ce qui fut sauvé par lui, de femmes, d'enfants, de vieillards, pendant qu'il souffrait presque autant qu'eux lui-même. La pluie ne cessait pas; le brouillard absorbait le peu de lumière qui filtrait à travers les nuages. Sur les pentes, les sentiers défoncés n'étaient plus que des torrents de boue. Les chameaux, dont le pied charnu est fait pour s'étaler largement sur le sol ferme, glissaient dans la vase, tombaient, refusaient de se relever, ou roulaient dans les ravins avec leur charge. C'est ainsi qu'une quantité considérable de vivres fut perdue ou avariée. Quant aux troupes qui étaient restées dans la montagne avec le général d'Arlanges, leur sort, tout aussi lamentable, n'avait pas eu du moins pour compensation la gloriole d'une entrée à Mascara. Après deux jours d'efforts incessants pour faire avancer les pesantes voitures de l'artillerie et de l'intendance, à peine avaient-elles atteint le col d'El-Bordj, qu'un ordre du maréchal leur était venu de rétrograder jusqu'au débouché des gorges de l'Atlas. Dans cette colonne comme dans l'autre, les vivres se faisaient rares; il n'y avait plus de distributions régulières, et les hommes avaient gaspillé comme d'habitude leur approvisionnement de réserve. Ce fut dans ces tristes conditions que les deux fractions de l'armée se rejoignirent le 10 décembre, dans la soirée, auprès des marabouts de Sidi-Ibrahim.

Le lendemain, un jour éclatant dissipant les nuages faisait oublier toutes les misères et ramenait la distraction des coups de fusil. Mal chaussés, mal équipés contre le mauvais temps, les Arabes s'étaient à peine montrés pendant la retraite; ils reparurent avec le soleil, mais peu nombreux, tiraillant à distance et peu soucieux d'affronter la mitraille. Enfin, le 12, l'armée atteignit Mostaganem. Dans les derniers jours, le soldat n'avait eu pour se nourrir que quelques poignées d'orge et des lambeaux de viande arrachés aux cadavres des chevaux et des chameaux qui jalonnaient la route. Après la fatigue, l'humidité, la mauvaise nourriture, la dysentérie vint naturellement à la suite et peupla les hôpitaux de nombreux malades; quant aux pertes causées depuis le commencement de l'expédition par des faits de guerre, elles étaient peu considérables : deux cents hommes hors de combat, dont vingt morts seulement.

Le duc d'Orléans avait été lui-même atteint par la maladie; le 14 décembre, il s'embarqua sur le *Castor* pour rentrer en France. Il partait emportant l'estime et la sympathie de tous ceux dont il venait de partager la fortune, depuis le maréchal jusqu'au simple soldat. « Le duc d'Orléans s'est très-bien conduit dans tout cela, écrivait le lieutenant-colonel de Maussion, chef d'état-major de la division d'Oran, ne se mêlant ostensiblement de rien, fort poli pour tout le monde et fort brave. » — « Le prince est fort bien, écrivait de son côté La

Moricière; il porte bien l'uniforme, s'exprime facilement, a de l'aplomb, du coup d'œil et des idées. Il est instruit et supérieur à la moyenne de nos officiers généraux. Du reste, il a fort bien pris avec l'armée et avec tout le monde sans exception. »

III

L'expédition de Mascara, que les loustics de régiment et les beaux esprits d'Alger appelaient une *mascarade*, n'avait ni répondu aux grands espoirs du maréchal Clauzel, ni satisfait ses vastes desseins. Dans l'infini de sa confiance imaginative, il embrassait l'Algérie tout entière, envahie sur tous les points à la fois et conquise en deux coups, à supposer qu'une seule campagne n'y eût pas été suffisante. « Et d'abord, dans la province d'Oran, a-t-il dit lui-même, je voulais que nous eussions en notre puissance Mascara, Tlemcen, Oran, et, pour compléter ces positions, Mostaganem, Mazagran, un camp à La Tafna et le camp du Sig, avec une colonne mobile de cinq mille hommes.

Cela fait, cette province était enveloppée, dominée, soumise. Mascara en notre possession, Abd-el-Kader ou tout autre était rejeté dans le désert; ce n'était plus qu'un chef d'Arabes errants. Tlemcen dans nos mains, il ne recevait plus ni armes, ni munitions, ni secours d'hommes du Maroc, et tous les efforts de cette puissance jalouse mouraient faute de pouvoir arriver jusqu'aux Arabes. Dans la province d'Alger et de Titteri, je voulais avoir, outre Alger, la ligne de Blida à Coléa, et deux postes avancés au versant du col de Ténia, Médéa et Miliana. Dans la province de Constantine, je voulais avoir Bougie, Bone, La Calle et Constantine. Quarante mille hommes suffisaient pour les deux campagnes, trente mille pour ces occupations, et, deux ans après, vingt mille hommes dominaient complétement la régence. Cela fait, les beys nommés, établis, protégés par nous, auraient joint les troupes indigènes à nos troupes; bientôt on eût senti partout le poids de notre autorité, l'activité de notre surveillance. Alors l'Algérie devenait une vraie province française, alors la colonisation n'était plus une affaire de gouvernement; elle venait toute seule. »

Voilà le rêve : voyons la réalité. Le maréchal était allé à Mascara, mais il n'avait pas jugé à propos de s'y établir; il avait ébranlé le pouvoir de l'émir, mais il savait bien qu'il ne l'avait pas renversé. Il était le premier à le reconnaître : « Au retour de Mascara, Abd-el-Kader était-il soumis, sa puissance anéantie? Non, quoiqu'il l'eût dit lui-même un moment, quoiqu'il eût renvoyé chez elles les tribus qu'il avait soulevées; car, quelques jours après, il courait vers l'ouest, il soulevait le pays et se réunissait à son kaïd Ben-Nouna, qui tenait Tlemcen assiégé. » Il fallait donc courir au secours de Tlemcen d'abord, après quoi on irait à Constantine. « Si vous ne prenez pas Constantine, si vous abandonnez Tlemcen, l'Afrique est perdue pour nous. Tlemcen est la porte par laquelle le Maroc vous enverra tous les ambitieux qui voudront troubler votre possession; Constantine est celle par où passeront toutes les tentatives de Tunis suscitées par nos rivaux. Si vous n'occupez pas ces deux Gibraltar de la régence d'Alger, vous n'en serez jamais les maîtres. Il faut à la régence Constantine et Tlemcen, comme il fallait au royaume de France Calais et Bordeaux. Tant que les Anglais ont occupé ces deux villes, ç'a été sur notre terre une guerre d'extermination. »

Parmi ses excès d'imagination, il faut avouer

que le maréchal ici voyait juste. Son tort a été, n'ayant pu persuader au gouvernement et aux Chambres qu'il avait raison, de s'opiniâtrer dans l'exécution de ses desseins et de s'y jeter à corps perdu, avec des moyens qui n'y pouvaient pas suffire. Réciproquement le tort des pouvoirs publics était que, avisés des projets du maréchal, sans s'y opposer ni les approuver formellement, ils le laissaient faire, quitte à lui reprocher, en cas d'échec ou seulement de demi-succès, d'avoir agi sans ordres et de son propre chef. Il se plaignait justement de cette molle attitude, qui n'était, à ses yeux, ni digne ni loyale. « Si je pressais le gouvernement de s'expliquer, a-t-il dit, et proposais des plans qui pouvaient conduire à un résultat, on me répondait verbalement d'une manière satisfaisante, et par les dépêches officielles on ne disait ni oui ni non; on acceptait avec des restrictions, des contradictions, des doutes, etc. Pendant ce temps, les choses se faisaient, mais sans ensemble, sans vigueur, sans les moyens nécessaires. Aussitôt une chose faite, au lieu de lui donner de la suite, comme je devais l'espérer, on se plaignait de ce qui avait été fait, on me désavouait, on rappelait les troupes, on ordonnait des réductions dans les dépenses. »

Il en fut ainsi de l'expédition que le maréchal Clauzel avait décidé de faire pour secourir Tlemcen. « J'ai vu, lui écrivait, le 5 janvier 1836, le maréchal Maison, ministre de la guerre, que vous vous disposiez à faire l'expédition de Tlemcen. Si la saison ne contrarie pas vos projets, le moment d'abattre complétement l'influence d'Abd-el-Kader semble, en effet, devoir être celui où vous venez de détruire son pouvoir à Mascara. J'attends avec impatience vos premières dépêches pour savoir le résultat de vos opérations sur Tlemcen. » Mais, dans la même dépêche, le ministre rappelait au gouverneur général l'obligation de resserrer dans les limites du budget l'effectif de l'armée d'Afrique, et lui prescrivait de renvoyer quatre régiments en France. Selon les idées du gouvernement, qui étaient celles de la majorité des Chambres, le maréchal Clauzel n'avait été envoyé en Algérie que pour venger l'affront de la Macta, et, l'affront vengé par la destruction de Mascara, il devait restituer, comme un prêt, les troupes qui ne lui avaient été confiées temporairement que pour un objet déterminé. A peine rentré à Oran, le 18 décembre 1835, le gouverneur général avait paru d'abord disposé à s'exécuter de bonne grâce; ne gardant avec lui que les compagnies d'élite du 2e léger, il avait fait relever par le gros de ce corps le 10e régiment de même arme qui était désigné pour rentrer le premier d'Alger en France; mais, sous divers prétextes, il trouva le moyen de retarder de plusieurs mois le départ des trois autres.

Pendant qu'il hâtait à Oran ses préparatifs, la fortune ou plutôt une faute d'Abd-el-Kader lui amena tout à propos un auxiliaire de grande considération. Lorsque le vieux Moustafa-ben-Ismaïl s'était déclaré hautement pour les Français contre celui qu'il appelait dédaigneusement le marabout de Mascara, son neveu El-Mzari avait refusé de le suivre et s'était retiré vers Abd-el-Kader avec une fraction des Douair et des Sméla, sur laquelle il exerçait une influence incontestée. Accueilli comme il méritait de l'être, il était devenu l'un des aghas de l'émir; à la Macta, il avait été blessé; au combat de l'Habra, c'était lui qui commandait la cavalerie, et il avait été blessé encore; mais peu de temps après, Abd-el-Kader, aigri par la défaite et mécontent d'autrui, s'était laissé aller contre son lieutenant à des marques de suspicion et de défiance. Celui-ci, atteint dans son orgueil et craignant pour sa vie, noua secrètement des relations avec Ibrahim, le bey de Mostaganem, et quand il eut pris avec lui ses sûretés, il lui amena les Douair et les Sméla invariablement dévoués à sa personne. Au premier avis que le maréchal eut de cette importante défection, il fit partir pour Mostaganem le commandant Jusuf, avec de grands compliments pour le chef arabe, qu'il invitait à s'entendre avec lui à Oran. El-Mzari s'y rendit, escorté de son goum ; avec lui vint un autre chef d'importance, Kadour-el-Morfi, ancien kaïd des Bordjia. Le gouverneur général leur fit grand accueil ; il nomma El-Mzari khalifa du bey de Mostaganem et agha de la plaine d'Oran. Sous les tentes demeurées fidèles au vieux Moustafa, le retour des Douair et Sméla dissidents fut célébré comme celui de l'enfant prodigue ; on se promit de faire bientôt payer aux partisans d'Abd-el-Kader la dépense des festins où la réconciliation fut scellée de part et d'autre.

Par El-Mzari le maréchal Clauzel apprit exactement ce qu'était devenu et ce qu'avait fait Abd-el-Kader depuis sa défaite. La destruction de Mascara n'avait pas été aussi complète qu'on aurait pu croire, la pluie qui avait rendu si pénible la marche de l'armée française ayant suffi pour éteindre la plupart des incendies; une grande partie des hadar étaient rentrés dans la ville, et la famille d'Abd-el-Kader s'était établie dans le faubourg d'Aïn-Beïda. Quant à l'émir, avec ce qui lui restait d'infanterie et de cavaliers, il s'était porté chez les Beni-Chougrane, dont la fidélité paraissait douteuse, leur avait imposé, les avait ralliés sans trop de peine à sa cause, et sa petite armée, accrue de leur goum, était venue camper sur l'Habra. On y comptait environ sept cents hommes de pied et deux mille chevaux; mais ce n'était qu'un noyau qui grossissait tous les jours. Le maréchal eut bientôt d'ailleurs plus pertinemment encore de ses nouvelles. Le 28 décembre, les Douair et les Sméla furent tout à coup attaqués dans la plaine de Mléta et perdirent quelques têtes de bétail. Ainsi, trois semaines après sa défaite, Abd-el-Kader tenait la campagne et venait braver jusque sous les murs d'Oran les Français, qui n'étaient pas encore en mesure d'en sortir. « Si celui qui a le moins de besoins et qui y pourvoit le plus vite est celui qui fait le mieux la guerre, a dit le duc d'Orléans, peut-être l'émir dut-il croire à sa supériorité sur les Français. » Il était sans doute trop intelligent pour y croire, mais il lui importait que les Arabes eussent de leur chef et d'eux-mêmes cette opinion et cette créance. Ce fut pourtant dans ces conditions toutes favorables à l'émir que le maréchal Clauzel, cédant aux insinuations du Juif Ben-Durand, frère de celui qui avait eu sur le comte d'Erlon une si fâcheuse influence, lui permit d'ouvrir avec Abd-el-Kader des pourparlers qui n'avaient aucune chance de succès. De part et d'autre, on cherchait à gagner du temps, du côté du maréchal pour achever les préparatifs de l'expédition, du côté de l'émir pour la prévenir par un coup de main sur le Méchouar de Tlemcen. En effet, Abd-el-Kader s'y porta rapidement avec toutes ses forces, attira au dehors les coulouglis et leur coupa soixante têtes, puis courut au-devant des Angad du Tell qui venaient au secours des coulouglis et les mit en déroute ; mais tous ses efforts échouèrent contre les murs du Méchouar.

Enfin, le 8 janvier 1836, le maréchal Clauzel avait organisé sa colonne d'un effectif de sept mille hommes en trois brigades ainsi constituées : dans la première, sous le général Perregaux, le 17ᵉ léger, un bataillon formé des compagnies d'élite du 2ᵉ et du 10ᵉ léger, les 18ᵉ et 63ᵉ de ligne, quatre compagnies de zouaves, deux compagnies du génie, le 2ᵉ régiment de chasseurs d'Afrique, les Douair et les Sméla ; dans la deuxième, sous le général d'Arlanges, le 1ᵉʳ bataillon d'Afrique et le 66e de ligne; dans la troisième, le 11e de ligne seul. A chaque brigade était attachée une section d'obusiers de montagne. Il y avait de plus en réserve six pièces, dont quatre de campagne, une batterie de fusées de guerre, un équipage de pont et deux compagnies du génie. Les parcs et le convoi comprenaient une soixantaine de voitures et deux cents chameaux.

Partie d'Oran le 8 janvier à sept heures du matin, la colonne bivouaqua, le 12 au soir, sur les rives de l'Amighier, petit affluent de l'Isser. Dans cette marche de trente lieues, elle n'avait été retardée ni par les difficultés du terrain, beaucoup moins tourmenté que du côté de Mascara, ni par l'ennemi qu'elle n'avait point vu : en fait, il n'avait pas été brûlé une amorce. Après le coucher du soleil, on aperçut, à l'est, des feux de bivouac en très-grand nombre ; à trois heures du matin, arriva un coulougli dépêché par Moustafa-ben-Ismaïl. Les nouvelles qu'il apportait étaient importantes : désespérant d'emporter le Méchouar, Abd-el-Kader, dans la nuit du 11 au 12, avait fait évacuer, de gré ou de force, la ville par tous les hadar, en leur persuadant que les Français n'y feraient pas plus de séjour qu'à Mascara ; c'étaient les feux de leur campement qu'on voyait briller à deux ou trois lieues de distance. Le 13, après quelques heures de marche à travers un terrain dont la monotone aridité depuis Oran avait commencé, la veille à peine, à s'estomper de verdure, Tlemcen apparut comme une vision magique. Au premier plan, les bois d'oliviers, les vergers, les jardins; au fond la montagne en gradins, les eaux tombant en cascades limpides de ressaut en ressaut dans la plaine; au milieu la ville blanche avec ses mosquées et les murailles crénelées du Mechouar; à gauche Sidi-bou-Médine et Agadir; à droite les ruines et le minaret de Mansoura; tout s'encadrait mieux que dans la plus habile des compositions pittoresques, tout s'arrangeait à souhait pour le plaisir des yeux.

L'avant-garde venait de traverser le ravin d'Ouzidan, quand elle vit approcher une troupe de cavaliers; c'étaient les principaux des coulouglis et les grands des Angad qui venaient, Moustafa-ben-Ismaïl en tête, saluer le général des Français. L'entrevue eut lieu sous les beaux oliviers qui bordent la rive du Safsaf. « Il y a quelques jours, dit au maréchal le vieux défenseur du Méchouar, j'ai perdu soixante de mes plus braves enfants ; mais en te voyant j'oublie mes malheurs passés. Depuis six ans, j'ai été souvent sollicité, je n'ai voulu me fier à personne ; aujourd'hui convaincu par ta réputation, je me remets à toi, et avec moi les miens, tout ce que nous avons. Tu seras content de nous. » Puis prenant la tête de la colonne, il la guida vers la ville. A une heure, le maréchal y fit son entrée, au bruit des salves du Méchouar, aux acclamations des Turcs, des coulouglis et des Juifs. L'occupation de Tlemcen se fit avec beaucoup d'ordre; des quartiers distincts furent assignés aux brigades et aux services du corps expéditionnaire. Le bataillon d'élite fut placé en grand'garde à Sidi-bou-Médine, et le bataillon d'Afrique occupa d'autre part Aïn-el-Hout. Dans les maisons abandonnées par les hadar, on trouva de grandes provisions de grains ; il y avait des moulins aux environs, et les jardins étaient remplis de légumes. Le soldat avait largement de quoi vivre.

Le 14, le colonel Duverger, chef d'état-major, passa la revue des Turcs et des coulouglis ; il en compta sept cent soixante-quinze; mais sur ce nombre, quatre cent trente-deux seulement étaient armés; les trois cent quarante-trois autres reçurent avec reconnaissance des fusils français. Dès le lendemain, ils furent mis en campagne avec les cavaliers d'El-Mzari et l'infanterie de la première brigade. La mission du général Perregaux était d'essayer de joindre Abd-el-Kader, qui se mit aussitôt en retraite. Entraînés par le commandant Jusuf et le commandant Richepance, une cinquantaine de Douair et de Sméla se jetèrent sur sa piste; pendant cinq lieues d'une poursuite acharnée, l'émir fut plus d'une fois en danger d'être atteint; il perdit ses mules, ses bagages, son étendard, enlevé par le Sméla Mohammed-ben-Kadour. Le lendemain, de nombreux groupes de hadar, cernés dans la montagne, et abandonnés par leur kaïd Ben-Nouna, se rendirent au général Perregaux, qui les fit ramener sous escorte avec leurs troupeaux à Tlemcen.

Séduit par l'abondance des ressources qu'on découvrait tous les jours dans les maisons et dans les silos des alentours, le maréchal Clauzel s'était décidé non-seulement à prolonger son séjour dans ce beau pays, mais encore à y établir la domination française sous la protection du Méchouar. Pour en former la garnison, il choisit parmi les volontaires qui se présentèrent en foule, cinq cent soixante hommes qu'il constitua en quatre compagnies, avec un détachement d'artilleurs et d'ouvriers du génie, sous le commandement du capitaine du génie Cavaignac. Il n'était pas malaisé d'approvisionner le Méchouar en munitions de guerre et de bouche; mais ce qui manquait, c'était l'argent comptant. Malheureusement le maréchal se laissa persuader qu'il lui serait facile d'en trouver dans la bourse des coulouglis, qui, pendant six ans, s'était arrondie aux dépens des hadar, et chez les Juifs qui, ayant là, comme ailleurs, le monopole du commerce, avaient certainement fait de gros profits à la fois sur les hadar pillés et sur les coulouglis pillards. Aussitôt et sans s'éclairer davantage, il prit le parti de faire supporter aux coulouglis, aux Juifs et même aux hadar rentrés de la veille, les frais de l'expédition qui les mettait, disait-il, à l'abri des extorsions d'Abd-el-Kader, et il leur imposa verbalement une contribution de 150,000 francs. Tout, depuis le principe jusqu'aux moyens d'exécution, devait être irrégulier dans cette affaire. Légalement, toute contribution de guerre doit être levée par les soins de l'intendance; non-seulement l'intendance n'en fut pas chargée, mais le maréchal prétendit même se faire un mérite de lui en avoir épargné la charge. Il désigna pour collecteurs Moustafa-ben-Ismaïl et douze notables de la ville qui tout de suite se récusèrent; non content de se récuser, Moustafa prit la défense des coulouglis;

rien n'y put faire. Le conseiller secret du maréchal, son mauvais génie, un Juif d'Oran, nommé Lasry, qui le suivait comme interprète, se fit attribuer les fonctions de collecteur, puis s'adjoignit un Arabe de grande tente, Moustafa-ben-Moukalled, lequel, à son tour, réclama l'adjonction du commandant des spahis Jusuf, déjà destiné, dans la pensée du maréchal, au beylik de Constantine. Ce furent en fait ces trois hommes qui présidèrent à la levée de la contribution. Elle commença, le 25 janvier, et, dès le premier jour, les vieux procédés turcs furent mis en pratique. De ceux qui s'excusaient de n'avoir pas d'argent monnayé, on exigeait qu'ils apportassent en échange leurs armes de prix, les bijoux de leurs femmes. Cette manière de substitution désapprouvée, interdite, le 26 janvier, par le maréchal, n'en continua pas moins sous une forme à peine déguisée. Au lieu d'être versés directement à la contribution, les bijoux étaient apportés à Lasry, qui les prenait pour son compte et devenait débiteur à la caisse du prix d'estimation qu'il avait taxé lui-même.

Tandis que le maréchal Clauzel employait ou laissait employer ce moyen fâcheux de pourvoir aux besoins de la garnison du Méchouar, il se préoccupait d'établir ses communications avec Oran. Par la route qu'il avait suivie, la distance était grande; il y avait plus de trente lieues; par la vallée de la Tafna, il n'y en aurait eu que dix, le surplus étant voyage de mer. C'est pourquoi, dès son arrivée en Afrique, il avait fait occuper, à l'embouchure de la rivière, le rocher de Rachgoun. Le 23 janvier, une reconnaissance de cavalerie fut poussée sans difficulté jusqu'au confluent de l'Isser et de la Tafna. Le 25, le maréchal quitta Tlemcen, laissé à la garde de la première brigade, avec une colonne forte de deux mille quatre cents hommes d'infanterie, de six pièces d'artillerie, des chasseurs d'Afrique, des cavaliers d'El-Mzari, et de ces mêmes coulouglis qui allaient se battre à côté des Français au nom desquels s'exerçait odieusement contre eux la rapacité de Lasry. Arrivée à l'Isser, sans avoir rencontré d'opposition, la colonne prit son bivouac; la nuit ne tarda pas à lui révéler, par des feux étagés en grand nombre sur les deux rives de la Tafna, le voisinage de l'ennemi. Sans compter les Hachem et les Beni-Amer, qui étaient restés fidèles à la fortune de l'émir, Ben-Nouna, très-influent dans ces parages, avait appelé à lui les Kabyles d'Oulaça et même les montagnards fanatiques du Rif marocain. Ils étaient accourus nombreux, ardents, décidés à barrer aux chrétiens la route de Rachgoun, car ils avaient deviné sans peine le dessein du maréchal. Le 26 au matin, les troupes françaises, sauf le 11ᵉ de ligne laissé sur la rive gauche de l'Isser avec les bagages, passèrent la rivière et manœuvrèrent de manière à débusquer l'ennemi des hauteurs et à le rejeter dans la plaine où l'attendaient les chasseurs d'Afrique. Un vigoureux élan des Douair, entraînés par Moustafa-ben-Ismaïl et soutenus par les couloughs, rompit la ligne d'Abd-el-Kader, dont la gauche isolée disparut du champ de bataille. Le centre refoulé dans la plaine, assailli, pris en flanc par les chasseurs, ne fit pas une longue résistance; ses groupes dispersés cherchèrent un abri au delà des escarpements de la Tafna; mais le passage était difficile; nombre de Marocains, surpris à ce moment par l'escadron turc du 2ᵉ chasseurs, furent sabrés. Un des leurs, un porte-drapeau, serré de près, sur le point d'être atteint, lança son cheval par-dessus la berge à pic; le cheval et le cavalier roulèrent morts sur la grève, mais le drapeau, recueilli par un Arabe, ne tomba pas aux mains des infidèles. Pendant l'action, les Kabyles d'Oulaça, conduits par leur kaïd Bou-

Hamedi, avaient essayé sans succès de se jeter sur les bagages. Le combat fini, le maréchal voulut reconnaître lui-même la position qu'avaient occupée les troupes d'Abd-el-Kader, en avant de la gorge où s'enfonce la Tafna. De là il apercut la rivière encaissée entre deux murailles de roc, et le chemin qui suit la rive droite constamment dominé des deux bords. Il n'était pas possible d'engager des troupes dans un tel défilé, ni, par conséquent, de relier par cette voie si dangereuse Tlemcen et Rachgoun. Obligé de renoncer à son rêve, le maréchal résolut de se mettre le lendemain en retraite. Le 27, la colonne avait fait demi-tour lorsqu'elle fut assaillie tout à coup et violemment par des bandes nombreuses qui pendant la nuit avaient traversé la Tafna; c'étaient des Marocains et des Kabyles arrivés depuis le combat de la veille. Les coulouglis qui reçurent leur premier choc furent rejetés sur le bataillon d'Afrique; les chasseurs eux-mêmes eurent quelque peine à se dégager de la masse des assaillants. Après cette charge furieuse, le maréchal se préparait à prendre l'offensive à son tour, lorsqu'il vit l'ennemi cesser presque subitement son feu et rétrograder précipitamment vers la Tafna. Il eut bientôt l'explication de ce coup de théâtre; c'était l'apparition du général Perregaux, qui, sur un ordre reçu du maréchal pendant la nuit, était venu de Tlemcen à sa rencontre. Menacé d'être pris entre les deux colonnes, Abd-el-Kader s'était hâté de se retirer. Le camp qu'il avait occupé ensuite dans une forte position défensive n'aurait pu être emporté qu'au prix d'un sanglant effort; après l'avoir reconnu, le maréchal ne jugea pas à propos d'y sacrifier ses troupes. Il rentra, le 28 janvier, à Tlemcen, suivi à distance par un millier de cavaliers qui faisaient parler la poudre en poussant des clameurs de triomphe. En effet, pour les Arabes, Marocains et Kabyles, c'était celui qui se retirait qui était le vaincu, et la retraite de la colonne française leur semblait d'autant mieux une défaite qu'elle avait échoué dans son projet de pousser jusqu'à Rachgoun.

Les huit derniers jours que le maréchal Clauzel passa dans Tlemcen furent employés à réparer les défenses du Méchouar, à compléter son approvisionnement, malheureusement aussi à presser l'affaire de la contribution. A l'intimidation, aux menaces, avaient succédé les peines afflictives, l'emprisonnement, la bastonnade. Cependant les cris des victimes devinrent si violents et les murmures de l'armée si expressifs que le maréchal fut obligé de les entendre. Il commença par suspendre la perception qui avait produit une valeur de 94,000 francs, partie en numéraire, partie en matières d'or et d'argent. Du numéraire, 29,000 francs furent employés à la solde des troupes, 6,000 versés au lieutenant trésorier de la garnison du Méchouar. Quelques jours après, à la veille de quitter Tlemcen, le maréchal voulut sauver au moins les apparences et couvrir d'une forme régulière ce qu'il s'était permis jusque-là d'arbitraire à la turque. Le 6 juillet, il signa un arrêté qui imposait aux habitants riches de Tlemcen un emprunt forcé de 150,000 francs, remboursable en quatre années, déduction faite des valeurs antérieurement recueillies pour la contribution. Plus tard, quand il eut vu l'indignation gagner la France entière, il fit annoncer dans le *Moniteur algérien* la restitution des sommes qui n'avaient pas été employées encore; mais il ne lui fut pas accordé de réparer lui-même l'iniquité de ses actes. Ce fut par un vote des Chambres françaises que les spoliés reçurent l'équivalent, non de ce qu'ils avaient effectivement payé, mais de ce que les collecteurs déclaraient avoir perçu, au taux d'estimation, en recette.

Le 7 février, la colonne expéditionnaire quitta

Tlemcen. Au lieu de regagner Oran par la route directe, le maréchal prit celle de Mascara. Pendant les trois premiers jours, la marche ne fut ralentie que par les accidents du terrain, qui devenaient de plus en plus ardus à mesure qu'on s'élevait plus haut dans les montagnes des Beni-Amer; grâce aux travaux incessants du génie, ces obstacles furent heureusement tournés. Le 10, au moment où la colonne, inclinant au nord dans la direction d'Oran, allait s'engager dans une gorge connue sous le nom de défilé de la Chair, parce que, au siècle dernier, les montagnards y avaient fait un grand carnage d'Espagnols, Abd-el-Kader parut avec quatre ou cinq mille hommes, cavaliers pour la plupart. Le général Perregaux, qui faisait l'arrière-garde, se retourna contre eux et les contint d'abord; puis, par une savante disposition de son infanterie, à droite et à gauche du défilé, le long des crêtes, le maréchal présentant alternativement une des deux pointes à l'ennemi fit sa retraite par échelons, presque sans coup férir. Cette tentative de l'émir contre l'habile manœuvrier fut la dernière; mais il y eut des Arabes qui donnèrent, la nuit suivante, aux soldats français une singulière leçon d'audace. Entièrement nus ou couverts seulement de feuilles de palmier nain, ils se glissèrent en rampant au travers des grand'gardes, non-seulement jusqu'au front de bandière, mais au centre même du camp, près de la tente du maréchal, et se retirèrent, après avoir mis tout le monde en alerte, emportant des fusils volés aux faisceaux d'une compagnie d'élite. Le 12 février, le corps expéditionnaire rentrait à Oran.

Ainsi se termina l'expédition de Tlemcen; militairement honorable pour le maréchal Clauzel, elle lui fit moralement le plus grand tort. L'armée en eut le ressentiment, et son jugement fut sévère. Retenu par sa haute situation, le duc d'Orléans n'eut qu'un mot tristement significatif, sur ce séjour à Tlemcen « qui, malheureusement, ne fut point employé d'une manière utile pour la position morale et la considération de l'autorité française ». Le 17 février 1836, le lieutenant-colonel de Maussion, chef d'état-major de la division, écrivait d'Oran : « La dernière expédition aurait été très-belle et très-avantageuse, si le démon de l'argent n'était venu, sous la figure d'un Juif d'Oran, souffler au maréchal l'idée que Tlemcen renfermait beaucoup de richesses. Il a frappé une contribution sur les Juifs, sur les habitants qui étaient rentrés, et enfin sur les coulouglis et les Turcs, ceux mêmes qui nous avaient appelés. Comme ces malheureux n'avaient pas d'argent, on a pris leurs bijoux, leurs effets, jusqu'à des titres de propriété, en prenant soin d'estimer le tout bien au-dessous de sa valeur. Beaucoup ont été arrêtés, quelques-uns battus; puis, quand on a eu beaucoup tiré, un ordre du jour est venu annoncer qu'on leur rendait la contribution, et on leur a rendu, non ce qu'ils avaient donné, mais les sommes estimées. Tout a été assorti dans cette affaire : le montant de la contribution n'a jamais été officiellement déclaré; aucun Européen n'a été admis à voir les objets apportés en payement et à les acheter au besoin; ni l'intendant ni le payeur n'ont été appelés. Cette contribution sur les coulouglis a aliéné ces hommes qui étaient à nous, et fait éloigner des tribus qui étaient prêtes à se soumettre. Elle a valu beaucoup d'argent à quatre personnes et en coûtera beaucoup à la France par la fâcheuse impression qu'elle a produite. »

IV

Le maréchal Clauzel, malgré sa déconvenue, n'avait pas renoncé au projet d'ouvrir une communication directe entre Tlemcen et la mer; comme il n'avait pu y réussir en partant de Tlemcen, il retourna son plan et s'imagina que le succès serait meilleur en partant de Rachgoun. A peine revenu de Mostaganem, il prit la mer à Mers-el-Kébir, le 14 février, avec le général d'Arlanges, le colonel Lemercier, directeur des fortifications, et le directeur de l'artillerie. La reconnaissance qu'il fit de l'embouchure de la Tafna l'ayant confirmé dans son dessein, il donna l'ordre d'y construire le plus tôt possible un poste retranché; puis, de retour à Oran, comme il voulait inquiéter Abd-el-Kader dans une autre direction, il organisa en colonne mobile le 17e léger, le 11e et le 66e de ligne, le 2e de chasseurs d'Afrique et la cavalerie indigène, avec sept pièces de campagne et de montagne, sous les ordres du général Perregaux, et se hâta de partir pour Alger, d'où il comptait frapper sur les Arabes un coup terrible avant d'être privé du concours des régiments dont le ministre de la guerre, toujours obsédé par la commission du budget, réclamait impérieusement le renvoi en France. Il emmenait avec lui les zouaves et le bataillon d'élite.

Dès le 23 février, le général Perregaux se mit en mouvement; dans cette première sortie, il surprit les Gharaba dans la plaine du Sig et leur enleva des chevaux, des mulets et deux mille bœufs que les gens d'Oran accueillirent avec joie, car depuis quelque temps on y manquait de viande. Du 14 mars au 1er avril, la colonne mobile, habilement dirigée, fit une expédition dont les résultats furent les plus importants qu'on eût obtenus encore dans la province d'Oran, car elle amena, presque sans conflit, la soumission de la plaine et de la montagne au sud-est jusqu'aux abords de Mascara, et, fait plus considérable encore, l'adhésion publique et l'assistance militaire de Sidi-el-Aribi, chef de la plus puissante et de la plus riche des tribus qui occupaient la vallée du Bas-Chélif. Quand le général Perregaux parcourait le pays depuis l'Habra jusqu'à la Mina, quatre mille cavaliers des goums lui faisaient cortége, et telle était sa popularité parmi les Arabes qu'Abd-el-Kader n'osa pas s'attaquer à lui. Le duc d'Orléans a rendu à la mémoire du général Perregaux ce noble témoignage : « Il réussit parce qu'il sut employer avec énergie et talent la justice et la persévérance. Ce sont des armes dont on a rarement fait usage en Afrique; elles exigent, pour être maniées avec succès, d'autres et plus rares qualités que le courage et l'ambition. La colonne Perregaux était un modèle de bonne organisation : les transports étaient bien entendus, les marches bien réglées; la nourriture du soldat avait été augmentée et adaptée au climat, par l'usage régulier du sucre, du café, et un emploi plus fréquent du riz. En peu de jours et avec bien peu de moyens, le général Perregaux avait créé les éléments d'une puissance rivale de celle de l'émir; ce n'est qu'après avoir terminé la conquête pacifique d'une contrée où il régnait par sa modération, par la discipline de ses troupes et par son intelligence des besoins du peuple arabe, qu'il rentra à Mostaganem. Son nom lui a survécu dans la province d'Oran comme en Égypte celui de Desaix. »

Dans la province d'Alger, il n'y avait pas lieu d'être aussi satisfait de l'état des affaires. Les Hadjoutes, cette hydre des marais du Mazafran, plus nombreux à mesure qu'on en tuait davantage, parce que de tous les coins de la montagne et de la plaine accouraient vers eux les belliqueux et les gens d'aventure, les Hadjoutes ne cessaient pour ainsi dire pas d'un jour leurs courses et leurs pilleries. Pendant la longue absence du maréchal Clauzel, le général Rapatel, commandant de la division d'Alger, avait envoyé contre eux à diverses reprises des expéditions qui sabraient ceux qu'elles pouvaient atteindre, brûlaient des gourbis, fouillaient le bois des Karésa, ramassaient du bétail qu'elles perdaient en grande partie au retour, parce que, mal guidées, égarées dans les broussailles, arrêtées par les marécages, elles piétinaient sans parvenir à retrouver le bon chemin. Ce fut le cas d'une colonne partie de Boufarik, le 31 décembre 1835, et qui rentra au camp deux jours plus tard, après avoir passé le premier jour de l'an 1836 à errer à travers les débordements de la Chiffa vingt-quatre heures durant, presque sans halte. Elle était commandée par le général Desmichels, l'auteur de ce déplorable traité dont les suites étaient si funestes; il avait obtenu d'être renvoyé en Afrique, mais le maréchal Clauzel, par un juste sentiment des convenances, n'avait pas voulu l'employer dans la province d'Oran.

Rentré à Alger, le 19 février, le maréchal y reçut, le 5 mars, une visite qui n'était pas pour lui être agréable. Mécontent de n'avoir pas vu arriver en France les régiments qui devaient quitter l'Afrique, le maréchal Maison, ministre de la guerre, avait dépêché un officier de son état-major, le lieutenant-colonel de La Rue, avec l'ordre de presser l'embarquement des troupes et de ne revenir qu'après avoir vu de ses yeux le dernier détachement en mer. Tout ce que put obtenir le gouverneur général, ce fut un dernier délai qui lui permît d'entreprendre une opération dont il attendait, pour la province d'Alger, un effet pareil à celui qu'il s'imaginait avoir produit par l'expédition de Tlemcen dans la province d'Oran ; il n'y allait pas de moins que de la soumission de Médéa et de Miliana. Au mois de mars 1836, il lui plaisait de se retrouver sur le même terrain et avec la même confiance qu'au mois de novembre 1830.

Qu'était devenu cependant Mohammed-ben-Hussein, ce vieux Turc qu'il avait naguère, dans son propre palais, avec tant d'appareil, investi du titre de bey de Médéa? De Boufarik, où il s'était d'abord dissimulé prudemment, Mohammed avait réussi par un long détour à travers la montagne, à gagner les environs de sa prétendue capitale; mais ses sujets ayant refusé de le recevoir, il était allé chercher un asile dans le voisinage, chez les Hacem-ben-Ali, dont le cheikh était le père d'une de ses femmes. Menacé par les gens de Médéa, le malheureux bey ne se crut pas en sûreté sous la tente de son beau-père; il lui fallut trouver une retraite moins facile à surprendre. On connaît ces greniers souterrains que nous nommons vulgairement *silos*, que les Arabes nomment aussi *mat-*

mores; ce fut dans une de ces excavations que Mohammed s'enfouit, n'osant pas en sortir de jour, et il y demeura de la sorte pendant cinq mois. Aux alentours, chez ses amis mêmes, il n'était plus désigné que sous le nom du bey *Bou-Matmore*. Averti du rôle misérable et ridicule que jouait ce protégé de France, le maréchal Clauzel avait résolu de relever par une démonstration éclatante son prestige.

Le 29 mars, une forte colonne expéditionnaire se réunit à Boufarik; elle était composée des zouaves qui venaient d'être portés à deux bataillons, sous les ordres de La Moricière, nommé lieutenant-colonel, du 3e bataillon d'infanterie légère d'Afrique, du 2e léger, du 13e et du 63e de ligne, des spahis réguliers et irréguliers, du 1er régiment de chasseurs d'Afrique, de deux batteries dont une de montagne, et de cinq compagnies de sapeurs; l'effectif de ce petit corps d'armée était de 5,000 hommes de pied et de 1,200 chevaux. Le général Rapatel, sous la direction du maréchal, en avait le commandement; les généraux Desmichels et Bro étaient à la tête des brigades. Le 30 mars, l'expédition quitta Boufarik; le lendemain, au point du jour, elle atteignit Haouch-Mouzaïa, la ferme de l'Agha, dont il ne restait plus que l'enclos, les bâtiments d'habitation étant tombés en ruine. Le maréchal y laissa sous la garde de 400 condamnés militaires, à qui des armes avaient été rendues pour la circonstance, son convoi, son ambulance et la plupart des voitures d'artillerie. Il n'en garda que douze avec deux prolonges du génie; celles-là, il était décidé à les hisser jusqu'au sommet de l'Atlas. Déjà, dans sa marche sur Mascara, il avait voulu, en prouvant que les Français avec leur encombrant et lourd matériel pouvaient passer partout, frapper l'imagination des Arabes; mais la démonstration n'avait pas été faite jusqu'au bout, et, malgré les efforts héroïques du génie, canons, caissons, fourgons et prolonges étaient demeurés en route. Après une courte halte, à huit heures du matin, les troupes combattantes s'engagèrent dans la montagne, les zouaves en tête, suivis du 2ᵉ léger et du 3ᵉ bataillon d'Afrique. La veille il n'y avait eu qu'un engagement assez vif, mais court, au passage de la Chiffa; ce jour-là, le feu de l'ennemi ne cessa pas jusqu'au soir. Comme les sapeurs avaient fort à faire pour ouvrir sur les rampes une route carrossable, la tête de colonne dut s'arrêter au plateau connu depuis l'expédition de 1830 sous le nom de plateau du *Déjeuner*. Le lendemain, 1ᵉʳ avril, elle reprit sa marche, en se portant sur les hauteurs de gauche. Pour aborder le Ténia de Mouzaïa, il n'y avait qu'une seule tactique enseignée par le terrain même. On ne pouvait pas, sans s'exposer à subir des pertes énormes, atteindre le col par un sentier qu'un ravin profond comme un abîme côtoyait d'un côté et qu'une suite de pitons boisés commandait de l'autre. C'étaient ces pitons disposés irrégulièrement en arc de cercle qu'il fallait enlever successivement jusqu'au dernier, au pied duquel s'ouvrait l'étroit passage. Au commandement du général Bro, les zouaves et les *zéphyrs* à gauche, le 2e léger à droite se mirent à l'escalade; sur le sentier inférieur, le 13e de ligne suivait le mouvement. Il fallut gagner du terrain pied à pied; la nuit venait; l'avant-garde n'était plus qu'à 300 mètres du col; clairons sonnant, tambours battant, un dernier effort la porta jusqu'au but; le col était conquis. Le maréchal y établit son quartier général au milieu des troupes d'infanterie qui étaient échelonnées de part et d'autre à la naissance des deux versants. Elles y soutinrent, deux jours durant, les attaques acharnées des Kabyles; pendant ce temps, au bruit de la fusillade répondaient les coups de pic et les coups de mine; le génie avançait lentement, luttant contre le roc, comblant les ravines, aplanissant les obstacles, frayant la route à l'artillerie qui s'élevait derrière lui de rampe en rampe. Enfin, le 5 avril, les derniers lacets l'amenèrent au niveau du col. En cinq jours les sapeurs du colonel Lemercier avaient ouvert dans le flanc de la montagne quinze kilomètres et demi de voie carrossable. Le soir, à neuf cent soixante mètres de hauteur, les pièces de montagne saluèrent l'accomplissement de cette œuvre gigantesque et les échos de l'Atlas en propagèrent jusqu'aux douars les plus éloignés la terrifiante nouvelle. Sur un rocher du Ténia, au bord de la route, on put lire cette inscription gravée par les soldats : *Maréchal Clauzel* (1830-1836).

Quand, à Médéa, on avait appris que les Français étaient maîtres du défilé, les Hadar avaient pris peur et quitté la ville; alors le bey *Matmore,* tiré de sa cave et escorté de quelques amis, y avait été reçu par les coulouglis. Pour faire en sa faveur une démonstration et donner confiance à ses partisans, la lutte ayant cessé, le 4 avril, autour du col, le maréchal avait fait descendre à Médéa, ce jour-là même, le général Desmichels avec toute la cavalerie, le 62e et deux pièces de montagne. Le général fut frappé du triste aspect de cette ville abandonnée, dont les rares habitants, Juifs et couloughis, sombres et craintifs, ne donnèrent, à son arrivée, aucun signe d'allégresse. Mohammed aurait souhaité qu'il demeurât quelques jours auprès de lui ; mais ses instructions ne lui permettant pas de prolonger son séjour à Médéa, le général Desmichels en repartit, le 5, après avoir donné aux couloughis six cents fusils et cinquante mille cartouches. Arrivé aux bois des Oliviers, il y rencontra le général Rapatel, qui lui apportait l'ordre de châtier la tribu des Ouzra, la plus turbulente de celles qui avaient méconnu et insulté le bey protégé de la France. Le lendemain, de concert avec Mohammed, qui vint accompagné des couloughis et d'un petit goum de cavaliers arabes, l'exécution fut faite, le feu mis dans les douars, le bétail enlevé. Le 27, le général reprit le chemin du col; le soir même, toute la colonne expéditionnaire bivouaquait autour de Haouch-Mouzaïa ; le 9, les troupes qui l'avaient composée rentraient dans leurs cantonnements. Leurs pertes s'élevaient à 300 hommes tués ou blessés.

En fait, quel était le résultat de cette opération de guerre? Pour en bien juger, il faut se reporter à six années en arrière et la comparer à l'expédition de novembre 1830. Alors, comme en 1836, le maréchal Clauzel, parti avec l'espoir de pousser jusqu'à Miliana, n'avait pas étendu son action plus loin que Médéa ; mais, en 1830, il avait laissé dans Médéa une garnison française, tandis que, en 1836, il abandonnait le bey Mohammed à lui-même ; entre les deux expéditions, presque semblables d'ailleurs, la comparaison était donc plutôt en faveur de la première. Était-ce la faute du maréchal ? Non pas tant de lui que du ministre de la guerre et des Chambres qui lui refusaient le temps et les moyens, non pas seulement d'étendre, mais même d'affermir, sur le terrain déjà conquis, la domination française. Pendant que les régiments qu'on lui réclamait avec tant d'âpreté prenaient la mer pour rentrer en France, il s'embarqua lui-même, le 14 avril, laissant au général Rapatel le commandement par intérim. Il allait à Paris soutenir, devant le gouvernement, les Chambres et l'opinion publique, la cause de l'Algérie.

V

Au moment où le maréchal Clauzel quittait Alger, le général d'Arlanges, dans la province d'Oran, était en marche pour l'embouchure de la Tafna. Après l'heureuse expédition du général Perregaux, qui n'avait reçu du maréchal qu'une mission temporaire, le commandant de la division d'Oran était rentré dans la plénitude de ses attributions. Comme il avait l'ordre d'établir le plus promptement possible un poste retranché sur la côte, en face de l'îlot de Rachgoun, il avait hâté ses préparatifs. Le général Perregaux lui avait rendu ses troupes, le 1er avril; le 7, il était en état de partir. La colonne qu'il avait formée comprenait : deux bataillons du 17e léger, un bataillon du 47e, un bataillon du 66e, le 1er bataillon d'infanterie légère d'Afrique, deux compagnies de sapeurs, trois escadrons du 2e chasseurs d'Afrique, 200 Douair et Sméla, quatre pièces de campagne et quatre de montagne; mais comme les effectifs étaient très-réduits, l'ensemble ne donnait pas plus de 3,200 hommes. Avec une si faible colonne, il aurait fallu marcher vite, prévenir l'ennemi aux passages difficiles, ne lui pas donner le temps de réunir ses forces; mais la chaleur commençant à se faire sentir, le général d'Arlanges, très-attentif à la santé de ses troupes, voulait les ménager; il ne fit d'abord que de petites étapes; il perdit trois jours à ouvrir une route dans les ravins du mont

Tessala et à vider les silos des Beni-Amer; bref, après sept jours de marche, il n'était encore arrivé qu'à l'Oued-Ghazer. Ce fut là qu'il aperçut pour la première fois l'ennemi.

Le général d'Arlanges était, dans toutes les nuances du mot, un très-brave homme, allant au feu comme pas un; il avait été un excellent colonel; jamais on ne vit régiment mieux administré que le sien. Quand le maréchal Clauzel lui avait enlevé momentanément la disposition de ses troupes pour les confier au général Perregaux, il avait été très-froissé; mais entre les deux, le maréchal, bon juge, avait reconnu que celui-ci possédait mieux l'art de conduire une colonne. Le lieutenant-colonel de Maussion, chef d'état-major de la division d'Oran, aimait et estimait son général, mais il connaissait bien ses défauts : « Le général d'Arlanges, disait-il, est un brave homme, plein de sens et de jugement, mais qui comprend très-lentement, de sorte qu'il est impropre à la bataille où il faut voir vite. Comme il est très-brave et plein d'ardeur, il court alors à droite et à gauche au milieu des balles; mais il ne sait pas faire mouvoir les troupes à propos. Avec beaucoup de droiture et de courage, il est craintif et caporal, n'osant rien prendre sur lui dans une position où il faut beaucoup oser. » Tel était l'homme qui, à dater du 15 avril, allait avoir en face de lui Abd-el-Kader.

Ce jour-là, dès l'aube, la colonne avait quitté le bivouac de l'Oued-Ghazer; elle montait lentement les pentes du Dar-el-Atchoun, quand, vers sept heures, des cavaliers arabes se montrèrent en grand nombre sur sa gauche. Moustafa-ben-Ismaïl, qui avait l'instinct de la guerre et surtout l'expérience de cette guerre-ci, courut au général et le pressa d'engager l'action en lui disant qu'il était dangereux de s'aventurer dans la montagne avant d'avoir infligé une sévère leçon à l'ennemi. Éconduit sans avoir pu se faire écouter, mais de plus en plus assuré du péril prochain, Moustafa ne put pas se contenir; il entraîna ses Douair à la charge; ils n'étaient que 200; l'ennemi, infiniment plus nombreux, les enveloppa. Pouvait-on les laisser périr? Bien malgré lui, le général d'Arlanges envoya pour les dégager les chasseurs d'Afrique; mais ceux-ci eurent besoin d'être soutenus à leur tour; il fallut envoyer le 17e léger, puis le 47e, puis, bataillon par bataillon, toute l'infanterie. Encore plus ardents que la cavalerie arabe, les fantassins kabyles se battaient avec rage; ils couraient sur les canons, se jetaient sur les baïonnettes; ils relevaient sous la mitraille leurs blessés et leurs morts. Quand ils s'arrêtèrent enfin, vers midi, épuisés de fatigue, ils s'éloignèrent lentement; ces vaincus ne pensaient qu'à prendre leur revanche, ils n'étaient pas en déroute. Aussi, lorsque le général d'Arlanges, après quelques heures de repos, donna l'ordre de reprendre la marche, Moustafa le supplia d'attendre encore, sur ce champ de bataille dont les détails lui étaient désormais familiers, l'occasion prochaine d'un combat décisif; alors l'ennemi, de nouveau battu, écrasé, serait définitivement réduit à l'impuissance, alors la colonne française pourrait sans inquiétude prendre possession de la Tafna. « Si tu parviens à dompter ici l'ennemi, disait Moustafa, alors seulement tu seras libre de tes mouvements; si tu ne peux le détruire ici, estime-toi heureux de ne l'avoir pas rencontré dans ces défilés qui se refermeront sur toi. » Et joignant l'action à la parole, se jetant à bas de son cheval, le vieux guerrier, que nul au monde n'aurait pu soupçonner de faiblesse, s'étendit en travers du chemin, devant le général. La marche fut reprise sans être inquiétée; les craintes de Moustafa parurent d'abord chimériques; le soir, la colonne bivouaqua au bord de la Tafna; le lendemain, 16, elle suivit la rive droite du cours d'eau jusqu'à l'embouchure. A peine avait-elle commencé à s'y établir qu'elle était déjà bloquée; les prédictions de Moustafa s'accomplissaient; les défilés s'étaient refermés sur elle.

Le général d'Arlanges eut d'abord quelque peine à le reconnaître; cependant il comprit la nécessité de se fortifier au plus vite. Dès le 17 avril, cinq cents hommes furent employés aux terrassements; le 20, le colonel du génie Lemercier, venu d'Oran par mer, prit la direction des travaux; là où le maréchal Clauzel avait cru qu'il suffirait d'un fossé, d'un parapet et de deux blockhaus, le génie eut à construire un camp fortement retranché, avec tête de pont sur la rive gauche. Il n'y avait plus d'illusion à se faire; le blocus était complet et rigoureux. La cavalerie envoyée, sous la protection d'un bataillon, au fourrage, était inquiétée chaque matin et de plus en plus resserrée dans le champ de ses recherches. Enfin, voulant éprouver la force du cercle qui l'enserrait, le général prit la résolution de faire une reconnaissance sur la rive gauche de la Tafna.

Le 24, à huit heures du soir, quinze cents hommes d'infanterie passèrent la rivière à gué;

le 25, à deux heures du matin, le général les rejoignit avec toute la cavalerie et huit pièces de canon, dont les munitions furent partiellement mouillées pendant le passage. La marche, indiquée sur deux colonnes, fut contrariée par l'obscurité de la nuit; il fallut attendre l'aube. On aperçut alors quelques vedettes qui s'enfuirent aux premiers coups de feu dans la direction d'un petit monument qui était le marabout de Sidi-Yacoub. On les suivit; à droite marchaient le 47e et les *zéphyrs*, sous le commandement du colonel Combe; à gauche, le 17e léger et le 66e, sous les ordres du colonel Corbin. Arrivé à la hauteur du marabout, à deux lieues environ de la Tafna, le général d'Arlanges fit battre le terrain en avant des colonnes par les Douair de Moustafa et les spahis du 2e chasseurs; mais ces éclaireurs s'étendirent trop loin, s'éparpillèrent et disparurent bientôt cachés par les accidents du sol. Les trompettes eurent beau rappeler, cinq quarts d'heure s'écoulèrent avant qu'on les vît revenir serrés de près par les cavaliers de l'émir; Abd-el-Kader était là. Pendant ce temps, le pays qui paraissait inhabité deux heures auparavant, s'était insensiblement peuplé; des groupes de Kabyles armés se montraient autour des colonnes; entre eux et les flanqueurs avait commencé la fusillade.

Le général d'Arlanges ordonna la retraite; les deux colonnes réunies firent demi-tour. A peine s'étaient-elles mises en mouvement que de toutes les gorges, de tous les ravins, s'élancèrent des bandes hurlantes. Du mamelon de Sidi-Yacoub partait un feu nourri. Le général, suspendant la marche, donna l'ordre de le faire occuper par les tirailleurs de l'arrière-garde; ils furent repoussés; les compagnies détachées pour les soutenir furent repoussées à leur tour; un demi-bataillon du 67e réussit à s'élever, la baïonnette en avant, jusqu'au marabout, mais ne parvint pas à s'y maintenir. Les Kabyles, acharnés à sa suite, se précipitèrent sur la pente : ni les obus, ni la mitraille qui trouaient leurs rangs pressés ne les arrêtèrent. Ils étaient déjà sur les pièces, quand une charge des Douair, enlevés par Moustafa, debout sur ses étriers, les fit reculer enfin. Dans ce conflit, le général d'Arlanges, qui était au plus fort de la mêlée, reçut une balle à la tête; le lieutenant-colonel de Maussion, son chef d'état-major, le capitaine de Lagondie, son aide de camp, furent blessés à côté de lui. Par droit d'ancienneté, le colonel Combe prit le commandement. A ce moment critique, Moustafa signala, derrière la foule ennemie, un guidon noir de forme triangulaire qui, passant de la droite à la gauche, s'éloignait dans la direction du camp : « C'est, dit-il au colonel, le drapeau de l'émir; il est là; il veut nous couper la retraite; il n'y a pas un instant à perdre. » Renonçant à tout retour offensif, le colonel Combe fit mettre, au bord d'un ravin, toutes les pièces en batterie, et, sous la protection de leur feu, la marche en arrière fut reprise; mais bientôt les munitions manquèrent; les gargousses, mouillées au passage de la Tafna, ne pouvaient plus servir. Ce furent les charges de la cavalerie qui suppléèrent à la mitraille. La colonne reculait lentement; elle mit quatre heures à faire les deux lieues qui séparaient du camp le marabout de Sidi-Yacoub. A mesure qu'elle gagnait du terrain, les attaques de l'ennemi redoublaient de violence; plus ardent qu'au combat de Dar-el-Atchoun, plus acharné qu'à la Macta même, c'était le souvenir de cette grande journée qu'il aurait voulu égaler par un aussi éclatant triomphe; et quand il vit près de lui échapper la proie qu'il poursuivait depuis le matin, son dernier effort fut terrible. A travers les lignes rompues des tirailleurs, Arabes et Kabyles se jetèrent sur les baïonnettes; quelques-uns bondirent au milieu de la colonne jusqu'aux pièces de canon qu'ils saisissaient par l'affût, par les roues, luttant avec les artilleurs corps à corps. De tous ceux qui avaient pénétré dans ce cercle de fer aucun ne sortit vivant. Enfin, à une heure, la colonne atteignit la tête de pont; pendant la lutte opiniâtre qu'elle venait de soutenir, le camp avait été attaqué, mais avec moins de vigueur. Les troupes françaises avaient éprouvé une grave perte : quarante morts, trois cents blessés. C'était plus que n'avaient coûté les expéditions de Mascara et de Tlemcen ensemble; les quatre journées de lutte au col de Mouzaïa n'avaient pas coûté davantage.

Les pertes de l'ennemi avaient dû être bien plus grandes; mais il triomphait, il se proclamait vainqueur, et les têtes des vaincus, promenées parmi les tribus, attestaient sa victoire. L'effet de cette journée sur les imaginations arabes fut immense; en un moment tous les résultats acquis un mois auparavant par l'habile opération du général Perregaux s'évanouirent. Toute la vallée du Chélif reconnut l'autorité d'Abd-el-Kader; le bey Ibrahim et son agha El-Mzari furent rejetés de Mazagran dans Mostaganem; d'Oran au camp du Figuier les communications menacées par les Gharaba n'étaient plus sûres. A la Tafna, le colonel Lemercier multipliait les ouvrages de défense. Le 29 août, le général d'Arlanges reçut d'Abd-el-Kader ce défi hautain : « Le commandant des croyants au général d'Oran : Salut à celui qui doit se convertir. Les menteurs t'ont fait croire qu'il n'y a plus de sultan. Tu es sorti pour gouverner le pays des Arabes : voici le sultan qui se présente pour te combattre, et tu as reculé. Ce n'est pas l'usage chez les rois, et c'est une grande honte, car ton armée est réunie et ton camp est établi. C'est une faiblesse de ta part. Vous ne m'avez battu autrefois que par ruse, avant que j'eusse pu réunir mes forces; cela ne peut passer aux yeux du monde pour une victoire. Maintenant sors pour me combattre et réponds-moi sur tes projets. » Le jour où le général d'Arlanges reçut cette provocation qui demeura sans réponse, les troupes, déjà réduites à la demi-ration, n'avaient plus que pour deux jours de vivres; depuis plus d'une semaine, la mer furieuse ne permettait plus au camp de communiquer avec Rachgoun; elle se calma enfin, des approvisionnements arrivèrent, même du foin pour la cavalerie, car il n'était plus possible d'aller au fourrage. Une nuit, Moustafa voulut s'évader et regagner Oran à travers la montagne, mais il fut arrêté par l'ennemi et forcé de rentrer dans la place; il fallut embarquer les chevaux des Douair.

Quand les nouvelles du combat de Sidi-Yacoub arrivèrent en France, elles y produisirent l'impression d'une seconde Macta; ministres et députés, amis ou ennemis de l'Afrique, tous se rencontrèrent dans une pensée commune : la revanche. Ordre fut envoyé, par le télégraphe, aux commandants des divisions militaires riveraines de la Méditerranée, de faire partir au plus vite le 23e et le 24e de ligne de Port-Vendres, le 62e de Marseille. Le commandement de cette division fut donné au maréchal de camp Bugeaud. Le 6 juin, le général et ses troupes débarquaient à l'embouchure de la Tafna; le même jour, le général d'Arlanges, relevé de son poste, s'embarquait pour Oran.

VI

Nouveau venu en Afrique, à l'âge de cinquante-deux ans, le général Bugeaud y apportait deux idées profondément enracinées dans sa tête : l'une, que la prise d'Alger avait été le commencement d'une mauvaise affaire; l'autre, que la guerre, telle qu'on la faisait en Algérie, était une guerre mal faite. Dès le lendemain de son arrivée, il réunit les chefs de corps et leur tint ce petit discours : « Messieurs, je suis nouveau en Afrique, mais, selon moi, le mode employé jusqu'ici pour poursuivre les Arabes est défectueux. J'ai fait de longues campagnes en Espagne ; or, la guerre que vous faites ici a une grande analogie avec celle que nous avions entreprise, en 1812, contre les guerrillas. Vous me permettrez d'utiliser l'expérience que j'ai acquise à cette époque. C'est ainsi que je suis d'avis de supprimer les fortes colonnes et de nous débarrasser de cette artillerie, de ces bagages encombrants qui entravent nos marches et nous empêchent de poursuivre ou de surprendre l'ennemi. Nos soldats, comme les soldats de Rome, doivent être libres de leurs mouvements et dégagés ; il faut, à tout prix, alléger le poids qui les surcharge. Nos mulets, nos chevaux porteront les vivres et les munitions, et les tentes leur serviront de bâts et de sacs. Alors nous serons à même de traverser les montagnes, les torrents, sans laisser derrière nous les bagages. » C'était le programme d'une nouvelle tactique ; les vieux africains s'en scandalisèrent et chargèrent le colonel Combe de porter au général leurs objections collectives. Quoi! supprimer l'artillerie, quand il est d'expérience que c'est le canon qui donne confiance au soldat! Le général écouta le colonel, mais ne se rendit pas à ses raisons. Sauf les batteries de montagne, dont le matériel se porte à dos de mulet ou de chameau, toute l'artillerie fut embarquée avec ses voitures et celles de l'intendance, caissons, fourgons, prolonges, etc. « Le général Bugeaud, écrivait le lieutenant-colonel de Maussion, a de la vigueur et de l'impérieux, ce qui est bien important ici où la douceur du général d'Arlanges et l'indifférence du maréchal Clauzel, pour tout ce qui ne le touche pas personnellement, ont laissé germer bien de l'indiscipline dans les hauts grades. Le général Bugeaud est, d'ailleurs, assez appuyé pour nous débarrasser de quelques officiers supérieurs dont la pusillanimité entrave tout et décourage tous les soldats. On croit dans ce monde que la bravoure est une chose commune et brutale; on se trompe fort : elle est rare et raisonnée. Il n'y a rien de plus brave qu'un honnête homme. » Duvivier, un autre bon juge, disait pareillement : « Il y a des officiers qui ne sont jamais braves : ils sont très-rares; d'autres sont braves un jour, et ne le sont pas l'autre : c'est la majeure partie; d'autres sont braves tous les jours et à toute heure : c'est la minorité, c'est le nerf et la gloire des régiments devant l'ennemi. »

Le camp de la Tafna laissé à la garde du commandant du génie Perraud, avec une garnison de douze cents hommes, composée du bataillon d'Afrique et des malingres des régiments, le général Bugeaud se mit en marche, le 11 juin, à onze heures du soir; il emmenait dix bataillons d'infanterie, d'un effectif total de cinq mille cinq cents baïonnettes, quatre cents sabres, dix obusiers de montagne et trois cents chevaux ou mulets de bât portant six jours de vivres. Comme il était faible en cavalerie, il avait résolu d'aller chercher du renfort à Oran. Abd-el-Kader, qui l'attendait sur la route de Tlemcen, perdit du temps avant d'avoir pu retrouver sa piste, de sorte que, malgré le désordre et la lenteur d'une marche de nuit à travers les accidents et les broussailles d'un terrain mal connu, les coureurs arabes ne rejoignirent que le 12, à neuf heures du matin, les colonnes françaises. L'émir, qui était campé la veille sur l'Oued-Simane, parut avec quelque quinze cents cavaliers; mais l'engagement qui suivit ne passa pas les proportions d'une escarmouche. A partir de ce moment, l'ennemi ne se montra plus; le 17 juin, sans combat, mais non sans fatigue, la colonne atteignit les environs d'Oran. La chaleur était forte; à l'exception du 17e léger et du 47e de ligne acclimatés en Algérie, les troupes étaient harassées; et pourtant les marches avaient été courtes, les haltes fréquentes, les bivouacs bien choisis.

Dans un rapport adressé au ministère de la guerre, le général Bugeaud écrivait : « Il faut, pour commander les régiments, les bataillons et les escadrons en Afrique, des hommes vigoureusement trempés au physique et au moral. Les colonels et les chefs de bataillon un peu âgés, chez qui la vigueur d'esprit et de cœur ne soutient pas les forces physiques, devraient être rappelés en France; leur présence ici est beaucoup plus nuisible qu'utile. Ce qu'il faut aussi pour faire la guerre avec succès, ce sont des brigades de mulets militairement organisées, afin de ne pas dépendre des habitants du pays, de pouvoir se porter partout avec légèreté, et de ne pas charger les soldats comme on le fait, de manière à les rendre impropres au rude métier qui leur est réservé, sur un sol aussi âpre et sous un climat aussi brûlant. Beaucoup succombent sous le poids, et les plus forts ont besoin d'être conduits avec une lenteur telle qu'il est impossible de faire de ces mouvements rapides qui seuls peuvent donner des succès. Des mulets militairement organisés me paraissent être la meilleure base de la guerre en Afrique; j'ai calculé qu'il en faudrait quatre-vingts par mille hommes; ils porteraient dix mille rations; les soldats auraient dans de petits sacs une réserve de quatre jours; ce serait donc quatorze jours de vivres, ce qui est très-suffisant pour les campagnes que l'on peut faire dans ce pays, car elles doivent être de courte durée, si l'on ne veut pas perdre tous ses soldats. Si l'on veut continuer l'occupation de l'Afrique, il faut prendre les moyens nécessaires pour réussir, et ce sera faire une économie d'hommes et d'argent. Ce sont les demi-moyens qui ruinent. Il faut être forts ou s'en aller. Surtout il faut n'envoyer que des soldats robustes, car tous les faibles périssent, et que ces soldats soient commandés par des officiers jeunes et énergiques. Les régiments qui sont depuis deux ou trois ans dans ce pays commencent à être bons, mais aussi leur effectif est bien réduit : le 17e léger en est là; entré il y a sept mois en Afrique avec seize cents hommes, il n'en a pas neuf cents dans le rang, mais ces neuf cents sont bons. Les trois beaux régiments que j'ai amenés deviendront bons aussi, mais ce ne sera qu'après avoir perdu deux ou trois cents hommes faibles au physique et au moral. Il faut convenir que l'apprentissage coûte un peu cher. »

Après avoir donné à ses troupes deux jours de repos, le général Bugeaud se remit en campagne, le 19 juin. Sa colonne, accrue de huit cents chevaux des chasseurs d'Afrique et des auxiliaires, escortait un grand convoi de ravitaillement pour Tlemcen, un troupeau de bœufs, cinq cents chameaux et trois cents mulets, chargés de munitions et de vivres. Il n'y eut d'engagement sérieux que le 24, entre l'Amighier et le Safsaf; ce jour-là l'émir attaqua franchement la colonne. Ce fut une belle rencontre de cavalerie; les chasseurs d'Afrique chargèrent d'abord, puis Moustafa, « qui, selon son habitude, dit dans son rapport le général Bugeaud, chassait le sanglier avec ses Douair, est arrivé fort à propos sur le flanc de l'ennemi, pendant que nous le poussions de front. La déroute alors a été complète. » Après ce combat, le capitaine Cavaignac, le bey de Tlemcen Moustafa-ben-el-Moukalled, les chefs des hadar et des Juifs vinrent sur le Safsaf au-devant du général. Depuis quatre mois que le capitaine Cavaignac tenait dans le Méchouar, il n'avait pas été sérieusement attaqué, mais la garnison et les habitants de la ville avaient beaucoup souffert du blocus établi autour d'eux par Abd-el-Kader; il avait fait venir dans la campagne environnante jusqu'à cent vingt mille têtes de bétail qui avaient dévoré toutes les récoltes. Mais si, dans la garnison du Méchouar, les corps étaient amaigris et les visages hâves, il y avait, dans les âmes soutenues par la fermeté stoïque du capitaine Cavaignac, une énergie militaire qui faisait contraste avec certaines défaillances dont la colonne amenée par le général Bugeaud avait donné de fâcheux témoignages. « Nos affaires, écrivait le lieutenant-colonel de Maussion, chef d'état-major, sont en assez bon train, malgré la triste composition de notre colonne de conscrits commandés par des pleureurs. En faisant de trois à cinq lieues par jour, nous avions toujours en arrière un cinquième de notre monde. »

Dans son rapport au ministre de la guerre, le général Bugeaud était plus explicite : « J'arrive à Tlemcen après cinq jours de marche; j'ai fait des haltes fréquentes; partout où il y avait de l'eau, je restais deux heures ou je couchais, et malgré cela, à deux jours d'Oran, j'ai dû renvoyer près de trois cents hommes qui ne pouvaient plus marcher. Depuis, mes cacolets et mes chameaux se sont encore couverts d'officiers et de soldats. Les nouveaux régiments sont détestables pour faire cette guerre; le 24e a été celui dont j'ai été le plus mécontent. Il a été très-démoralisé : c'était presque du désespoir; quatre hommes se sont suicidés dans une marche de quatre lieues. Cette maladie venait d'en haut. J'ai réuni les officiers, je les ai harangués en présence des soldats, j'ai discuté leurs plaintes à haute voix, je leur ai prouvé qu'aucune n'était fondée; enfin, quittant le ton de la discussion, je leur ai dit que leurs plaintes sur le sort du soldat dissimulaient mal l'affaissement de leur moral, que les soldats ne se seraient pas plaints si eux-mêmes n'en avaient donné l'exemple. Le lieutenant-colonel a eu la maladresse de me reprocher les fatigues de la journée du 12, qui était un jour de combat. Il me faisait beau jeu; je lui ai répondu comme il le méritait. Si pareille chose se renouvelait, j'ôterais le commandement aux deux chefs supérieurs, et je le leur ai dit à huis clos. Je suis entré dans ces détails, Monsieur le maréchal, pour vous corroborer dans l'opinion que vous avez sans doute déjà, qu'il faut pour l'Afrique des troupes constituées tout exprès et se sentant commandées par de jeunes chefs, ardents et vigoureux. Quelques jeunes gens se sont distingués en Afrique; si vous conservez cette fâcheuse conquête, il faut les avancer et leur donner le commandement des régiments d'abord, des colonnes plus tard. » Le rapport se terminait par un grand éloge des Douair : « J'en suis extrêmement content; ce sont d'intrépides et habiles cavaliers. Ils sont évidemment supérieurs à notre cavalerie pour éclairer, tirailler et combattre dans les terrains difficiles. Moustafa, leur chef, est un homme respectable et de très-bon conseil; il y a d'autres chefs qui sont aussi fort recommandables par leur bravoure et leur intelligence. Il serait juste et politique de faire un bon traitement à ces hommes qui servent si bien notre cause. »

D'esprit tout positif, le général Bugeaud n'avait pas l'imagination poétique. Tlemcen ne lui parut pas mériter la réputation charmante qu'on avait faite à son site. « Ce pays tant vanté, disait-il, est une petite oasis qu'on trouve avec plaisir après avoir traversé les trente lieues de désert stérile, incultivable, qui la séparent d'Oran; mais, en même temps, on est étrangement surpris de voir quelque chose de si peu semblable au portrait oriental qu'on nous en avait fait. Tlemcen est un monceau de vilaines ruines; c'est un amas de petites cabanes carrées, dont il ne reste plus que les quatre murailles plus ou moins dégradées; une petite partie est encore debout et n'en est pas plus belle. Elle recèle quatre ou cinq mille Maures, Juifs ou coulouglis, qui ont l'air fort misérable et qui sont très-malheureux. La contribution a commencé leur ruine, le blocus l'a bien avancée, et, comme ils ne recueillent rien, il faudra bien que leur petite bourse s'épuise. La position de cette ville est agréable ; de belles eaux qui descendent de la montagne voisine la traversent et vont arroser ses jardins et un bois d'oliviers que je croyais plus vaste, d'après le dire pompeux de nos africains enthousiastes. Je crois être libéral en portant à 200,000 francs le produit des olives de Tlemcen. Après ce bois se trouvent quelques champs de médiocre qualité; quelques pièces d'orge, restes d'Abd-el-Kader, attestent que la récolte était fort chétive ; du reste, pas un épi de froment. »

Le général Bugeaud ne séjourna que deux jours à Tlemcen; il en repartit le 26 juin. Les éclopés de la colonne, laissés dans la ville, étaient remplacés par deux cents hommes du Méchouar et trois cents coulouglis sous les ordres du capitaine Cavaignac. La direction était donnée sur le camp de la Tafna. Le général Bugeaud allait-il réussir là où avait échoué le maréchal Clauzel? Arrivé le 27 à dix heures du matin, sur l'Isser, il fit mine de vouloir s'engager dans la gorge qui avait arrêté le maréchal; quand il eut attiré de ce côté toutes les forces d'Abd-el-Kader et tous les Kabyles des environs, il tourna brusquement à droite, se mit à gravir les pentes du Djebel-Tolgoat, haut de 500 mètres, et atteignit sans combat le col de Seba-Chiourk, où il prit son bivouac. La terrible gorge était tournée. Le lendemain, il alla par les hauteurs la reconnaître ; il vit une coupure à parois verticales, au fond de laquelle coulait la Tafna ; six cents hommes y auraient tenu toute une armée en échec. Le 29 juin, la colonne atteignit le camp retranché. Un second convoi de ravitaillement pour Tlemcen y fut organisé sans retard. A la place du bataillon d'Afrique, qui prit son rang dans la colonne, un bataillon du 47e et quelques compagnies du 23e et du 62e furent détachés pour la garde du camp. Le 4 juillet, à quatre heures du soir, une avant-garde, conduite par le colonel Combe, remonta la rive droite de la rivière dans la direction de la gorge, à l'entrée de laquelle il bivouaqua ; au milieu de la nuit, en grand silence, il prit sur sa gauche un sentier qui le conduisit au col de Seba-Chiourk ; le gros des troupes et le convoi le rejoignirent ; à huit heures du matin, tout avait passé ; à midi, tout était réuni sur la rive gauche de l'Isser. Ainsi, deux fois de suite, Abd-el-Kader s'était laissé décevoir, et, sans grands frais d'invention, le général Bugeaud avait deux fois réussi par le même stratagème. Dès lors tout son désir fut d'être attaqué; il en eut l'espoir quand, dans l'après-midi, il vit défiler par la rive droite de l'Isser une grosse colonne de cavalerie qui vint prendre position à une lieue environ sur sa gauche. Le soir, il fit lire aux troupes l'ordre suivant : « Vous serez attaqués demain dans votre marche; vous saurez un temps souffrir les insultes de l'ennemi et vous vous bornerez à le contenir ; mais, dès que je pourrai jeter le convoi dans Tlemcen, vous prendrez votre revanche, vous marcherez à lui et vous le précipiterez dans les ravins de l'Isser, de la Sikak ou de la Tafna. » La Sikak, qui est le cours inférieur du ruisseau nommé Safsaf dans son cours supérieur, se réunit à l'Isser à quelque distance du point où l'Isser se réunit à la Tafna ; les ravins de ces trois cours d'eau ne sont donc pas éloignés les uns des autres.

Le 6 juillet, à trois heures du matin, le général Bugeaud fit mettre en marche le convoi dont il voulait se débarrasser au plus vite; mais la queue de cette longue file d'animaux n'avait pas encore passé la Sikak, lorsque, entre quatre et cinq heures, on vit cette cavalerie qu'on avait signalée la veille traverser l'Isser; le général Bugeaud la fit contenir sur la rive droite de la Sikak par les Douair soutenus d'un escadron de chasseurs et d'un bataillon du 24e. En même temps, du côté opposé, on voyait sortir des ravins et s'élever sur le plateau compris entre la Tafna au couchant, l'Isser au nord et la Sikak à l'est, une autre troupe de cavaliers et des masses de Kabyles. Le dessein de l'émir était évident ; tandis que le premier groupe de cavalerie, conduit par Ben-Nouna, manœuvrait pour attaquer et retarder l'arrière-garde française, le gros des forces ennemies s'avançait pour gagner la tête de la colonne, lui couper le chemin de Tlemcen et la mettre entre deux feux. L'esprit net et décidé du général Bugeaud eut bientôt arrêté son plan de bataille. Le convoi ayant achevé de passer la Sikak, il déploya contre la cavalerie de Ben-Nouna, parallèlement au ruisseau, mais à quelque distance en deçà, la moitié du bataillon d'Afrique et le 62e ; perpendiculairement à la gauche du 62e, il mit en bataille le 23e et l'autre moitié du bataillon d'Afrique ; en avant de cette ligne, un bataillon du 47e et deux du 17e léger étaient formés en colonnes doubles ; les chasseurs d'Afrique en colonne par escadrons se tenaient prêts à déboucher par les intervalles ménagés entre ces masses d'infanterie. Les Douair et le

24e avaient été rappelés à la suite du convoi qui était parqué dans l'angle dessiné par les deux lignes des troupes, sous la protection spéciale du capitaine Cavaignac et de son bataillon. Cette disposition en équerre, le général Bugeaud le reconnaissait volontiers, n'eût pas été admissible devant une armée européenne; mais « avec les Arabes, ajoutait-il, il n'y a pas de mauvais ordre, pourvu que l'on ait de la fermeté et de la résolution ».

A peine les différents corps de la division avaient-ils pris leur poste de combat qu'une masse de trois mille cavaliers arabes, soutenus par un pareil nombre de fantassins kabyles, s'abattit en vociférant sur les bataillons du colonel Combe. Choisis tout exprès par le général Bugeaud pour recevoir le premier choc, accoutumés aux clameurs des Arabes et à leur tactique bruyante, ces vieux africains ne s'étonnèrent pas. Auprès d'eux passèrent les chasseurs d'Afrique; lancés à fond de train au plus épais de la cohue, ils commencèrent à l'éclaircir à coups de sabre; mais le feu des Kabyles qui les prenait en flanc les obligea de rétrograder pour se reformer sous la protection de la batterie de montagne. Une seconde fois ils prirent leur élan; à côté d'eux galopaient les Douair, accourus du bord de la Sikak, ardents à venger leur glorieux chef Moustafa, blessé d'une balle qui lui avait fracassé le poignet. Cette charge fut décisive. Les Arabes culbutés s'enfuirent en déroute, qui vers la Tafna, qui vers l'Isser, abandonnant leur infanterie à la fureur des cavaliers de Moustafa. Cependant, à travers des flots de poussière et de fumée, on voyait venir du fond du champ de bataille une troupe d'apparence réglée, marchant en ordre, et derrière ses rangs alignés, quelques groupes de cavalerie se rallier autour d'un guidon bien connu depuis le combat de Sidi-Yacoub. C'était Abd-el-Kader avec son bataillon de réguliers, fort de douze à quinze cents hommes. Malgré la vivacité de son feu, cette brave troupe, abordée par les colonnes du colonel Combe, ne put longtemps tenir.

Pressée, rompue, acculée au ravin abrupt de l'Isser, elle fut précipitée dans l'abîme ; les Douair y poursuivirent ce qui par exception avait échappé à la mort. A force de cris et de coups de plat de sabre, le général Bugeaud parvint à leur arracher vivants cent trente des réguliers ; mais il fallut leur en payer la rançon en quelque sorte. Quant à la cavalerie qui, du côté de la Tafna, faisait mine de se réunir, elle n'attendit pas une seconde attaque ; à l'approche des bataillons français, elle s'empressa de franchir la rivière et disparut. Sur l'autre partie du champ de bataille, le succès n'était pas moins complet. Attirée sur la rive gauche de la Sikak par la retraite apparente de la ligne française, abordée résolûment par le 62e et le demi-bataillon d'Afrique, précipitée, elle aussi, dans le ravin en deçà duquel elle s'était compromise, la cavalerie de Ben-Nouna était détruite ou en déroute. Pendant ce temps, le convoi, désormais sans inquiétude, s'avançait librement vers Tlemcen. A huit heures, tout était fini.

L'affaire, vigoureusement menée, l'avait été presque sans sacrifices. Le général Bugeaud parlait de trente-deux tués et de soixante-dix blessés; au dire du lieutenant-colonel de Maussion, son chef d'état-major, c'était deux fois trop; il n'y aurait eu que quinze des uns et trente des autres. Du côté des Arabes, les pertes, qu'on ne pouvait évaluer précisément, étaient évidemment énormes; on en pouvait juger par le nombre des morts et des blessés qu'ils avaient abandonnés, contre leur habitude, sur le plateau et surtout dans les ravins. On avait ramassé sept cents fusils, pris six drapeaux; on savait qu'Abd-el-Kader, qui ne s'était pas ménagé, avait eu un cheval tué sous lui. Afin de bien constater aux yeux des populations de la plaine et de la montagne sa victoire qui était grande, le général Bugeaud voulut établir son bivouac, à midi, sur le bord de l'Isser où s'était arrêtée la poursuite; il voulut y coucher même. Ce ne fut que le lendemain qu'il revint à Tlemcen, au bruit des salves du Méchouar. Le 9 juillet, une colonne légère, suivie de tous les chevaux et de tous les mulets de bât, alla couper les moissons et vider les silos d'une tribu hostile, les Beni-Ornid. Enfin, le 12 juillet, le général reprit la route d'Oran, où il arriva le 19, ayant fait de petites marches et tout brûlé chez les Beni-Amer. Après avoir remis le commandement des troupes qu'il ramenait au général de Létang, successeur du général d'Arlanges, il s'embarqua pour Alger, d'où il rentra en France avec le grade de lieutenant général.

La campagne que venait de faire le vainqueur de la Sikak ne paraissait pas avoir modifié ses préventions contre la terre algérienne. « L'abandon de l'Afrique, écrivait d'Oran, le 19 juillet, le lieutenant-colonel de Maussion, est pour lui le *Delenda Carthago*, et malheureusement il professe toute la journée à tout le monde, et d'une voix retentissante, ce système, qui ajoute beaucoup au découragement des troupes, ce dont il ne se doute pas. Je n'ai jamais vu un homme d'une grande capacité, d'un bon jugement, et plein de bonnes intentions, manquer aussi complétement de tact et être aussi absolument privé de toute délicatesse d'esprit; mais c'est un fort brave homme, rude par principe et qui gagne beaucoup à être connu. »

Au moment où le général Bugeaud rapportait d'Alger à Paris ses impressions toujours défavorables et son témoignage qui, dans la Chambre des députés, pouvait être d'une grande valeur, le maréchal Clauzel s'apprêtait à rapporter de Paris sur la terre d'Afrique la ténacité de ses illusions et ses excès de confiance.

CHAPITRE VII

LA PREMIÈRE EXPÉDITION DE CONSTANTINE

I. Discussions parlementaires — Discours de M. Thiers. — Discours de M. Guizot. — Négociations du maréchal Clauzel avec le ministre de la guerre. — Défaite et humiliation du bey de Médéa. — Projets du maréchal. — Son départ pour Bone. — II. Le général d'Uzer à Bone. — Jusuf, bey de Constantine. — Ses procédés et leurs conséquences. — III. Expédition de Constantine. — Ghelma. — Marche de l'armée. — Confiance du maréchal Clauzel. — IV. Occupation du Mansoura et du Coudiat-Aty. — Double attaque repoussée. — V. Retraite. — Le commandant Changarnier. — VI. Le général de Rigny. — Ordres du jour. — VII. Pertes de l'armée. — Renforts. — Explosion à la kasba de Bone. — VIII. Duvivier à Ghelma. — IX. Opérations dans les provinces d'Oran et d'Alger. — Discours du général Bugeaud à la Chambre des députés.

I

Lorsque, dans le second mois de l'année 1836, le ministère dit du 22 février avait été constitué sous la présidence de M. Thiers, les amis de l'Algérie s'étaient inquiétés d'y voir M. Hippolyte Passy, le chef des économistes opposés à la conquête ; leur inquiétude avait redoublé lorsque avait été nommée la commission du budget en majorité hostile à leur espoir; ils touchèrent au découragement quand le rapporteur de la commission, M. Baude, proposa, le 20 mai, de réduire à 19,320 hommes (indigènes compris) l'effectif des troupes entretenues en Afrique; le gouvernement demandait 22,920 hommes; l'année précédente, la Chambre en avait accordé 21,000. Il paraissait évident que, n'osant pas réclamer directement l'abandon qui avait été repoussé en principe, la commission se proposait d'y revenir par un détour, en diminuant progressivement, une année après l'autre, les allocations et les contingents, l'argent et les hommes.

La discussion s'ouvrit le 9 juin. L'événement de cette première séance fut le discours de M. Thiers : « Je le déclare au nom du cabinet, dit le président du conseil, l'opinion du gouvernement est formelle; le gouvernement persiste à regarder l'occupation d'Alger comme une chose grande, comme une chose utile pour la France et à laquelle il serait non-seulement malheureux, mais déshonorant de renoncer. Pour ma part, j'ai été parfaitement libre sur la question d'Alger, car jamais à cette tribune je n'ai eu l'honneur de porter la parole sur cette question. Eh bien! je me suis sérieusement, sincèrement examiné; c'est avec une profonde conviction que je viens soutenir devant mon pays qu'il doit faire des efforts persévérants pour s'assurer cette belle possession. Certainement si Alger était à conquérir, oh ! je ne le conseillerais pas à la France, mais enfin nous y sommes. Lorsque l'expédition d'Alger fut résolue sous la Restauration, je fus du nombre de ceux qui la blâmèrent, et je crois que je rendrai le véritable sentiment de la France à cette époque, lorsque je dirai que tout le monde y vit avec effroi l'intention d'aller y forger des armes pour les reporter sur le continent français et attenter à nos institutions. Voilà le sentiment qui nous animait tous alors contre l'expédition d'Alger; et cependant lorsque j'appris que l'expédition avait réussi, je fus saisi d'une joie involontaire; moi, l'ennemi déclaré de ce gouvernement, je m'associai à son triomphe avec une joie pleine et entière, et j'applaudis au résultat, quoique j'eusse blâmé l'entreprise. Messieurs, les sentiments que j'éprouvai étaient ceux de toute la France et le sont encore. Il y a un instinct profond que je défie les ennemis les plus acharnés de l'occupation de venir braver à la tribune; je les défie de venir dire : « Abandonnez Alger ! » A cette déclaration qu'ils n'espéraient guère, qu'ils n'attendaient pas du moins si explicite, les amis de l'Algérie applaudirent avec transport, et leur enthousiasme ne se contint plus quand le président du conseil, élargissant la question, en vint à s'écrier: « L'occupation restreinte, l'occupation réduite est un non-sens. »

Dès lors, pour couvrir sa retraite, la commission, battue, en désarroi, essaya de récriminer contre le passé; la contribution de Tlemcen lui donnait beau jeu; elle ne manqua pas de s'en faire un thème. En consentant à la suivre dans cette diversion, M. Laurence, par un discours très-bien fait, donna des éclaircissements curieux au sujet de la bastonnade, employée comme châtiment légal : « L'indigène, le musulman, dit-il, ne connaît que sa loi, il l'invoque et la réclame; elle lui est chère, à tort ou à raison, peu importe. Ce qu'il y a de certain, c'est qu'il la réclame, et moi, magistrat au nom de la France, chargé d'administrer ou de faire administrer la justice, j'ai entendu des Arabes donner la préférence au châtiment du cadi sur le châtiment français. J'ai vu des Arabes venir me dire à moi-même que nos lois étaient insensées, et qu'ils en trouvaient, quant à eux, l'application injuste, car, disaient-ils, quand j'ai quitté le tribunal du cadi, qui m'a puni, je rentre dans ma famille; je peux cultiver mon champ et donner du pain à mes enfants, tandis que, toi, tu m'arrêtes avant de me juger, tu me retiens après m'avoir jugé, et, pendant que je languis dans l'ombre, mangeant ton pain dans la prison, ma femme et mes enfants n'en ont pas. Voilà la logique des Arabes. S'il m'avait été permis de considérer les peines dans leurs rapports avec ceux qui doivent les subir, j'aurais dû faire droit à leurs réclamations et les renvoyer au cadi. »

Du menu détail où elle était descendue, la discussion se releva et reprit son ampleur avec M. Guizot. Il appuya les demandes du gouvernement, il combattit, comme M. Thiers, l'occupation restreinte; mais en recommandant une politique prudente, lente, pacifique, ne faisant la guerre qu'en cas d'absolue nécessité, il signala le danger d'une politique différente, agitée, guerroyante, jalouse d'aller vite, d'aller loin, d'étendre brusquement, par la ruse ou par la force, la domination française sur tout le territoire de l'ancienne régence : « Il faut, ajouta-t-il, que la Chambre soutienne et contienne; il faut qu'elle soit très-large et très-ferme en même temps. Il n'y a encore aucun parti fâcheux irrévocablement pris, aucune faute décisive; mais nous sommes sur une périlleuse pente, nous pourrions y être entraînés. »

M. Thiers, que cette comparaison des deux politiques mettait évidemment en cause, protesta contre avec vivacité : « Si c'est, répliqua-t-il, le système de la guerre qu'on appelle le système inquiet et agité, il n'est pas l'ouvrage du nouveau cabinet, il est l'ouvrage des circonstances antérieures, forcées, fatales en quelque sorte. » Système pour système, l'un n'agréait guère plus à la commission que l'autre; aucune des réductions qu'elle proposait ne fut adoptée; la Chambre lui donna tort sur tous les points; ce fut une déroute. La discussion aurait-elle pris un autre tour si le général Bugeaud, qui guerroyait alors en Afrique, y avait pris part? La majorité aurait hésité peut-être, mais elle eût cédé sans aucun doute à l'ascendant de M. Thiers. Quant au maréchal Clauzel, ce fut à peine s'il intervint dans le débat; qu'aurait-il pu dire après ce qu'avait dit avec plus de force et d'autorité le président du conseil? Il vit M. Thiers; il acheva dans ses conversations de le persuader et de le convaincre; il eut raison par lui de la froideur et des objections du ministre de la guerre.

Comme il voulait, en s'engageant à l'est contre le bey de Constantine, être libre de toute inquiétude à l'ouest du côté d'Oran, il obtint l'envoi d'une mission moitié politique, moitié militaire, au Maroc pour menacer le sultan-chérif de la colère de la France, s'il favorisait directement ou indirectement, de quelque façon que ce fût, la résistance d'Abd-el-Kader, s'il permettait notamment à ses sujets du Rif de violer la frontière et d'aller se joindre aux partisans de l'émir. Ce fut un aide de camp du ministre de la guerre, le lieutenant-colonel de La Rue, qui fut chargé de cette mission. Il se montra menaçant, impérieux, inflexible; après deux mois de séjour au Maroc, il en revint avec les plus belles promesses de neutralité et les plus humbles protestations de respect et de considération pour la France.

Pendant ce temps, le maréchal Clauzel n'avait pas cessé de négocier avec le ministre de la guerre. Il demandait, tant pour l'expédition de Constantine que pour la sécurité de toute l'Algérie, 30,000 hommes de troupes françaises, 5,000 réguliers indigènes et 4,000 irréguliers soldés seulement pour le temps de l'expédition. Le maréchal Maison lui accorda 30,000 hommes, mais en y comprenant les zouaves et les spahis réguliers, considérés comme troupes françaises; quant aux irréguliers, il parut disposé à lui en concéder 4 ou 5,000. Là-dessus, et s'exagérant encore l'effet des dispositions favorables du ministère, le gouverneur s'empressa d'adresser de Paris, le 2 août, au général Rapatel, une longue dépêche qui était tout un programme d'action militante et immédiate. « Général, disait-il, un système de domination absolue de l'ex-régence est, sur ma proposition, définitivement arrêté par le gouvernement. Les opérations qui devront avoir lieu dans chaque province se feront simultanément et de manière que la campagne qui va s'ouvrir atteigne le but définitif que l'on se propose : occuper toutes les villes importantes du pays, y placer des garnisons ; établir des camps et postes retranchés au centre de chaque province et aux divers points militaires qui doivent être occupés d'une manière permanente; masser sur un point central, dans chaque province, des troupes destinées à former une colonne mobile. Voilà mon plan d'occupation; il s'agit maintenant d'une exécution prompte, vigoureuse, complète. »

Pendant l'absence du maréchal Clauzel, un fait grave, désastreux pour le prestige de l'autorité française, s'était produit à Médéa. Cinq semaines après son installation effective et la visite que le général Desmichels lui avait faite, le vieux bey Mohammed-ben-Hussein avait été attaqué par

Sidi-Mbarek-el-Sghir et par toutes les tribus du voisinage.

Réduit à ses coulouglis, trahi par les hadar qui livrèrent aux assiégeants une porte de la ville, forcé dans la kasba, il avait été fait prisonnier et conduit enchaîné dans l'ouest. Qu'était-il devenu? On le sut plus tard. « Concevez-vous, écrivait au mois de décembre 1836 le lieutenant-colonel de La Moricière, concevez-vous quelque chose de plus humiliant pour la France que la prise de notre bey de Médéa? Vous figurez-vous ce malheureux qu'on nomme partout le bey *Bou-Matmore,* parce qu'il est resté quatre mois caché dans un matmore, et qui, cinq semaines après son installation, a été conduit, pieds et poings liés, de Médéa à Miliana, de là au camp d'Abd-el-Kader sur la Tafna et enfin à Fez, à Mequinez et à Maroc, qui, les cheveux longs, la barbe et la moustache rasées, a été promené dans tout le pays sur un âne, la tête tournée du côté de la queue, emblème vivant de notre humiliation? A quoi donc a servi l'ambassade de M. de La Rue? Pourquoi n'a-t-il pas réclamé ce personnage? Quel poids voulez-vous que les paroles d'un gouverneur aient en Afrique, si vous oubliez de semblables choses? En Europe, on les ignore, mais les Arabes s'en souviennent, vous les jettent au visage et vous y font monter le sang. »

Pour venger cet outrage, il fallait reprendre Médéa et s'y établir; c'était la première occupation que le maréchal Clauzel avait résolu de faire. En attendant son retour et d'après ses instructions du 2 août, le général Rapatel donna au général de Brossard l'ordre de se porter avec une colonne de deux mille hommes sur la Chiffa et d'y construire un camp retranché. Ce camp devait servir de base à l'opération projetée sur Médéa; mais comme de Boufarik à la Chiffa la sûreté des communications était douteuse, on décida de relier les deux stations par des postes intermédiaires. Tandis qu'on était en train de faire les terrassements, le maréchal revint à Alger, le 28 août. Ce système de petits postes, qui avait pour conséquence l'éparpillement des troupes, ne lui plut pas; il ordonna de suspendre le travail et d'évacuer le camp ébauché de la Chiffa. Sur ces entrefaites, les nouvelles les plus graves lui arrivèrent de Paris, apportées par le commandant de Rancé, membre comme lui de la Chambre des députés et son premier aide de camp. Sur la question d'une intervention française en Espagne, un désaccord avait éclaté entre le roi Louis-Philippe et

M. Thiers; le cabinet du 22 février était en dissolution; le maréchal Maison, près de quitter le ministère, inquiet des engagements pris avec le gouverneur, avait arrêté le départ des renforts annoncés. Quelque diligence que M. de Rancé eût mise à son voyage, la crise avait marché encore plus rapidement que lui. Quand il était arrivé à Alger, le 8 septembre, il y avait déjà deux jours qu'un nouveau cabinet était constitué sous la présidence du comte Molé; le général Bernard avait le portefeuille de la guerre. Immédiatement le maréchal Clauzel fit repartir pour Paris son aide de camp. Le ministère ne lui était pas favorable, et, pour comble de disgrâce, le rapporteur de la commission du budget, M. Baude, venait de débarquer en Algérie, chargé officiellement de faire une enquête sur les indemnités dues aux indigènes dépossédés, depuis 1830, par l'autorité française, mais préoccupé personnellement de recueillir des griefs contre l'administration du maréchal.

Celui-ci écrivait à un ami, le 16 septembre : « Si le gouvernement nouveau ne fait pas pour moi ce que m'a promis l'ancien, je me fais laboureur dans ma ferme de l'Agha. Baude *instrumente* contre moi. La Chambre veut, la Chambre ordonne, la

Chambre entend que, etc. Le Roi n'est rien, il n'y a que la Chambre. »

A Paris, le commandant de Rancé soutenait énergiquement la cause de son chef; il s'avança même jusqu'à laisser entendre que, si le gouverneur n'obtenait pas l'exécution des promesses qui lui avaient été faites, il quitterait la place à d'autres. Autorisée ou non, la menace était imprudente; le ministère, qui n'aurait pas osé rappeler le maréchal, saisit la balle au bond et fit partir pour Alger le général de Damrémont, avec les pouvoirs nécessaires pour recevoir la démission du gouverneur et le remplacer. Dans ce même temps, le ministre de la guerre donnait aux troisièmes bataillons des régiments employés en Algérie l'ordre de rejoindre leurs corps. Avec la finesse d'un homme du Midi, le maréchal Clauzel, relevant de son côté la balle, s'empara de cet ordre comme d'un commencement de satisfaction, et, quand le général de Damrémont arriva, il lui fit très-bon accueil, puis l'éconduisit presque aussitôt avec force politesses en lui disant qu'il n'avait jamais eu la pensée de mettre le marché à la main au gouvernement, et que, s'il regrettait de n'avoir pas tout ce qu'il aurait souhaité, il n'en essayerait pas moins de se tirer d'affaire.

On était au mois d'octobre; le temps pressait. Une partie des troupes qui devaient concourir à l'expédition de Constantine étaient encore en opération dans les provinces d'Alger et d'Oran. Dans la première, sur les instances du colonel Lemercier, directeur des fortifications, la construction du camp de la Chiffa avait été reprise et achevée, non sans coups de fusil, mais on n'y avait pas laissé de garnison. Dans la province d'Oran, le général de Létang avait essayé de refaire la belle campagne du général Perregaux. Ancien colonel du 2ᵉ régiment de chasseurs d'Afrique, bon officier de cavalerie, connaissant bien le pays, ce qui lui manquait, c'était l'art de conduire les troupes de pied. Déjà, au mois d'août, pendant les fortes chaleurs, il leur avait imposé de cruelles fatigues. Au mois d'octobre, il les avait fait sortir de nouveau, s'était porté sur l'Habra, puis avait tenté de gagner la vallée du Chélif; mais Abd-el-Kader, qui manœuvrait mieux que lui, s'était mis en travers de sa route, de sorte que la colonne française, à bout de vivres et de forces, avait été contrainte de rentrer à Mostaganem, après quinze jours de marches et de contre-marches inutiles. Là, le général de Létang avait trouvé des ordres du maréchal, qui lui prescrivait d'envoyer sans retard à Bone les corps désignés pour l'expédition de Constantine.

Dans ces derniers jours, il y avait eu entre le gouvernement et le maréchal Clauzel un échange de récriminations un peu mesquines, une vraie chicane de mots. Le maréchal, qui était décidé à l'expédition, voulait qu'elle lui eût été ordonnée; le ministre de la guerre répliquait aigrement qu'elle était seulement autorisée. « Je vous ai dit formellement, écrivait-il au gouverneur, que, comme vous n'êtes qu'autorisé à faire l'expédition, vous pouvez vous dispenser de la faire, qu'il dépend de vous seul de prendre à cet égard une détermination selon que vous trouverez les moyens à votre disposition suffisants ou insuffisants. Il est donc bien évident que le gouvernement du Roi n'a point ordonné l'expédition de Constantine. » Étrange contradiction : pendant que le ministre de la guerre désavouait ainsi par avance et, pour ainsi dire, par précaution, l'aventure, on y hasardait le second fils du Roi, le duc de Nemours, et c'était l'auteur de la diatribe qu'on vient de lire qui écrivait, le 22 octobre, au maréchal : « Je vous ai fait connaître, par ma dépêche télégraphique d'hier, que j'ai appris avec satisfaction que vous entrepreniez l'expédition de Constantine et que vous n'étiez pas inquiet des résultats. L'intention de Sa Majesté est que Mgr le duc de Nemours assiste à l'expédition comme le prince royal a assisté à celle de Mascara. C'est une preuve de l'intérêt que prend Sa Majesté au succès de l'expédition de Constantine. » Le 28 octobre, le maréchal Clauzel s'embarquait dans le port d'Alger pour Bone. La foule qui venait d'assister à son départ pouvait se dire, en voyant disparaître au delà du cap Matifou le navire qui l'emportait : *Alea jacta est.*

II

La province de Bone, ou ce qu'on désignait ainsi, c'est-à-dire la ville de Bone et sa banlieue, avait eu pour commandant, depuis le 15 mai 1832 jusqu'au mois de mars 1836, le général d'Uzer. A la fois ferme et conciliant avec les indigènes, il avait, pendant ces quatre années, obtenu des résultats considérables; en dépit du bey de Constantine Ahmed, de ses intrigues et de ses menaces, les tribus voisines, dans un demi-cercle de plus de quinze lieues de rayon, avaient reconnu l'autorité française. Elles savaient, par expérience, que si le général de Bone ne se laissait pas braver impunément, il ne tolérait, de la part des colons européens, aucune injustice contre les Arabes soumis et paisibles; mais parmi les colons, cabaretiers, cantiniers, *mercanti* pour la plupart, le général était loin d'être aussi populaire; on lui faisait un crime de sa bienveillance pour les indigènes. Il y avait encore d'autres griefs tout aussi misérables qu'on faisait valoir à son désavantage. Bone était pourvue, depuis l'année 1834, de quelques fonctionnaires civils; comme ils avaient peu de chose à faire, ils étaient pointilleux, agressifs, entreprenants au delà du cercle de leurs attributions; de là, comme à Bougie, des conflits répétés avec l'autorité militaire. Enfin, le général avait fait dans le pays des acquisitions de terres, et ses ennemis ne manquaient pas de dire que, dans ces transactions, il avait abusé de son pouvoir.

Parmi ceux qui acceptaient sans contrôle cette fâcheuse imputation, le général d'Uzer avait eu le chagrin de rencontrer un de ses subordonnés, un officier de grande valeur, le lieutenant-colonel Duvivier. Rentré en France à la suite de son différend avec le commissaire civil de Bougie, renvoyé, quelque temps après, à la disposition du maréchal Clauzel, Duvivier avait reçu, au mois d'octobre 1835, le commandement des spahis réguliers et irréguliers de Bone. On a déjà pu voir que, avec de très-grandes qualités morales et militaires, il était un subordonné difficultueux et peu docile; à plusieurs reprises, le général d'Uzer fut obligé de lui rappeler et de lui marquer nettement la limite de ses droits. Duvivier en conçut une vive irritation; le 15 décembre, il écrivit au maréchal Clauzel la lettre suivante : « Monsieur le maréchal, j'ai l'honneur de vous demander, comme une grâce, de me rappeler immédiatement à Alger. Les désagréments, bien pénibles, que j'ai éprouvés à Bone en sont la cause. Depuis que je suis en Afrique, j'ai souvent payé de ma personne comme simple soldat; j'ai eu quelques beaux faits d'armes, et j'ai commandé dix-huit mois à Bougie d'une manière honorable; j'ai fait abnégation complète de mes intérêts personnels, dépensant une partie de mon propre avoir, non pour mes plaisirs, mais pour le service, négligeant tout moyen, toute acquisition facile et favorable, ne pensant jamais à occuper d'autre terre que quelque six pieds dans une gorge de montagne. » L'allusion était claire et d'autant plus blessante qu'elle devait régulièrement passer sous les yeux du général d'Uzer. Avec une modération bien méritoire, celui-ci se contenta de renvoyer la pièce à son auteur, en y joignant cette simple apostille : « M. le lieutenant-colonel Duvivier a oublié qu'il devait s'adresser à M. le lieutenant général Rapatel, et je l'engage à lui écrire une lettre plus convenable, s'il veut que je la transmette. » Duvivier ne fut rappelé qu'au mois de mars 1836; du mois de mai au mois d'août, il exerça par intérim, en l'absence du lieutenant-colonel Marey, les fonctions d'agha des Arabes dans la province d'Alger.

Presque en même temps que Duvivier, le général d'Uzer avait quitté Bone. Parmi les indigènes qu'il employait le plus souvent dans ses relations avec les Arabes, deux surtout, Moustafa-ben-Kérim et le cadi de la ville, étaient en butte à l'animosité des colons; on les accusait de malversations, de manœuvres frauduleuses, et les malveillants insinuaient que le général pouvait bien y avoir eu part. Une plainte fut adressée au maréchal Clauzel, qui se trouvait alors dans la province d'Oran, entre l'expédition de Mascara et celle de Tlemcen. Sans y regarder de plus près, il invita le procureur général, M. Réalier Dumas, à se rendre à Bone pour y faire une enquête sur les faits dénoncés, et il informa de cette mission le ministre de la guerre. L'enquête détruisit la plus grosse part des imputations alléguées contre les deux Maures, et mit tout à fait à néant celles qui visaient indirectement le général ; la probité de sa conduite et la loyauté des acquisitions qu'il avait faites furent, au contraire, reconnues et proclamées avec éclat, à la confusion de ses calomniateurs. Malheureusement le ministre de la guerre n'avait pas attendu le résultat de l'enquête ; sur la seule vue de la lettre du maréchal Clauzel, il avait décidé la mise en disponibilité du commandant de Bone. Cette brusque décision, dont l'exécution appartenait au gouverneur général, le surprit et le désola sincèrement. « La sévérité de cette mesure, s'empressa-t-il d'écrire d'Alger au maréchal Maison, le 11 mars, me fait un devoir d'entrer dans quelques explications que je regrette vivement de ne vous avoir pas soumises dans ma lettre, écrite d'Oran, peu de temps après mon retour de Mascara. Cette lettre avait surtout pour objet de vous prévenir de la mission du procureur général. Je pensais que vous voudriez en connaître le résultat, avant de prendre aucune mesure à l'égard du général d'Uzer, qui n'était pas personnellement attaqué. Il faut reconnaître que, sous les rapports politiques et militaires, cet officier général n'a mérité que des éloges ; il a maintenu avec habileté la tranquillité et la paix dans le pays confié à son commandement ; il a vigoureusement châtié, quand il l'a jugé nécessaire, les tribus qui se montraient hostiles, et, jusqu'à une assez grande distance de Bone, elles sont toutes dans un état de soumission très-favorable à nos projets sur Constantine. Sa réputation de capacité et d'habileté ne peut recevoir aucune atteinte, et je serais désolé d'avoir pu, sans aucune intention, lui nuire en portant à votre connaissance l'objet de la mission de M. le procureur général à Bone. Le général d'Uzer commandait sous mes ordres, en 1830, une brigade en Afrique; mes sentiments d'estime pour lui n'ont point changé depuis lors, et je regarde comme un devoir d'en renouveler l'expression dans un moment où il est l'objet d'une mesure sévère. » Ce fut au tour du ministre d'être embarrassé. « Il paraît, écrivit-il en apostille sur la lettre du gouverneur, que le maréchal Clauzel n'a pas assez réfléchi quand il a porté une accusation qui ne laissait au ministre d'autre parti à prendre que celui qu'il a pris. » Ce fut le général d'Uzer qui aida ministre et gouverneur à se tirer de cet imbroglio ; fatigué des mauvaises chicanes qu'on lui faisait, il avait demandé lui-même sa mise en disponibilité et son rappel en France, de sorte que la décision qui avait été prise contre lui demeura lettre morte, et que peut-être n'en eut-il même pas connaissance.

Le colonel Duverger, chef d'état-major général de l'armée d'Afrique, avait été nommé commandant provisoire de la province de Bone; il prit possession du commandement le 2 avril. Quelques jours auparavant était arrivé, au bruit du canon, — tel était l'ordre du maréchal Clauzel, — le commandant Jusuf, que, par un arrêté pris à Tlemcen, le 21 janvier 1836, il avait créé bey de Constantine, Jusuf, « un des hommes les plus intrépides et les plus intelligents qu'il connût ». C'était en ces termes qu'il recommandait au ministre de la guerre sa créature et son favori. « Le maréchal, disait un de ses compagnons d'armes, a pour lui cette complaisance, presque ce respect qu'a l'ouvrier pour l'instrument dont il espère un bon service. En somme, Jusuf est un vaillant conducteur de bandes arabes, fort beau dans le combat, lorsqu'il galope en avant, chamarré d'or et de pourpre, le fusil sur l'épaule et la tête fièrement redressée sur son large cou. Il est homme, je pense, à se jeter sur Constantine et à s'y tenir quelque temps à force de serres et de griffes. Pour le présent, il veut, de toute sa volonté d'aventurier, se trouver seul sur la route, ou tout au moins, s'il ne peut pas faire lâcher au maréchal sa proie de Constantine, sur laquelle celui-ci a non moins résolûment posé son ongle de lion, il veut être dans l'armée française le premier en ligne pour diriger, informer, instruire et marcher. » A ceux qui lui conseillaient d'employer de préférence le lieutenant-colonel Duvivier : « Vous vous faites illusion, répondait le maréchal, si vous pensez qu'il peut réussir mieux que Jusuf. Il n'est pas Turc, et c'est un obstacle; jamais un chrétien ne parviendrait à débaucher les troupes du bey Ahmed. Jusuf réussira moitié par ruse, moitié par force. » Cette dévolution du beylik avait choqué d'abord le ministre de la guerre; mais enfin, le fait étant public, il y avait donné son assentiment.

La situation de Jusuf, à la fois chef d'escadrons dans l'armée française et bey de Constantine, ne laissait pas d'être ambiguë : à titre de chef d'escadrons, il avait pris, après le départ de Duvivier, le commandement des spahis réguliers et irréguliers; à titre de bey, il était autorisé à lever, à ses dépens et pour son compte personnel, un corps de mille Turcs, Maures ou coulouglis; l'artillerie lui confiait deux obusiers de montagne. Enfin, le commandant supérieur de Bone recevait l'ordre de favoriser par tous les moyens l'établissement de ce « pouvoir naissant, mais tout dévoué à notre cause ». Il est bien vrai qu'en ces premiers temps d'infatuation, Jusuf s'était persuadé qu'il lui était possible d'arriver à Constantine avec l'aide seule des indigènes, sans le concours des troupes françaises, et, chose plus étrange, il avait presque réussi à faire partager au maréchal cette folle confiance. Comme noyau de son futur bataillon, il avait amené d'Alger deux cent quatre-vingts coulouglis; pour recruter le surplus, il comptait sur son nom et sur son prestige. N'était-il pas un des héros de la surprise de Bone? N'était-il pas populaire? N'avait-il pas bonne mine sous son riche costume? Et ses spahis et ses coulouglis n'avaient-ils pas également bon air? En dépit de la popularité, du costume et de la bonne mine, le recrutement languissait; afin de l'activer, le bey envoya ses chaouchs dans les cafés, dans les boutiques, dans les carrefours, faire la presse et racoler des volontaires. Aussitôt il n'y eut qu'un cri parmi les indigènes : Jusuf était-il donc bey de Bone? Ils coururent aux magistrats, au commissaire civil, qui leur donnèrent raison. Jusuf fut contraint de relâcher sa capture; avec elle disparut aussi sa popularité dans la ville. Il essaya de se revancher au dehors. Une proclamation, qui sommait les cheikhs de venir rendre hommage à sa dignité, fut répandue dans les tribus environnantes; les plus rapprochées obéirent; les plus éloignées hésitèrent, demandèrent à réfléchir ou s'excusèrent. Au nombre de celles-ci étaient les Ouled-Radjeta; le bey résolut de faire sur eux un exemple qui déciderait les autres. A la tête de ses coulouglis, il surprit quelques-uns de leurs douars et s'en revint avec sept cents bœufs et mille moutons; un peu après, il renouvela l'exemple sur les Ouled-Attia. Quelques jours plus tard, on apprit que Ouled-Radjeta et Ouled-Attia avaient plié leurs tentes et décampé pour aller s'établir loin du bey français, hors de ses atteintes. C'était tout le contraire de ce qu'obtenait jadis le général d'Uzer; mais aussi les procédés de Jusuf étaient tout le contraire des siens.

Un mois à peine après son arrivée, il était bien déchu dans l'estime publique. « Joseph, écrivait à cette époque un correspondant de Duvivier, Joseph est ici encore plus qu'à Alger, couvert d'or et de diamants; il a à sa porte deux chaouchs; mais l'idée que le maréchal lui a promis plus qu'il ne voulait et pouvait tenir, l'arrêt mis au recrutement de son corps, et surtout la gêne où des emprunts répétés le réduiront incessamment, ôtent à sa figure cette expression de sérénité ou plutôt de vanité satisfaite. L'enthousiasme général s'est calmé ; l'opinion publique, devenue silencieuse, laisse percer les haines et les jalousies particulières ; Dieu sait si Joseph en a amassé sur son passage à Oran et pendant son séjour ! Les chasseurs d'Afrique et le colonel en particulier sont fort mal avec lui, surtout depuis que sa politique envers les Arabes le fait recevoir un peu froidement et peu rechercher dans la société des officiers français. » La situation du colonel Duverger n'était pas moins fausse ; il était le supérieur hiérarchique de Jusuf, et cependant il paraissait n'être que son adjoint. « Il semble, ajoutait le correspondant de Duvivier, que par un pacte secret il se soit engagé à ne commander qu'en apparence et à n'être en réalité que le bras droit de Joseph. »

Un moment, la bonne chance parut revenir au favori du maréchal. Le colonel Duverger avait ordre d'établir sur le chemin de Constantine une série de postes-étapes, de manière à réduire d'autant la distance que l'expédition aurait à parcourir sans moyens de ravitaillement. A cinq lieues et demie de Bone, le plateau de Dréan parut convenir à la création d'un camp retranché qui fut construit aussitôt et reçut le nom de camp Clauzel. Cette prise de possession imposa d'abord aux indigènes. Une des plus puissantes tribus de la province, établie à vingt lieues au sud-est sur la frontière de Tunis, les Hanencha, était divisée par la rivalité de deux grands chefs, El-Hasnaoui et Resghi, en deux factions ou *sof*. Le dernier tenant le parti d'Ahmed, l'autre se déclara pour Jusuf et lui amena cinq cents cavaliers, grand succès dont celui-ci ne manqua pas, très-justement d'ailleurs, de se faire gloire auprès du maréchal. Il profita de ce renfort pour rayonner de plus en plus loin autour de Bone, étendant malheureusement beaucoup moins sa protection que ses rigueurs, pillant les insoumis en faveur des auxiliaires, n'usant que de la force et n'ayant que la menace à la bouche. Enivré de sa fortune, il ne souffrait plus de contradiction ; avec les indigènes il agissait en pacha turc. Son secrétaire Khalil, ancien cadi de Bone, soupçonné par lui d'avoir voulu l'empoisonner, à l'instigation d'Ahmed, fut, un soir du mois de juillet, au camp Clauzel, saisi dans sa tente et décapité tout de suite, à l'insu même de l'officier supérieur qui commandait le camp. Cette exécution sommaire fit un prodigieux effet, non-seulement en Afrique, mais à Paris. Le maréchal Clauzel demandait en ce temps-là pour Jusuf le grade de lieutenant-colonel et l'appuyait chaleureusement : « Tout cela, écrivait en marge de la demande le maréchal Maison, ministre de la guerre, tout cela ne fait pas que Jusuf doive continuer à *brigander.* »

Parmi les Arabes, le meurtre de Khalil était vivement commenté. Ahmed n'eût fait ni mieux ni pis. « On dit, écrivait à Duvivier un de ses correspondants de Bone, on dit que Jusuf fait le bey tout aussi bien qu'Ahmed. Il porte comme lui un chapelet à la main, il a de plus beaux habits que lui, il lève des contributions comme lui, fait comme lui distribuer des coups de bâton, et comme lui couper des têtes sans en demander la permission à qui que ce soit. On dit qu'il en est, parmi les Arabes, qui se permettent de regretter le régime du général d'Uzer, si paternel pour eux. On assure d'ailleurs que tout va bien, que nous marchons, progressons à pas de géant, et que l'avenir nous appartient. » En réalité, c'était Ahmed qui recueillait le fruit des fautes de Jusuf. Beaucoup de dissidents revenaient chaque jour à lui, non par sympathie, mais par haine et par crainte de son adversaire. Le meilleur pour eux était le moins mauvais, celui dont ils attendaient le moindre mal. « Turc pour Turc, disait l'un d'eux, au témoignage de La Moricière, mieux vaut Ahmed que Jusuf; car le premier est *gras*, le second est *maigre*, et il nous forcera à l'*engraisser.* » Les conséquences de ce revirement ne se firent pas attendre. Au mois d'août, Ahmed sortit de Constantine et se mit en campagne, animant les tribus contre les Français. Au mois de septembre, le colonel Duverger poussa une reconnaissance jusqu'à seize lieues de Bone, à Ghelma, où le maréchal aurait voulu avoir un camp ; mais le colonel n'avait pas assez de monde pour s'y établir ; les renforts attendus de France n'étaient point arrivés.

Peu de temps après, Bone vit débarquer un nouveau commandant supérieur ; c'était le général Trézel, qui avait enfin obtenu d'être renvoyé en Afrique. L'agitation gagnait la plaine même de la Seybouse ; entre Dréan et Bone les communications n'étaient plus sûres. Le 9 octobre, le camp Clauzel fut inquiété par un parti de cavalerie arabe ; il fut attaqué plus sérieusement le 24 ; l'ennemi était plus nombreux. C'étaient les goums de presque toutes les tribus qui naguère faisaient hommage au bey Jusuf. El-Hasnaoui l'avait lui-même abandonné ; sans se déclarer pour Ahmed, il attendait les événements dans une neutralité suspecte. Si générale et si évidente était la défection des indigènes qu'il n'y avait pas moyen de la nier. Jusuf n'essaya pas de le faire, mais il en rejeta le grief sur autrui, sur le retard de l'expédition, et il sut encore une fois si bien persuader le maréchal que celui-ci, l'année suivante, soutenait encore cette thèse. « Tandis que nous perdions le temps, écrivait-il alors, Ahmed le mettait à profit ; il marchait sur Bone, venait attaquer le camp de Dréan, châtiait les tribus qui s'étaient compromises pour nous, leur apprenait qu'il n'y a aucun fond à faire sur nos promesses, nous déconsidérait dans un pays où l'action de combattre suit immédiatement la menace qu'on en fait, et nous perdions à la fois notre position militaire et notre position morale. » Mais il importe beaucoup de faire observer qu'au mois d'octobre 1836, ni le maréchal ni Jusuf ne mettaient en doute qu'aussitôt l'armée en mouvement, la plus grande partie des tribus, sinon toutes, ne vinssent lui faire amende honorable et marcher avec elle.

III

Privé des renforts sur lesquels il avait pu compter, réduit aux seules ressources de l'armée d'Afrique, le maréchal Clauzel avait dû appeler à Bone des troupes d'Oran, d'Alger, de Bougie même. D'Oran étaient venus le 17e léger et le 62e; d'Alger le 63e; de Bougie la compagnie franche du 2e bataillon d'Afrique. A ces corps il faut ajouter le troisième bataillon du 2e léger qui vint un peu après. « Envoyez-moi par le retour de la frégate, avait écrit le maréchal au général Rapatel, le bataillon du commandant Changarnier, cet officier que j'ai remarqué dans l'expédition de Mascara. » Changarnier était chef de bataillon depuis le 31 décembre 1835. Toutes ces troupes avaient eu des traversées longues et tourmentées; quand les hommes qui venaient de passer tant de jours et tant de nuits serrés sur le pont des navires, mouillés par la pluie, mouillés par la mer, avaient été mis à terre non sans peine, car les moyens de débarquement étaient aussi incomplets que tout le reste, ils étaient entassés dans les taudis malsains d'une ville qui était tristement fameuse par son insalubrité. Cette année-là en particulier, la saison était excessivement pluvieuse. Le casernement et les services hospitaliers, agencés pour les besoins ordinaires de la garnison, ne pouvaient plus suffire; en une semaine, sur huit mille hommes, plus de deux mille tombèrent atterrés par la fièvre de Bone. Combien de victimes n'avait-elle pas faites depuis quatre ans, cette fièvre de Bone? Cependant, grâce à l'heureuse initiative d'un jeune médecin militaire, le docteur Maillot, qui pratiquait et recommandait l'emploi du sulfate de quinine à haute dose, elle devenait de moins en moins meurtrière.

Tel était le prologue de l'expédition de Constantine, quand le maréchal Clauzel débarqua sur le quai de Bone, le 31 octobre. Deux jours auparavant, le duc de Nemours y était arrivé de Toulon; le lieutenant général de Colbert, son aide de camp, les généraux ducs de Mortemart et de Caraman, qui avaient des fils dans l'armée d'Afrique, étaient venus à la suite du prince et, comme lui, à titre de volontaires; deux membres de la Chambre des députés, MM. de Chasseloup et Baude, étaient arrivés d'Alger, au même titre.

Le maréchal Clauzel avait hâte de quitter Bone, ce foyer d'infection; mais, d'une part, toutes les troupes attendues n'étaient pas débarquées encore, et, de l'autre, les moyens de transport étaient loin de répondre aux besoins urgents du corps expéditionnaire. Le colónel Lemercier, commandant du génie, le colonel de Tournemine, commandant de l'artillerie, l'intendant militaire Melcion d'Arc, insistaient pour retarder le départ de la colonne qui n'était, selon la saisissante expression du duc d'Orléans, que l'ébauche d'une armée. Les trois services, qui demandaient ensemble quinze cents mulets, n'avaient pu en réunir que quatre cent soixante-quinze, pas même le tiers.

En dépit de toutes les remontrances, le maréchal Clauzel mit son avant-garde en mouvement, le 8 novembre, sur Ghelma. Cette avant-garde, commandée par le général de Rigny, avait la composition suivante : un millier de spahis réguliers et auxiliaires; le bataillon turc de Jusuf, qu'il n'avait jamais pu mettre à plus de 300 hommes; 500 chevaux du 3e régiment de chasseurs d'Afrique; 860 hommes du 1er bataillon d'Afrique et de la compagnie franche du 2e, sous les ordres du lieutenant-colonel Duvivier; l'effectif total était de 2,700 hommes. Le gros du corps expéditionnaire, sous le commandement du général Trézel, comprenait : le bataillon du 2e léger qui ne comptait que 375 baïonnettes, le 17e léger, le 59e, le 62e et le 63e de ligne, au total 4,650 hommes. En y ajoutant 550 artilleurs, 510 sapeurs et mineurs, et 300 hommes environ des services administratifs, on trouvera le nombre de 7,400 Français et de 1,350 indigènes, relevé sur l'état de situation du 12 novembre. L'artillerie emmenait six pièces de campagne et dix de montagne, approvisionnées toutes ensemble, les premières à sept cent soixante-dix coups, les secondes à six cent soixante, trente-six fusils de rempart, ayant chacun deux cents coups à tirer, deux cents fusées de guerre, cinq cent mille cartouches et 200 kilogrammes de poudre de mine. Ce matériel était traîné ou porté par trois cent vingt-huit chevaux et mulets. Le service des subsistances avait chargé trois cent douze mulets de bât et treize prolonges; un troupeau suivait qui pouvait fournir cent quarante mille rations de viande fraîche. Outre les approvisionnements charriés, chaque soldat était pourvu de sept jours de vivres portés dans le sac. Le total des chevaux de selle et des animaux de bât et de trait s'élevait au chiffre de 2,274.

L'avant-garde atteignit, le 10 novembre, le

plateau de Ghelma. Elle y installa son bivouac, en arrière d'un ravin escarpé, près des ruines de l'ancienne Calama. Au moyen d'une coupure on réduisit de moitié l'immense espace embrassé par l'enceinte qui existait encore, flanquée de tours carrées, mais ouverte çà et là par des brèches qu'une végétation vigoureuse avait envahies; à l'intérieur, parmi les broussailles et les hautes herbes, gisaient des pierres de taille, quelques-unes couvertes d'inscriptions, des tronçons de colonnes, des chapiteaux, débris et témoins de cette grandeur romaine dont le maréchal Clauzel aimait tant à invoquer le glorieux souvenir. Le 13, il quitta Bone, avec le duc de Nemours, le quartier général et le gros de l'armée. Quoique le temps se fût amélioré, cette première journée de marche ne se fit pas sans lenteur ni désordre; le soir, la colonne s'arrêta sur le bord de l'Oued-bou-Eufra; dans la nuit, un orage diluvien inonda le bivouac; le troupeau effrayé se dispersa ; un grand nombre de bêtes disparurent, et on eut beaucoup de peine à rattraper les autres. Le 14, on coucha à Mou-el-Fa; le 15, le convoi ne franchit le col d'Aouara qu'après avoir été allégé, c'est-à-dire après avoir abandonné sur le bord du chemin la plupart des engins du génie, les échelles d'assaut entre autres, et, ce qui était au moins aussi grave, une grande partie de l'orge destinée aux chevaux. Arrivé à la hauteur de Ghelma, le maréchal laissa la colonne bivouaquer sur la rive gauche de la Seybouse et s'en alla visiter les travaux exécutés par l'avant-garde. Il s'en montra satisfait et donna au général de Rigny ses instructions pour la marche du lendemain. En cinq jours la brigade n'avait pas eu moins de quatre-vingt-cinq malades ; le maréchal voulait qu'on les emmenât, en disant qu'ils seraient mieux soignés à Constantine ; mais comment les emmener, quand l'ambulance de l'avant-garde ne disposait que de huit paires de cacolets et de huit brancards, c'est-à-dire de vingt-quatre places en tout? Lorsqu'au départ de Bone, le chirurgien-major de l'ambulance s'était étonné d'avoir si peu de ressources, on lui avait répondu que l'armée ne devant pas se battre, ces ressources étaient parfaitement suffisantes. Pour comble d'embarras, un certain nombre de muletiers arabes avaient déserté la nuit avec leurs bêtes. Ordre fut donc donné de laisser à Ghelma les malades et aussi, les moyens de transport ne suffisant plus, cent cinquante mille cartouches, plus du quart de l'approvisionnement, malades et munitions sous la garde d'un détachement d'infanterie. Le lendemain, les troupes étant déjà en mouvement, l'intendant Melcion d'Arc, qui était venu inspecter l'hôpital improvisé du camp de Ghelma, chercha vainement cette infanterie ; on avait oublié de l'y mettre. Il fallut y envoyer cent cinquante hommes du 59e, qui furent, quelques jours après, renforcés par le troisième bataillon du 62e, arrivé à Bone après le départ de l'expédition.

L'armée marchait en deux colonnes parallèles, la brigade de Rigny sur la rive droite de la Seybouse, la brigade Trézel sur la rive gauche ; elles devaient se réunir à Mjez-Ahmar. Comme les berges de la rivière étaient fort escarpées, les sapeurs travaillèrent pendant la nuit afin d'y ménager des rampes. Le 17 au matin, la colonne principale rejoignit l'avant-garde sur l'autre bord. Depuis deux jours, on voyait s'élever de plus en plus à l'horizon du sud une haute montagne que les guides disaient être difficile à franchir. Ils ajoutaient que, de l'autre côté, le pays, jusque-là verdoyant et boisé, changeait subitement d'aspect ; que, de cette montagne à Constantine, s'étendait un vaste plateau d'une terre argileuse bonne pour la charrue, mais uniformément nue et triste, sans un seul arbre, sans un seul arbuste, peuplée seulement d'un fouillis de grands chardons dans les friches. Alors chaque homme reçut l'ordre de faire un fagot qu'il porterait au-dessus de son sac et de couper dans le taillis un brin de deux mètres qu'il tiendrait comme un bâton de pèlerin. L'état-major avait calculé qu'employée aux feux de bivouac, cette provision de bois suffirait aux besoins de la troupe jusqu'à Constantine. « Si du moins, ajoute le témoin à qui nous devons ce détail, la gourde pleine avait été attachée à ces bâtons, elle aurait donné du courage à nos pauvres soldats qui faisaient déjà peine à voir, chargés comme de vrais baudets et marchant sur un sol où l'on enfonçait jusqu'à la cheville. » Après la halte que nécessita cette petite opération, l'armée alla bivouaquer aux ruines d'Announa, au pied du Djebel-Sada, le mont difficile à franchir. Au sommet s'ouvre le col de Ras-el-Akba, que les Arabes nomment aussi le Coupe-gorge. A force de travail et d'énergie, à grands renforts d'attelages, l'artillerie et le convoi purent, en vingt-quatre heures, s'élever jusqu'au col. Le lendemain 18, l'armée bivouaqua sur l'autre versant, moins abrupt. Le 19, elle établit son bivouac sur l'Oued-Zenati, auprès du marabout de Sidi-Tamtam, un des lieux saints pieusement vénérés des Arabes. Le maréchal Clauzel donna les ordres les plus sévères pour qu'il fût respecté religieusement.

Jusque-là on n'avait rencontré ni amis ni ennemis; on avait entrevu, çà et là, quelques douars, quelques troupeaux, dont les gardiens impassibles regardaient d'un œil indifférent passer la colonne. En vain le brillant Jusuf caracolait devant eux, à la tête de sa troupe aux burnous flottants, aux bannières déployées; en vain le rhythme étrange de ses hautbois aigus et de ses tambourins ronflants envoyait à tous les échos cette sorte de psalmodie bizarre dont la répétition monotone a tant de charme pour les oreilles arabes; il ne voyait rien venir des alliés attendus. Tout s'accordait dans cette abstention suspecte : les hommes sans expression, la terre sans verdure, le ciel sans sérénité. Le moment approchait où les hommes, la terre, le ciel allaient cesser d'être neutres. Le 19, dans la soirée, des coups de feu furent tirés sur l'arrière-garde; le capitaine de Prébois, qui faisait un levé topographique, faillit être enlevé. Pendant la nuit, un vent glacé se mit à souffler violemment du nord; la pluie tomba serrée, mêlée de grêle, puis de neige, par rafales; elle ne cessa pas de tout le jour suivant ni de toute la nuit suivante. La terre grasse, pénétrée d'eau, s'enfonçait sous le pied des hommes, sous le sabot des chevaux, sous les roues des voitures : après bien des haltes et des arrêts dans la boue, il fallut laisser le convoi se traîner péniblement en arrière. Le jour tirait à sa fin quand la tête de colonne atteignit le plateau de Somma. Là se dressait, solitaire et imposant dans sa ruine, un monument romain dont la silhouette puissante se détachait sur un fond de nuages; mais ni le temps ni la circonstance ne se prêtaient guère aux jouissances des archéologues. Cette nuit du 20 au 21 novembre fut horrible. Les hommes, imprévoyants comme d'habitude, avaient gaspillé ou jeté sur la route leur provision de bois; mourant de faim et de froid, enfoncés dans la fange glacée jusqu'à mi-jambes, ils essayaient de dormir debout, serrés, appuyés les uns contre les autres; ceux qui perdaient l'équilibre ne se relevaient pas; on les entendait quelque temps geindre, puis on ne les entendait plus; on pensait qu'ils avaient succombé au sommeil : ils avaient succombé à la mort. A l'aube grisâtre du lendemain, on eut à mettre en terre une vingtaine de cadavres.

Cependant, toujours optimiste, toujours confiant, le maréchal Clauzel faisait lire aux troupes un ordre du jour qui débutait ainsi : « Aujourd'hui le corps expéditionnaire entrera dans Constantine » ; la ville était divisée en quartiers assignés aux divers éléments de l'armée ; le général Trézel, nommé commandant de place, et le chef d'état-major étaient chargés d'asseoir les logements, l'intendant Melcion d'Arc de faire les réquisitions nécessaires, etc. En vertu de cet ordre, le colonel Duverger, accompagné d'un officier de chaque corps, fut envoyé en avant pour en assurer l'exécution ; deux heures après, on vit le détachement revenir ; il n'avait pu franchir l'Oued-Akmimine, ruisseau sans importance l'avant-veille, devenu torrent ce jour-là. Attendre la baisse des eaux était impossible ; le maréchal commanda de passer à tout prix. Les premiers cavaliers qui s'aventurèrent dans les eaux fougueuses y perdirent leurs chevaux et furent sauvés eux-mêmes à grand'peine ; enfin des nageurs, pris dans les compagnies du génie, réussirent à gagner l'autre bord ; en sondant, ils reconnurent un gué ; des cinquenelles furent tendues d'une rive à l'autre ; mais, comme il n'y avait pas d'arbres au tronc desquels on pût les attacher, ce furent des groupes d'hommes qui se suspendirent aux deux extrémités, de manière à donner au cordage une tension suffisante. Les hommes passèrent ainsi à la file, plongés dans ce torrent de neige fondue jusqu'aux aisselles, quelques-uns accrochés à la queue des chevaux; les blessés et malades furent transportés à dos de cheval ou de mulet. La traversée dura plusieurs heures; malheureusement des cantines d'ambulance, des caisses de médicaments et de vivres furent perdues ou avariées.

Pendant ce temps, le maréchal s'était porté au galop avec une faible escorte vers Constantine, comme il avait couru l'année précédente vers Mascara; mais la fortune ne lui voulut pas accorder deux fois la même faveur. De la hauteur de Sidi-Mabrouk, il dévora des yeux la cité mystérieuse, qui ne se révélait à lui que par son site étrange. Séparée du Mansoura par un précipice dont il ne pouvait pas voir le fond, mais d'où montait un grondement d'eaux furieuses, elle occupait, au sommet d'un rocher à pic, un plateau relevé au nord et s'abaissant vers le sud par une pente rapide. Les angles du trapèze, dont elle présentait la figure, avaient une orientation à peu près normale; le maréchal, qui avait devant lui la face sud-est, la plus allongée, ne voyait la face nord-est qu'en raccourci; du point où il était, il ne pouvait pas deviner l'exacte direction des deux autres; mais l'inclinaison du plateau lui permettait de relever les principaux détails du plan qui se développait devant lui. A l'angle nord et bordant presque toute la face nord-ouest, s'étageaient les immenses constructions de la kasba ; au centre, le palais du bey s'élevait au-dessus des maisons aux toitures de tuiles brunes, aux murs grisâtres, d'aspect sombre et sévère, et dont les mosquées aux coupoles écrasées, aux minarets d'un rouge terne, n'étaient pas faites pour égayer l'attristante monotonie. Malgré tout, le tableau ne manquait pas de grandeur, et le cadre qui l'entourait contribuait à l'agrandir encore. A sa droite, au sommet de l'angle formé par la rencontre des faces nord-est et sud-est, le maréchal apercevait, jeté hardiment sur l'abîme, un pont que soutenaient deux rangs d'arcades, d'un travail romain, soutenues elles-mêmes par une arche naturelle, œuvre du torrent qui s'était ouvert un passage à travers le roc. Ce pont, El-Kantara, débouchait à l'issue d'un ravin qui séparait le Mansoura des hauteurs dominantes de Sidi-Mecid et dont les berges, couvertes d'aloès en quinconce, semblaient à distance être plantées de vignes. A gauche, presque au bas de la pente, au delà des eaux encore tranquilles que le Roummel allait précipiter dans le gouffre creusé entre le Mansoura et Constantine, on voyait le grand bâtiment des écuries du bey, le Bardo, et plus loin, dans la même direction, mais à un niveau beaucoup plus élevé, la hauteur de Coudiat-Aty, devant laquelle se développait la face sud-ouest de la ville, dont aucun obstacle ne la séparait. A gauche encore, plus en arrière, par delà les replis sinueux d'un affluent du Roummel, le Bou-Merzoug, tout au pied des hauteurs qui venaient mourir au confluent des deux cours d'eau, se dressaient des arcades monumentales, derniers restes d'un aqueduc romain.

IV

Tandis que le maréchal Clauzel faisait cette reconnaissance attentive, l'armée avait commencé à gravir la pente du Mansoura, quand l'avant-garde, renforcée du 17e léger, reçut l'ordre de redescendre et de pousser jusqu'au Coudiat-Aty, dont l'occupation allait être d'une grande importance, si Constantine ne prévenait pas le danger qui la menaçait par une soumission dont le maréchal Clauzel ne désespérait pas encore. Le Roummel ayant trop de profondeur au-dessous du confluent, le général de Rigny fit chercher un gué au-dessus; tandis que les éclaireurs passaient le Bou-Merzoug, qu'il fallait traverser d'abord, un coup de canon partit de la ville. Ce premier coup fit sensation; au gré de quelques optimistes, c'était le commencement d'une salve de bienvenue; un second coup retentit, les pessimistes affirmèrent avoir entendu un sifflement sinistre; au troisième coup, un fourrier du 17e léger eut la tête emportée par le boulet. Plus de doute possible, c'était la guerre. Au même instant, le drapeau rouge fut hissé au sommet de la kasba, et les pentes du Coudiat-Aty se couvrirent d'hommes armés qui se précipitaient pour défendre le passage du Roummel. Les tirailleurs de l'avant-garde les tinrent à distance, mais la rivière ne fut pas facile à franchir; on dut renoncer à faire passer sur l'autre bord les pièces de campagne affectées à la brigade de Rigny; il fallut leur faire rebrousser chemin et les renvoyer au Mansoura, de sorte que, en fait d'artillerie, l'avant-garde se trouva réduite à deux obusiers de montagne, à quatre fusils de rempart et à deux tubes de fusées. Le jour baissait, assombri par d'épaisses nuées d'où tombait la neige. Le Roummel passé, trois compagnies du bataillon d'Afrique, déployées en tirailleurs et protégées à gauche par la cavalerie, eurent bientôt refoulé l'ennemi qui s'enfuit en grand désordre et rentra précipitamment dans la ville. Ce fut encore pour les optimistes l'occasion, la dernière, d'assurer que, si l'on avait suivi les fuyards, on serait entré pêle-mêle avec eux dans Constantine; à quoi les pessimistes répondaient qu'on y serait entré peut-être, mais qu'on n'en serait certainement pas sorti la tête sur les épaules. Le sommet du Coudiat-Aty était occupé par quelques tombeaux de marabouts, entourés de nombreuses pierres tumulaires; c'était le grand cimetière musulman de la ville. L'artillerie s'établit seule sur la crête avec son petit matériel; le bivouac des troupes, un peu en arrière, était ainsi disposé, de droite à gauche : le quartier général, l'ambulance installée dans un marabout et couverte du côté de la campagne par les chasseurs d'Afrique, le bataillon d'Afrique, le 17e léger. Les spahis, le bataillon turc de Jusuf et la compagnie franche avaient été retenus en deçà du Roummel par le maréchal.

Pendant ce temps, les corps de la brigade Trézel avaient pris sur le Mansoura les emplacements indiqués par l'état-major. Au bord du plateau, le petit bataillon du 2e léger suivait du regard les mouvements de la brigade de Rigny, lorsque le maréchal fit appeler le commandant Changarnier. « Vous voyez, lui dit-il en montrant le Bardo, ce grand bâtiment isolé; si nous pouvions y faire flotter notre drapeau, cela produirait peut-être quelque effet sur la ville. Je ne sais si l'ennemi est disposé à la défendre. Voulez-vous essayer de l'occuper? » Les armes aussitôt prises, le commandant descendit au Roummel, qui grossissait à vue d'œil. Les hommes le traversèrent à la file en se tenant par la main; l'eau leur montait jusqu'à la poitrine. Quand ils eurent passé, la nuit était faite; la neige, qui ne cessait pas de tomber, amortissait le bruit de leurs pas. Arrivés au Bardo, ils le trouvèrent vide; il n'y restait qu'un bœuf, qui fit les frais du souper; des solives enlevées au toit entretinrent le feu sous les marmites. Le lendemain, au point du jour, le drapeau français hissé, selon l'ordre du maréchal, au plus haut de l'édifice, n'eut d'autre effet que de servir de cible aux canonniers turcs. Peu de temps après, un bruit de combat attira l'attention du commandant; le bataillon, qui, bien abrité, avait pu mettre ses armes en état pendant la nuit, gravit rapidement la pente du Coudiat-Aty et déboucha fort à propos sur le flanc d'une sortie à laquelle les troupes du général de Rigny, dont les fusils mouillés ne pouvaient pas faire feu, n'avaient à opposer que leurs baïonnettes; l'intervention du 2e léger fut imprévue, rapide et décisive. De la terrasse du Mansoura, le maréchal, attiré lui aussi par le bruit de l'engagement, en avait suivi le détail; on le vit faire et répéter longtemps le geste d'un homme qui applaudit. Séparé de sa brigade par la crue des eaux, le commandant Changarnier se mit à la disposition du général de Rigny. Le bataillon du 2e léger fut placé à droite du quartier général.

Du côté du Mansoura, la nuit du 21 au 22 novembre avait été marquée par un douloureux incident. Après avoir traversé la veille à grand'peine le Bou-Akmimine, les prolonges de l'administration, chargées de vivres, étaient restées embourbées jusqu'au moyeu dans une fondrière; aucun effort n'avait pu les en faire sortir. C'était le 62e qui leur servait d'escorte. De tous côtés, on voyait surgir des bandes d'Arabes; le colonel envoya prévenir le quartier général et demander du renfort. « Rien de mieux, répondit ironiquement le maréchal; s'il en est ainsi, je vais conduire l'armée où est le convoi, puisque le convoi ne peut pas venir où est l'armée. Dites à votre colonel, ajouta-t-il en changeant de ton, qu'il faut qu'il tienne, me comprenez-vous? et qu'il m'amène les voitures. » Un peu après, nouveau message ; le 62e, disait-on, n'avait plus que trois cents hommes. « Trois cents hommes! s'écria le maréchal ; qu'avez-vous fait des autres ? La pluie les a-t-elle fondus ? ou bien en avez-vous eu sept cents hors de combat ? Je n'ai pas de renforts à donner. « Cependant il fit partir Jusuf et sa cavalerie. Les spahis arrivèrent trop tard. Les voitures étaient abandonnées ; les Arabes achevaient de faire main basse sur ce que les hommes d'escorte avaient eu la funeste idée de mettre d'abord au pillage. Ils s'étaient jetés sur des barils d'eau-de-vie, les avaient défoncés, s'étaient gorgés de boisson ; puis, trébuchant dans la boue, incapables de résistance, ivres-morts, ils étaient tombés sous les coups d'un ennemi impitoyable. Des avant-postes on pouvait entendre les clameurs de joie qui saluaient leurs têtes sanglantes promenées dans Constantine. Il en avait péri cent seize de cette fin horrible.

Ainsi décimé, le 62e prit place sur le Mansoura, non loin du marabout de Sidi-Mabrouk, où était le campement du quartier général ; tout près de là se trouvait aussi le parc des vivres, déjà bien réduit et privé de ses dernières ressources par cette déplorable aventure. L'ambulance, d'abord installée derrière le marabout, venait d'être transportée plus près des troupes, dans des grottes que les spahis avaient découvertes sur le flanc escarpé du plateau et d'où Jusuf lui-même avait eu de la peine à les faire déguerpir. Son bataillon de Turcs et son artillerie occupaient l'extrémité gauche de la terrasse, le long de laquelle étaient répartis par sections les chevalets de fusées; à l'extrême droite, deux batteries de pièces de campagne étaient braquées sur le pont et sur la porte nommée Bab-el-Kantara. De l'autre côté du ravin, sur les pentes de Sidi-Mecid, des tirailleurs détachés du 59e et du 63e surveillaient le débouché du pont. Les deux régiments auxquels ils appartenaient avaient leurs bivouacs sur le Mansoura, le 63e en avant, couverts l'un et l'autre vers le ravin par la compagnie franche du capitaine Blangini.

Dans Constantine, la défense était conduite par Ben-Aïssa; il avait sous ses ordres les janissaires que le bey n'avait pas cessé de recruter à Constantinople, à Smyrne et même à Tunis, les habitants de la ville en âge de porter les armes et un gros contingent de Kabyles qu'il avait fait venir des montagnes depuis Bougie jusqu'à Sétif. Kabyle de naissance, Ben-Aïssa exerçait sur ses sauvages compatriotes une influence irrésistible. Quant au bey Ahmed, il avait jugé prudent de sortir de sa capitale, sous le prétexte d'ailleurs assez plausible de rassembler et de mener contre les Français les Arabes de la plaine.

Pendant toute la journée du 22, un combat d'artillerie s'était soutenu entre les batteries turques qui défendaient Bab-el-Kantara, et les batteries françaises qui l'attaquaient; en même temps, les fuséens avaient lancé sans succès leurs projectiles, qui n'avaient allumé aucun incendie dans la ville. Le soir venu, le maréchal voulut connaître l'effet qu'avait produit la canonnade. A minuit, le capitaine du génie Hackett, suivi de quelques sapeurs d'élite, descendit par le ravin jusqu'au pont. A peine s'y était-il engagé que, par une brusque éclaircie, les rayons de la lune répandirent sur la petite troupe l'éclat d'une lumière perfide. Bien loin de reculer, les braves gens prirent le pas de course sous une grêle de balles; ceux qui ne furent pas touchés arrivèrent jusqu'à la porte, dont la voûte leur servit d'abri. Ils trouvèrent les vantaux traversés par les boulets, arrachés de leurs gonds, inclinés, mais retenus par une saillie du mur; au delà, un passage oblique était fermé par une seconde porte, parfaitement intacte, parce que les canons français ne pouvaient pas avoir de vue sur elle. Après le rapport que lui fit, au retour de cette périlleuse reconnaissance, le capitaine Hackett, le maréchal décida pour le lendemain soir une attaque de vive force. Le lendemain, l'intendance allait faire sa dernière distribution; l'artillerie allait lancer ses derniers boulets : il ne lui resterait plus qu'un petit nombre d'obus et de boîtes à mitraille. Si la tentative échouait, c'était peut-être un désastre; c'était fatalement, au moins, la retraite.

Le 25, tandis que la canonnade recommençait au Mansoura, dès le point du jour, la brigade du Coudiat-Aty avait à repousser en même temps une sortie de Ben-Aïssa et une attaque de la cavalerie d'Ahmed sur le revers de la position. Celle-ci fut la plus sérieuse; il fallut engager contre elle toutes les troupes, moins le bataillon d'Afrique, dont les tirailleurs, embusqués derrière de petits parapets en pierre sèche, suffirent à repousser la sortie. Les cavaliers arabes, plus tenaces, ne cédèrent longtemps après qu'à une charge décisive des chasseurs. Rentrés au bivouac, les soldats reçurent une maigre ration de riz et d'eau-de-vie; c'était le seul envoi qui leur eût été fait depuis trois jours; il n'y en eut plus d'autre; on vivait des chevaux morts et de ce qui pouvait rester au fond des sachets de réserve portés depuis Bone dans les sacs. Le beau temps était revenu; le Roummel commençait à décroître. Vers trois heures, un carabinier du 2e léger, dont la compagnie avait été rappelée sur le Mansoura, traversa la rivière à la nage, apportant au général de Rigny, dans un morceau de toile goudronnée roulé autour de sa tête, l'ordre d'attaquer à minuit la porte de Coudiat-Aty, pendant qu'à la même heure le maréchal ferait attaquer la porte d'El-Kantara. En fait, le seul front accessible qui se développait en face de Coudiat-Aty n'avait pas moins de trois portes : Bab-el-Djedid, Bab-el-Raïba et Bab-el-Djabia; c'était la seconde que l'assaillant avait particulièrement pour objectif. Le commandant Changarnier, à qui le général de Rigny confia d'abord l'opération, se mit en devoir de reconnaître d'aussi près et aussi exactement que possible les abords de la place. Bab-el-Raïba était précédée d'un faubourg ou plutôt d'une rue bordée de ces petites boutiques arabes qui n'ont pas plus de trois ou quatre pieds de profondeur. Les maisons dans lesquelles étaient ménagées ces niches étaient au nombre de seize d'un côté, de treize de l'autre; une mosquée s'intercalait dans la série de droite, un grand fondouk dans la série de gauche. Le terrain bien reconnu, le commandant

Changarnier fit ses dispositions en conséquence.

Au Mansoura, ce fut le général Trézel qui eut la direction de l'attaque. Un détachement de sapeurs, conduits par le colonel Lemercier et le capitaine Hackett, devait faire sauter successivement les deux portes; à défaut de pétards, ils entasseraient contre les vantaux des sacs de poudre chargés de sacs à terre; dès que la double explosion aurait fait son œuvre, la compagnie franche du capitaine Blangini, suivie du 59e et du 63e, se jetterait dans la place et l'occuperait coûte que coûte. La nuit vint; dans un ciel splendide, sans nuages, la lune éclairait encore mieux que la veille la porte et ses abords. Quand, à minuit, dans l'étroit défilé du pont qui n'avait pas huit pieds de large, les sapeurs s'élancèrent, un feu terrible les accueillit; beaucoup tombèrent, morts ou blessés, obstruant la voie, les sacs de poudre roulant confondus avec les sacs à terre. Sur un ordre mal compris, la compagnie franche vint augmenter l'encombrement et le désordre. Dans cette foule confuse et compacte, pas un coup de feu n'était perdu; le général Trézel eut le cou traversé par une balle. A s'obstiner dans cette échauffourée, on eût sacrifié sans espoir tout ce qui survivait sur ce pont de malheur. Le colonel Lemercier ordonna la retraite; les blessés ne purent être relevés qu'au prix d'autres morts et de nouvelles blessures.

Au Coudiat-Aty, au même instant, c'était le même carnage. Vers sept heures, un officier d'état-major, qui avait pu traverser le Roummel à cheval, avait apporté au général de Rigny les instructions détaillées du maréchal Clauzel. D'après ces instructions, l'attaque devait être faite par le lieutenant-colonel Duvivier, à la tête du bataillon d'Afrique. Le commandant Changarnier, que le général avait désigné d'abord, réclama vainement contre cette substitution; l'ordre était formel. Un peu avant minuit, le bataillon d'Afrique se mit en marche, précédé d'un détachement de treize sapeurs portant des pioches, des haches, un sac de poudre, sous les ordres du capitaine du génie Grand, et suivi de deux obusiers de montagne amenés par le lieutenant d'artillerie Bertrand. Arrivé au faubourg, Duvivier posta son infanterie à droite et à gauche, derrière la mosquée, le long des maisons, dans les boutiques; puis il fit avancer, jusqu'à trente pas de la porte, les deux obusiers qui ne purent tirer qu'une seule salve. La rue balayée par les balles et la mitraille, se jonchait de blessés et de morts. Le sac de poudre, dont le porteur avait été tué sans doute, ne put pas être retrouvé; ceux qui avaient couru jusqu'à la porte, avec le lieutenant-colonel et le capitaine Grand, réclamaient à grands cris les haches; on ne les retrouva pas davantage. Dix minutes se passèrent ainsi; le capitaine Grand, le commandant Richepance étaient blessés mortellement; de quinze officiers du bataillon d'Afrique, cinq étaient atteints; Duvivier ordonna la retraite. Les mulets de l'artillerie avaient été tués; le lieutenant Bertrand et ce qu'il y avait encore de canonniers furent obligés de s'atteler aux pièces. A la hauteur de la mosquée, les hommes se rallièrent; les plus courageux se dévouèrent à la recherche des camarades qui manquaient; quand on crut les avoir ramenés ou relevés tous, on reprit lentement le chemin du bivouac, et dès qu'on fut arrivé, on se compta : il y avait trente-trois morts et près de cent blessés.

V

Au marabout, qui servait d'ambulance, l'intérieur du petit monument, la galerie qui l'entourait, la cour même, tout était encombré, jonché de corps sanglants; les chirurgiens, malgré tout leur zèle, ne pouvaient suffire à tous ces malheureux qui les appelaient. Entre trois et quatre heures du matin, le docteur Bonnafont, chirurgien-major de l'ambulance, venait d'achever une amputation, lorsque l'aide de camp du général accourut l'avertir qu'il fallait se préparer au départ; l'ordre de retraite arrivait du Mansoura à l'instant même. Sur la réclamation du chirurgien, dont tous les moyens de transport se réduisaient à vingt-quatre places de cacolet ou de brancard, le général donna l'ordre de mettre à sa disposition les chevaux des chasseurs et autant d'hommes d'infanterie qu'il en faudrait pour porter sur des couvertures les blessés plus grièvement atteints. La longue colonne de douleur commença de descendre au Roummel. Il y avait déjà longtemps qu'elle défilait, le jour commençait à poindre, et des coups de fusil se faisaient entendre. Quatre malheureux, les derniers, gisaient encore à l'ambulance; tout à coup Duvivier parut, et, s'adressant aux chirurgiens, leur donna l'ordre de partir au plus vite : les Kabyles étaient sur ses pas, il n'y avait plus moyen de les contenir. « Et ces blessés? lui demanda-t-on. — Je ne réponds plus de vous. » Ce fut sa seule réponse; il courut à sa troupe, les chirurgiens se jetèrent sur leurs chevaux, et les quatre blessés demeurèrent. Dix secondes après, arrivaient les Kabyles.

A cinq heures du matin, le général de Rigny avait réuni les chefs de corps et leur avait donné ses ordres : la brigade devait repasser le Roummel avant le jour et faire sa jonction avec la colonne descendue du Mansoura; le 2e léger était chargé de couvrir la retraite. Le général partit le premier avec le 17e léger, les chasseurs d'Afrique en partie démontés et l'artillerie. Le bataillon d'Afrique n'attendait que le départ de l'ambulance pour la suivre. Pendant le défilé de la colonne, le commandant Changarnier avait fait recueillir quelques sachets de riz, de biscuit, de sucre et de café oubliés dans les bivouacs, et vider les gibernes des blessés et des malades; il s'était composé de la sorte une réserve de deux mille cartouches. L'évacuation du Coudiat-Aty était plus lente que ne l'avait prévu le général; quand le 2e léger, réduit à deux cent soixante hommes, se mit à son tour en retraite, le soleil était à l'horizon, les assaillants étaient nombreux et la fusillade était vive. Déjà le bataillon se trouvait à couvert du canon de la place, quand parmi les hurlements des Kabyles on crut entendre des appels désespérés, des voix françaises. Le commandant remonta vivement la pente et aperçut une trentaine de soldats courant éperdus sous les coups de fusil et de yatagan; c'était un poste oublié par le bataillon d'Afrique. Enlevé par son chef, au son de la charge, le 2e léger s'élança au secours de ces infortunés camarades; la moitié put être sauvée; le reste fut massacré sans merci. Après ce retour offensif, le commandant Changarnier put descendre au Roummel et le franchir sous la protection du bataillon d'Afrique déployé sur la rive droite. La traversée de l'ambulance venait d'être attristée par une catastrophe déplorable. Ceux des blessés qui avaient pu trouver place sur les chevaux des chasseurs, sur les cacolets, sur les brancards, étaient passés sans trop de peine; mais, parmi les malheureux que portaient à bras, sur des couvertures, des hommes épuisés de fatigue, qui n'avaient plus la force de soulever leur charge, beaucoup de ceux-là plongés dans l'eau, à demi noyés, avaient en se débattant fait lâcher prise aux mains glacées des porteurs; ils avaient disparu, emportés dans le courant rapide.

Sur le Mansoura la retraite avait été retardée par le désarmement des batteries; les pièces ne purent cependant pas être emmenées toutes; les deux obusiers confiés à Jusuf restèrent entre les mains des Arabes avec ses tentes, ses bagages et sa musique. Il fallut aussi abandonner le matériel du génie. Le départ de l'ambulance, moins précipité qu'au Coudiat-Aty, avec des moyens de transport mieux appropriés, se fit avec plus d'ordre; on ne laissa dans les grottes que trois mourants, un soldat du 62e et deux indigènes absolument hors d'état d'être emmenés. Il y avait encore dans ces abris un certain nombre d'hommes qui s'y étaient glissés en cachette; ne sachant pas ce qui se passait au dehors, ils y restèrent et furent bientôt surpris par les Kabyles. Il était déjà plus de dix heures quand le Mansoura fut évacué.

Dégagé enfin des illusions qui l'avaient troublé trop longtemps, l'esprit du maréchal Clauzel avait repris toute sa lucidité; l'homme de guerre se retrouvait sans défaillance. « Le maréchal, a dit Duvivier, leva le siége avec la même sérénité de visage que s'il sortait de chez lui pour se promener; il fut admirable dans toute la retraite. » L'attitude du duc de Nemours ne fut pas moins digne et, dans ce moment de crise, d'un excellent exemple. Pendant ces trois jours, longs comme des années, qu'il venait de passer devant Constantine, sa conduite avait été parfaite; il était venu plusieurs fois au Coudiat-Aty; il s'était porté sans affectation jusqu'à l'extrême ligne des tirailleurs dans le plus vif du feu, et y avait été, suivant un mot heureux de Duvivier, « comme il y devait être, comme un homme qui ne s'en aperçoit pas ». Tout le monde n'avait pas le sang-froid du maréchal Clauzel et du duc de Nemours. Les corps se hâtaient de quitter le plateau avec des formations de marche très-différentes; l'ordre assigné par l'état-major n'était pas observé; lorsqu'un aide de camp du maréchal essaya d'arrêter le 63e, qui devait former l'arrière-garde, le colonel lui répondit : « J'ai toute l'Arabie sur les bras », et passa outre. Il est vrai que de Bab-el-Kantara comme des portes voisines du Coudiat-Aty, les défenseurs triomphants de Constantine étaient sortis en foule, et que, dans l'angle formé par le confluent du Roummel et du Bou-Merzoug, une grosse masse de cavalerie s'apprêtait à fondre sur la colonne française.

D'un mamelon où il avait fait halte, après avoir passé la rivière, le commandant Changarnier, qui avait été rejoint par sa compagnie de carabiniers, observait la situation. Le bataillon d'Afrique avait rejoint les troupes en marche; le 2e léger restait seul. Par un mouvement court et rapide, le commandant refoula de l'autre côté du Roummel les groupes ennemis qui l'avaient passé à sa suite et les contraignit à chercher un autre gué; puis, pendant ce moment de répit, il prit position en arrière d'un pli de terrain d'où il ouvrit sur les bandes qui descendaient du Mansoura un feu de deux rangs dont l'effet imprévu les arrêta court. En rétrogradant de proche en proche, il était arrivé auprès de Sidi-Mabrouk. « Commandant, lui cria le chef d'état-major général, qui passait rapidement escorté d'une trentaine de chasseurs d'Afrique, c'est vous qui couvrez la retraite. — Je m'en aperçois bien », répliqua Changarnier d'un ton de bonne humeur. La réplique fit rire ses hommes et rehaussa leur confiance. Elle allait tout de suite être mise à l'épreuve. La cavalerie arabe avait passé le Bou-Merzoug et s'avançait avec de grands gestes et de grands cris. Arrivée à distance de charge, elle s'arrêta; les goums s'alignèrent, les étendards passèrent au premier rang, et les chefs galopèrent sur le front en donnant des ordres, puis la masse s'ébranla de nouveau. Au signal du clairon, les tirailleurs du 2e léger rentrèrent dans le rang, puis le chef de bataillon commanda : « Formez le carré! » Le carré fut-il formé selon les prescriptions de la théorie? Le commandement : A droite et à gauche en bataille! fut-il régulièrement donné? Ce fut plus tard l'affaire des épilogueurs de soulever ces graves questions. Au moment critique, le carré fut formé tellement quellement; c'était l'essentiel. L'essentiel encore était d'empêcher les hommes de tirer trop tôt; déjà les armes s'inclinaient. « Attention, soldats, à mon commandement! Vive le Roi! — Vive le Roi! vive le commandant! » répondirent les soldats, et les armes se redressèrent. A quarante pas du bataillon les premiers rangs de la cavalerie arabe, étonnés de son attitude, ralentirent leur allure; il en résulta parmi ceux qui les suivaient un à-coup. Changarnier saisit l'instant : « Commencez le feu! » Au bout de quelques minutes, l'ennemi se retira en désordre et ne se rallia qu'à très-grande distance. En avant, autour du bataillon, la terre était jonchée de cadavres d'hommes et de chevaux; mais le succès avait coûté cher : un officier et seize hommes tués, quarante blessés; le commandant, pour sa part, avait eu la clavicule droite labourée par une balle. Les blessés relevés, chargés sur les cacolets, envoyés à l'ambulance, le bataillon se remit en marche, sans être inquiété davantage. « Mes amis, disait le commandant à ses soldats radieux, nous ne sommes que trois cents, et ils sont six mille; eh bien! ils ne sont pas encore assez nombreux pour nous! » Quand le bataillon arriva, vers une heure, à la halte où l'attendait l'armée, témoin de son exploit, des acclamations et des bravos l'accueillirent; le maréchal vint à la rencontre du commandant et le félicita chaudement de son habile et vigoureuse conduite. En un quart d'heure le nom de Changarnier était devenu célèbre, et c'était justice. L'exemple donné par cette poignée d'hommes bien commandés eut sur les troupes un effet subit; partout, dans tous les rangs, dans tous les corps, il réveilla l'énergie morale.

Quand la marche fut reprise, les Arabes reparurent plus nombreux; mais un ordre bien réglé s'était établi dans la colonne protégée par le feu des tirailleurs et par les charges répétées des chasseurs d'Afrique. Il était bon que le moral des troupes eût été relevé, car elles avaient encore bien des épreuves et de tristes spectacles à subir. Deux prolonges vides se trouvaient sur le bord du chemin; il n'y avait pas d'attelages pour les emmener; néanmoins une vingtaine d'écloppés et de malingres s'y jetèrent. On eut beau leur donner vingt fois l'ordre de descendre; on eut beau les prévenir qu'ils allaient être abandonnés s'ils ne suivaient pas le mouvement; rien n'y put faire. Cependant l'armée ne pouvait pas être arrêtée par l'aveugle obstination de vingt hommes; cinq minutes après que l'extrême arrière-garde les eut dépassés, on entendit les hurlements des Arabes et les derniers cris de leurs victimes. Un peu plus loin l'armée longea la fondrière où s'étaient enlisées, le 21 novembre, les voitures de l'intendance; tout autour, ensevelis à moitié dans la fange, presque nus, dans toutes les attitudes de l'agonie, gisaient des cadavres hachés à coups de yatagan et sans tête; c'étaient les malheureux soldats du 62e que l'ivresse avait livrés à la mort. Le soir, le bivouac fut établi sur les hauteurs de Somma, à quatre lieues seulement de Constantine, triste bivouac, sans feux de cuisine, car il n'y avait plus rien à faire bouillir dans les marmites. Un seul trait peut suffire à peindre la détresse générale : au début de la retraite, le docteur Bonnafont rencontre le capitaine Rewbell, officier d'ordonnance du maréchal; tout en causant, il voit l'officier regarder à terre, descendre de cheval précipitamment, ramasser dans la boue quelque chose de jaunâtre et l'essuyer; c'était un biscuit de campagne. A la vue de ce trésor, les yeux du docteur s'ouvrent tout grands. « Cher docteur, vous avez faim », lui dit l'officier, et il part au galop en lui laissant le bénéfice de sa trouvaille.

La nuit venue, le maréchal, après avoir fait le tour du bivouac, s'était arrêté auprès du 2e léger; le commandant n'avait d'autre siége à lui offrir qu'une de ses cantines; il s'y assit, fit asseoir le commandant sur l'autre, puis, après avoir parlé de la pluie et du beau temps, sujet qui n'avait rien de banal dans l'état où se trouvait l'armée, il engagea, en baissant la voix, le dialogue suivant : « Et la Seybouse, comment la passerons-nous au-dessous de Ras-el-Akba? Ahmed y aura sûrement envoyé ses Kabyles. — A sa place, monsieur le maréchal, vous n'y manqueriez pas. — Votre bataillon est admirable; mais combien lui reste-t-il? — Trois cents hommes disposés à faire leur devoir jusqu'au bout. — Les autres régiments le vaudraient s'ils étaient aussi bien commandés. Je placerai sous vos ordres leurs compagnies d'élite et vous en tirerez bon parti. » Après ces derniers mots, il y eut un moment de silence; puis, changeant tout à coup de sujet, le maréchal se mit à s'extasier sur la fertilité du pays, sur la beauté des collines verdoyantes qu'il avait admirées en venant de Bone à Mjez-Ahmar. « L'année prochaine, disait-il, je ferai venir d'Europe cinq ou six mille paysans pour les cultiver. Dans peu d'années le gouvernement gagnera des députés en leur donnant des villas dans ce beau pays. » Après quoi, ayant donné le bonsoir au commandant, le maréchal regagna sa tente.

VI

Le 25, de bonne heure, l'armée se remit en mouvement; elle avait tout à fait repris l'allure militaire. Suivant l'ordre réglé par l'état-major, les spahis réguliers, les auxiliaires bien diminués par la désertion et le bataillon turc de Jusuf ouvraient la marche; puis venaient l'artillerie, les voitures et l'ambulance, encadrées, à droite, à gauche, en arrière, entre les troupes d'infanterie en colonne double à distance de peloton; des lignes de tirailleurs, soutenus par les escadrons de chasseurs d'Afrique, flanquaient les faces de ce parallélogramme. Jamais on n'abandonnait une position sans en avoir au préalable occupé une autre qui empêchât l'ennemi de s'établir sur la première;

jamais les tirailleurs ne restaient en prise sur le sommet des mamelons; ils étaient toujours embusqués sur le revers. Ainsi conduite, l'armée pouvait défier les attaques de la cavalerie d'Ahmed, qui faisait beaucoup de bruit, se donnait beaucoup de mouvement, tirait beaucoup, mais de loin, et ne s'engageait jamais à fond. La journée s'écoulait ainsi, avec des haltes fréquentes, lorsque, vers le soir, se produisit un fâcheux incident qui eut des conséquences plus fâcheuses encore.

Le soin de recueillir les éclopés et les traînards, dont le nombre s'était naturellement accru d'heure en heure, avait attardé l'arrière-garde; les colonnes s'étaient allongées; l'avant-garde qui marchait plus vite et se hâtait pour arriver au bivouac, avait laissé derrière elle un intervalle à découvert. Le feu, d'ailleurs, avait à peu près cessé; les Arabes s'étaient retirés sur la droite; on ne les voyait plus; mais il y avait des gens qui s'imaginaient les voir encore; il se produisait dans leur esprit une sorte d'hallucination qui n'est pas rare. L'heure y prêtait; on sait que, du fond des vallées, au coucher du soleil, les objets dont les silhouettes se dessinent en noir sur l'horizon apparaissent grandis dans des proportions excessives. On peut lire dans les *Mémoires* de Commines un chapitre qui a pour titre : *Comment les Bourguignons, attendant la bataille, cuidèrent de grands chardons qu'ils virent de loin, que ce fussent lances debout*. Dans la soirée du 25 novembre 1836, l'erreur fut exactement la même, si ce n'est que les grands chardons qui couronnaient les collines sur la droite de l'armée en retraite furent pris, non plus pour des lances, mais pour les longs fusils des Arabes. Le général de Rigny, qui commandait l'arrière-garde, fut-il personnellement dupe de cette hallucination ou se laissa-t-il seulement impressionner par les gens qui lui affirmaient avoir vu ce qu'ils s'étaient figuré voir? Toujours est-il qu'en proie à une vive émotion et redoutant une attaque imminente, il se mit à galoper à la recherche du maréchal. Celui-ci, devançant de quelques centaines de mètres la tête de colonne, était allé reconnaître l'emplacement du prochain bivouac; en revenant sur ses pas, il avait envoyé le capitaine Napoléon Bertrand, un de ses officiers d'ordonnance, porter des ordres au commandant de l'arrière-garde. L'officier rencontra le général à la hauteur de l'ambulance : « Des ordres! s'écria M. de Rigny; commencez par écouter les miens; mon arrière-garde est en péril; j'ai sur mon flanc droit une forte colonne d'Arabes qui n'attend que le moment favorable pour nous couper; le maréchal ne se soucie que de son avant-garde; il faut qu'il l'arrête. » Le capitaine Bertrand se hâta de retourner au maréchal, qui, surpris de cette étrange communication, se mit au galop avec le duc de Nemours et l'état-major. Sur son ordre, les premières troupes s'arrêtèrent; à peu de distance de là, il vit accourir le général de Rigny : « Qu'y a-t-il donc, général? — Il y a du désordre dans la colonne; nous laissons beaucoup trop de monde en arrière. » Puis, d'un ton animé, le général répéta ce qu'il avait dit au capitaine sur l'imminence d'une attaque; il ajouta même : « Ahmed seul sait faire la guerre. » Quelques minutes après, devant un groupe d'officiers dont était le capitaine de Mac Mahon, il dit encore : « M. le maréchal, au lieu de s'en aller je ne sais où, aurait dû rester à l'arrière-garde. Je ferai connaître sa conduite à la France. » En poussant plus loin, le maréchal croisa tous les corps qui marchaient en bon ordre; on n'entendait pas un seul coup de feu; néanmoins, arrivé à la hauteur des derniers pelotons, il commanda halte, face en arrière, et fit mettre du canon en batterie. Des officiers furent envoyés au lieutenant-colonel Duvivier, au commandant Changarnier, pour savoir d'eux quelles étaient les causes de cette sorte de panique dont avait été saisi leur général; ils répondirent l'un et l'autre qu'ils n'y comprenaient rien, que depuis longtemps tout était calme, et que les dernières heures de la journée n'avaient pas été plus particulièrement troublées que les précédentes. Après avoir attendu quelques moments encore, le maréchal fit reprendre la marche aux troupes étonnées de ce temps d'arrêt.

Au bout d'une demi-heure, la colonne s'arrêtait au bivouac de l'Oued-Talaga; les gens de Jusuf y découvrirent, par bonheur, des silos qui furent promptement vidés; les chevaux reçurent une bonne ration d'orge et de fèves; les soldats se jetèrent sur le blé, qu'ils furent réduits à manger en nature, leurs dents faisant office de meule; le bois manquait pour le faire griller ou bouillir. Une ou deux heures après l'arrivée au bivouac, le duc de Mortemart, l'intendant Melcion d'Arc, le commandant Saint-Hypolite et le capitaine de Drée, officier d'ordonnance du maréchal, vinrent trouver le commandant Changarnier et lui racontèrent ce que le maréchal venait de leur dire, peu d'instants auparavant, dans sa tente : « Si je recevais une blessure, je me hâterais de mettre aux arrêts tous les officiers supérieurs en grade à Changarnier ou plus anciens que lui. Si je suis tué, ma foi, dépêchez-vous de vous insurger et de décerner le commandement à Changarnier, sinon vous êtes tous... perdus! »

La journée du 26 novembre s'annonça mal; la matinée fut attristée par un douloureux sacrifice. L'ambulance n'avait reçu que tardivement son ordre de marche; les cacolets, les brancards, les chevaux, les mulets, les voitures dont elle pouvait disposer, tout venait de partir surchargé de blessés et de malades; il en restait encore une vingtaine. Comme au Coudiat-Aty, les troupes étaient déjà loin et les Arabes tout près; les chirurgiens avaient perdu ou donné leurs chevaux pour le service; à peine eurent-ils le temps de prendre leur course et de rejoindre l'extrême arrière-garde. Une heure après le départ, les rangs recommencèrent à s'éclaircir : les hommes, exténués de fatigue et de faim, ne pouvaient plus suivre; l'un d'eux, un soldat du 17e léger, était tombé sur le bord du chemin; pendant que le docteur Bonnafont essayait, par une goutte d'eau-de-vie, de ranimer ses forces, le duc de Caraman passa : c'était un vieillard de soixante-quinze ans; il mit pied à terre, aida le chirurgien à hisser le malade en selle et conduisit le cheval par la bride jusqu'au lieu de halte. « Docteur, disait-il en cheminant, il y a, au-dessus de tous ces malheureux événements, une chose qui m'étonne et qui fait mon admiration, c'est la résignation avec laquelle le soldat supporte ses misères : il n'a ni à boire ni à manger, il se bat du matin au soir; s'il peut se coucher, c'est dans la boue; pas une plainte ne sort de sa bouche, c'est admirable. »

Dans la journée, la poursuite des Arabes ne fut plus aussi pressante; cependant il paraissait y avoir moins de calme parmi les troupes; les propos regrettables tenus la veille par le général de Rigny et qu'un petit nombre d'auditeurs avaient rapportés, étaient commentés dans les rangs et d'autant plus grossis qu'ils étaient répétés davantage. On en causait encore quand on arriva au bivouac de Sidi-Tamtam. Le tombeau du marabout, qui avait été respecté à l'aller, ne le fut plus au retour : il fut jeté bas, et le bois qu'on retira des décombres servit à faire bouillir la soupe au blé des escouades. Le maréchal avait été informé de l'effet de plus en plus fâcheux que produisait dans l'armée l'incartade du général de Rigny. Le soir, tous les chefs de corps et de service reçurent l'ordre de se rendre, à huit heures, dans la tente du maréchal; après leur avoir demandé si, la veille, ils avaient aperçu du désordre dans la colonne, et sur leur réponse négative, il leur fit donner lecture d'un ordre du jour d'où ressortait, en relief, la phrase suivante : « Je vous félicite d'avoir méprisé les insinuations perfides, les conseils coupables d'un chef peu propre à vous commander, puisqu'il ne sait pas souffrir comme vous, comme nous. Je rends ce chef au ministre de la guerre. » Le cercle était rompu depuis une demi-heure quand le général de Rigny se présenta; le maréchal lui dit d'aller prendre connaissance de l'ordre du jour à l'état-major. Il revint, quelques minutes après, atterré. Que se passa-t-il entre le maréchal et lui, tous deux seuls dans la tente? Selon le maréchal, il aurait dit, avec l'accent du désespoir : « Vous voulez donc déshonorer un père de famille? Faites-moi fusiller plutôt, il ne faut que quatre balles pour cela; mais donnez-moi du temps; je me jette à vos genoux, que cet ordre du jour ne paraisse pas! » Selon le général, il se serait borné à protester contre l'imputation qui lui était faite et à réclamer un conseil d'enquête. D'autre part, le commandant de Rancé, aide de camp du maréchal, les capitaines Napoléon Bertrand et de Drée, ses officiers d'ordonnance, ont toujours affirmé qu'étant couchés dans leurs manteaux, contre les parois de la tente, ils avaient entendu les supplications de M. de Rigny. Quoi qu'il en soit, le fait est que le maréchal consentit à supprimer son ordre du jour, et qu'après avoir retiré au général son commandement en lui infligeant les arrêts de rigueur, il le lui rendit le lendemain matin, sur les instances du colonel Duverger.

Dans cette matinée du 27, au moment où la colonne venait de se mettre en marche, des bandes d'Arabes et de Kabyles s'abattirent sur le bivouac qu'elle abandonnait à la recherche du butin — quel butin! — Ces misérables ne valaient pas mieux que les chacals et les vautours qui se disputaient les charognes du voisinage; comme eux, ils s'enfuirent et prirent chasse à grands cris devant le capitaine Morris et son escadron d'arrière-garde. Ces pillards n'appartenaient d'ailleurs pas aux troupes de Constantine; depuis la veille, Ahmed avait cessé la poursuite. Quelques Kabyles essayèrent de barrer la route au col de Ras-el-Akba; il suffit des spahis et des Turcs de Jusuf pour les disperser. La colonne passa la Seybouse et vint coucher à Mjez-Ahmar. Le 28 enfin, elle atteignit de bonne heure Hammam-Berda; son temps de misère était fini. Ghelma, qui était tout proche, reçut ses malades et lui envoya des vivres; le soldat, affamé par tant de jours de jeûne, ne pouvait pas se rassasier. Il y eut au camp de la Seybouse, comme dernier épisode de la guerre, une scène qui ne manqua pas de grandeur. Quelques Kabyles avaient été faits prisonniers au Ras-el-Akba; comme ils s'attendaient à la mort, ils furent tout surpris de n'être pas maltraités même; quand leurs blessés eurent été pansés, on les amena tous au quartier général, et là, au nom du duc de Nemours, le maréchal Clauzel les renvoya libres, sous la condition d'annoncer à leurs compatriotes qu'une récompense de cent francs serait donnée à tout Arabe ou Kabyle qui ramènerait un soldat français.

Avant de partir directement pour Bone avec le prince, le maréchal prit congé de ses troupes par un ordre du jour qui fut publié le lendemain matin, 29 novembre. « C'est avec une émotion profonde et une vive satisfaction, y était-il dit, que le maréchal gouverneur général félicite les braves troupes sous ses ordres du courage et de la résignation qu'elles ont montrés dans leur mouvement sur Constantine, en supportant avec une admirable constance les souffrances les plus cruelles de la guerre. Honneur soit rendu à leur caractère! Un seul a montré de la faiblesse; mais on a eu le bon esprit de faire justice de propos imprudents ou coupables, qui n'auraient jamais dû sortir de sa bouche. » Sans être aussi écrasant que celui du 26, cet ordre du jour pesait lourdement sur le général de Rigny. Le 1er décembre, il écrivit de Bone au ministre de la guerre pour demander un conseil d'enquête. Après avoir vu le rapport du maréchal et visé la loi du 21 brumaire an V, par laquelle « est réputé coupable de trahison tout individu qui, en présence de l'ennemi, sera convaincu de s'être permis des clameurs tendant à jeter l'épouvante et le désordre dans les rangs », le ministre de la guerre déféra le général de Rigny au jugement du conseil de guerre séant à Marseille. Les débats remplirent trois audiences; le général fut acquitté; s'il eût été déclaré coupable, c'était la mort.

Parmi les tristes récriminations qui faisaient un si fâcheux épilogue à l'expédition de Constantine, et pour en finir avec elles, il suffira d'indiquer une protestation du 62e contre les termes d'un dernier ordre du jour signé par le maréchal, au moment où il allait s'embarquer, avec le duc de Nemours, pour Alger, le 4 décembre. Après de nouveaux remercîments aux troupes : « Ces paroles, ajoutait l'ordre, ne s'adressent pas à ceux qui, après avoir abandonné ou pillé le convoi de vivres, ont mis le corps expéditionnaire dans l'impossibilité d'atteindre le but qu'il se proposait. Victimes de leur intempérance, ils ont été cruellement punis de leur faute, et leur exemple trouvera peu d'imitateurs dans l'armée. Tout soldat digne de ce nom sait qu'à la guerre l'énergie des hommes fermes, de ceux qui fixent la victoire, s'accroît en raison des obstacles qui lui sont opposés, et que le courage n'est rien sans ordre ni discipline. » Au tort de protester contre le général en chef, les officiers du 62e avaient ajouté celui de publier leur protestation dans les journaux; à la suite d'une enquête dont le ministre avait chargé spécialement le général Bugeaud, treize d'entre eux furent mis en retrait d'emploi.

VII

Rentrée à Bone le 1er décembre, la colonne expéditionnaire, qui en était partie du 8 au 13 novembre, avait été dissoute. En trois semaines, elle avait perdu plus de sept cents hommes par le feu ou par la misère; sur ce nombre, onze officiers et quatre cent quarante-trois soldats avaient été tués à l'ennemi. Les hôpitaux de Bone reçurent cent soixante-seize blessés et cent cinq atteints de congélation, sans compter les autres malades, dont le nombre, accru par la période de réaction qui suit toujours les grandes crises, s'éleva rapidement à trois mille, pour décroître bientôt et bien malheureusement, car ce ne furent pas des guérisons qui firent du vide dans les salles, ce furent les ravages du typhus. Parmi ces victimes, mourant pour ainsi dire après coup, le colonel Lemercier doit être porté au compte de l'expédition de Constantine. Il convient d'ajouter que tous les blessés et tous les malades n'étaient pas compris dans l'énormité des chiffres qu'on vient de lire; le commandant Changarnier, notamment, avait ramené tous les siens à Alger, et il est probable que les autres corps étrangers à la province de Bone avaient suivi son exemple. Pour combler tous ces vides, le ministre de la guerre, dès qu'il eut entre les mains le rapport du maréchal Clauzel, prescrivit, le 17 décembre, l'envoi immédiat à Bone du bataillon de tirailleurs d'Afrique, composé de volontaires sortis des régiments de France; du bataillon de la légion étrangère, qui commençait à se reformer sur le modèle de l'ancienne légion; du 3e bataillon d'infanterie légère d'Afrique, rappelé de Corse; de trois compagnies de sapeurs et de mineurs, d'une batterie de campagne et de tous les détachements que pouvaient fournir les dépôts des corps employés dans la province.

On eût dit que le malheur s'acharnait après les restes de l'expédition de Constantine. Le 30 janvier 1837, la poudrière de la kasba de Bone sauta; le 17e léger eut à lui seul soixante-six tués ou disparus, cent onze blessés; le bataillon d'Afrique, vingt et un tués, quarante et un blessés; en somme, cette catastrophe, d'un effet si désastreux, coûta la vie à cent cinq hommes, et en envoya cent quatre-vingt-douze à l'hôpital. Dix mètres de parapet étaient ruinés sur les faces nord et sud; un million de cartouches, sept mille kilogrammes de poudre avaient fait explosion.

En quittant Bone, le maréchal Clauzel avait laissé au général Trézel, dont la blessure n'avait pas eu les suites fatales qu'on avait redoutées d'abord, des instructions qui lui prescrivaient d'envoyer à Ghelma le lieutenant-colonel Duvivier et le capitaine du génie Hackett, avec cent cinquante hommes du 1er bataillon d'Afrique, deux cent vingt-cinq spahis, soixante sapeurs et vingt canonniers; il s'y trouvait déjà cinq cents hommes du 17e léger. Assurément Ghelma était un poste d'une grande importance; mais lorsque le maréchal Clauzel, dans une dépêche du 3 décembre au ministre de la guerre, écrivait que l'expédition de Constantine « s'était transformée en une véritable et forte reconnaissance à la suite de laquelle il avait occupé Ghelma », il y avait, dans cette façon de présenter les choses, un tel renversement des faits et une telle exagération, que tout ce qu'il y avait d'hommes intelligents en France et en Algérie en sentit et en déplora le ridicule. Duvivier, qui fut bientôt après nommé colonel au 12e léger et maintenu en Afrique, était arrivé à Ghelma, le 12 décembre. Jusuf, bien déchu de ses grandeurs et redevenu simple commandant de spahis, aurait dû l'y suivre; mais il était retenu à Bone par une maladie qu'il était tout disposé, disait malicieusement le général Trézel, « à traîner en longueur, pour ne pas aller se mettre sous la verge de Duvivier ». L'irritation dans l'armée contre lui était grande; c'était lui, non le maréchal Clauzel, qu'on rendait responsable des malheurs qu'avait entraînés l'expédition de Constantine.

Dès son arrivée, Duvivier se mit à l'œuvre avec

une grande énergie. Le camp ébauché au mois de novembre, prit une forme régulière; un ancien puits retrouvé sous les décombres fut remis en état; une rigole bien conduite amena les eaux d'une source captée à quatorze cents mètres de distance; il y eut des baraques pour les hôpitaux, pour les magasins; on construisit des fours en maçonnerie; la première distribution de pain fut saluée comme une fête par les troupes, qui depuis longtemps ne connaissaient plus que le biscuit. En même temps, les progrès moraux ne le cédaient pas aux progrès matériels. Duvivier, qu'on avait accusé à Bougie d'être intraitable avec les Kabyles, se montra tout le contraire à Ghelma, tout le contraire surtout de ce qu'avait été Jusuf. Il fit annoncer dans les tribus qu'il empêcherait toute exaction, toute injustice, toute atteinte aux droits des indigènes. Insensiblement ils se rapprochèrent; bientôt ils vinrent trouver le commandant pour qu'il décidât de leurs contestations entre eux : « Tu es le sultan, lui disaient-ils; tu nous dois la justice. » Comme il parlait l'arabe et connaissait assez bien le Coran, ses jugements étaient généralement approuvés et respectés. Sa parole inspirait une si grande confiance que, dans un moment où l'argent lui manquait, des vendeurs de grains acceptèrent un billet signé de sa main en garantie de leur créance.

Lorsque, vers la fin de janvier 1837, le lieutenant-colonel Foy, envoyé en mission par le ministre de la guerre, vit Ghelma, il fut surpris de tout ce qui avait été fait en six semaines. La muraille d'enceinte, dont les brèches étaient fermées, avait deux mètres et demi de hauteur et un mètre d'épaisseur sur onze cents mètres de développement. Trois grandes baraques en pierre, pouvant contenir chacune cent cinquante hommes, étaient achevées; d'autres étaient en construction. « L'occupation de Ghelma, écrivait le lieutenant-colonel Foy, a été une bonne opération de guerre; elle a maintenu les tribus; elle a changé la nature de notre retraite en faisant voir à l'ennemi que notre armée n'avait cédé qu'à la rigueur du climat; elle maintient et effraye les populations jusqu'au Ras-el-Akba; sans cette occupation, nous n'étions plus à l'abri des incursions des cavaliers d'Ahmed-Bey. » Néanmoins, tout pesé, tout examiné, on commençait à reconnaître que le camp de Ghelma, excellent comme centre d'approvisionnement, comme place de dépôt, n'avait pas les qualités offensives qu'on lui avait d'abord attribuées. La vraie position stratégique se trouvait quatre lieues plus loin, sur le bord de la Seybouse, à Mjez-Ahmar. C'était de là que devrait partir un jour l'expédition nouvelle qui s'en irait à Constantine venger l'échec de la première.

VIII

Pendant que le maréchal Clauzel portait la guerre dans la province de Bone, de petites opérations de peu d'importance étaient faites par ses lieutenants dans les provinces d'Oran et d'Alger. D'Oran le général de Létang était allé ravitailler Tlemcen dans les derniers jours de novembre. Aux environs d'Alger, c'étaient toujours les incursions des Hadjoutes chez les Français, et des Français chez les Hadjoutes. Le 8 novembre, un parti de cavalerie, conduit par le neveu de Sidi-Mbarek, bey de Miliana, était venu insulter le blockhaus d'Ouled-Aïcha; le général de Brossard, qui était à Boufarik, fit monter à cheval, pour lui donner la chasse, une centaine de spahis réguliers. Attirés par la fuite de l'ennemi dans le ravin de Beni-Mered, les spahis se trouvèrent cernés tout à coup par plus de mille cavaliers, et quand ils parvinrent à sortir de cette étreinte, ils laissèrent sur le terrain trois officiers et quatorze hommes. L'auteur de ce guet-apens était un de leurs anciens brigadiers, un déserteur nommé Moncel; de la pointe de son flissa, ce misérable avait gravé son nom en lettres sanglantes sur la poitrine de celui à qui il en voulait davantage; l'année suivante, il fut pris par des Arabes soumis dont il pillait le douar, livré à l'autorité française et fusillé. Le lendemain de la catastrophe, le général Rapatel sortit d'Alger avec tout ce qu'il put réunir, parcourut la partie moyenne de la Métidja, envoya dans Blida quelques boulets, reçut de loin la fusillade des Hadjoutes sans les pouvoir atteindre, et, le 12 novembre, après quatre journées de patrouille sans effet utile, ramena les troupes à Boufarik.

Arrivé de Bone, le 6 décembre, à Alger, le maréchal Clauzel n'y fit pas un long séjour; il en partit pour la France, le 11 janvier 1837, laissant, comme d'habitude, l'intérim du gouvernement au général Rapatel. Cet intérim ne dura guère moins de trois mois, mais non pas au lieu et place du même titulaire; le maréchal Clauzel avait cessé d'être gouverneur des possessions françaises dans le nord de l'Afrique. C'était un dissentiment sur la conduite générale des affaires algériennes, et non l'échec de Constantine, qui, d'après ce qu'affectait de répéter le ministère, était la cause de cette disgrâce. Le général de Damrémont, appelé naguère à recueillir la succession du maréchal, en fut saisi le 12 février 1837, mais il n'entra en possession qu'au mois d'avril.

Dans la séance du 19 janvier, la discussion de l'adresse à la Chambre des députés avait abordé la question d'Afrique. Le général Bugeaud fit un discours qui n'était pas pour déplaire au maréchal Clauzel, car tout en raillant les partisans de la conquête, il était d'accord avec lui sur l'urgence d'en finir. « Il importe d'avoir une solution, disait-il; il n'y a pas de système moyen. Le système mixte dont on a parlé, qui consiste dans la clémence, dans les bons procédés, dans la justice, n'existe pas. Cela est bon à appliquer en temps de paix. On ne fait pas une demi-guerre : il faut la paix ou la guerre avec toutes ses conséquences. On dit qu'on ne veut pas de la retraite : il faut donc savoir organiser la victoire. Pour arriver à un bon résultat, il ne faut pas que l'expédition de Constantine soit un fait isolé; il faut qu'il se rattache à un plan général. Il ne faut pas affaiblir

Oran et Alger pour faire cette expédition; il faut se montrer forts partout pour frapper le moral des Arabes. Et n'allez pas croire qu'il suffit pour cela d'un petit effectif de vingt à trente mille hommes.

Une voix. — Combien donc?

Le général. — Il faut au moins quarante-cinq mille hommes. (*Mouvement prolongé.*) Je ne suis pas guerroyant, mais je parle des Arabes, et avec les Arabes, il faut savoir guerroyer, et guerroyer vite, pour être dispensé de le faire longtemps.

M. de Rancé (*aide de camp du maréchal Clauzel*). — C'est le seul moyen d'avoir la paix.

Le général. — On a dit que la Restauration a conquis l'Afrique, et que le gouvernement de Juillet ne sait ni la conserver ni l'administrer. Messieurs, c'est que la conquête n'a pas encore été faite; elle est encore à faire. La Restauration n'a pris qu'Alger; nous avons bien depuis pris plusieurs villes, et nous n'en sommes guère plus avancés; mais quand la France voudra faire cette conquête, quand elle le voudra sérieusement, elle la fera. »

Le général Bugeaud n'était déjà plus aussi hostile à l'Algérie qu'il lui convenait parfois encore de le paraître; au fond il y avait pris goût et, selon l'expression de Kléber, « préparait ses facultés » pour y commander en chef. Le 28 décembre 1836, il écrivait de Paris à Duvivier : « Je viens de plaider une cause facile à gagner : vous allez être fait colonel. Étudiez bien les hommes et les choses, pour vous et *pour moi peut-être.* »

CHAPITRE VIII

LE GÉNÉRAL DE DAMRÉMONT

I. Le général de Damrémont et le général Bugeaud.— Dualisme. — II. Ravitaillement de Tlemcen par Abd-el-Kader. — Le général Bugeaud à Oran. —Négociations. —Traité de la Tafna. — III. Explications du général Bugeaud. — Son entrevue avec Abd-el-Kader. — Discussion à la Chambre des députés. — Embarras du ministère. — IV. État des affaires autour d'Alger. — Combat du Boudouaou. — Opérations contre les Hadjoutes. — Observations du général de Damrémont. — Négociations avec Ahmed. — Le général de Damrémont à Bone. — V. Lettre du duc d'Orléans au général de Damrémont. — VI. Instructions du comte Molé. — Préparatifs de l'expédition de Constantine. — Défense du camp de Mjez-Ahmar. — VII. Marche sur Constantine. — Dispositions d'attaque.— VIII. Canonnade. — Crise. — Tir en brèche. — Mort du général de Damrémont. — IX. Le général Valée. — Assaut. — Prise de Constantine.

I

Si l'on peut supposer avec assez de vraisemblance que le général Bugeaud s'était promis ou laissé promettre la succession du maréchal Clauzel, on doit reconnaître qu'il ne fit pas à cet espoir entrevu le sacrifice de ses idées militaires. Son discours du 19 janvier 1837, à la Chambre des députés, était en désaccord avec les résolutions prises par le ministère que présidait le comte Molé; le système de l'occupation restreinte et du progrès pacifique avait prévalu. Le général de Damrémont accepta le programme du cabinet; quand il prit possession du gouvernement général, dans les premiers jours du mois d'avril, la proclamation qu'il adressa aux habitants de l'Algérie ne put laisser le moindre doute à cet égard. « Le Roi, disait-il, veut la conservation d'Alger; il veut tout ce qui peut assurer cette conservation en la rendant avantageuse à la France. Longtemps il a fallu combattre, il a fallu porter en tous lieux l'idée de notre puissance, prouver que nos armes pouvaient aller partout, protéger nos amis, atteindre nos ennemis. Ce résultat est pleinement acquis, et si l'autorité du nom français réclame encore une satisfaction à Constantine, tout se prépare pour que cette satisfaction soit assurée. Concentrer nos forces sur les points les plus importants, pour nous y établir en maîtres d'une manière absolue et définitive; livrer autour de nous le sol à la culture et nous enraciner par elle dans la terre d'Afrique; encourager les entreprises particulières et, en leur assurant protection, couvrir leurs travaux par un cercle impénétrable; agrandir ce cercle à mesure que ces travaux s'étendent; avancer ainsi pas à pas, avec sagesse, mais utilement et sûrement, n'avançant qu'avec la résolution et la certitude de nous maintenir; faire succéder à l'état de guerre une pacification fondée sur la justice, mais aussi sur la force, une pacification bienveillante et protectrice pour ceux qui l'observent, menaçante pour ceux qui tenteraient de l'enfreindre : voilà désormais la mission réservée à l'administration de ce pays, mission lente et difficile, à laquelle je viens me consacrer. »

Dans cette proclamation, la phrase incidente, la courte phrase sur Constantine ne répondait pas nettement à l'attente publique; plus excitée qu'après Sidi-Yacoub, qu'après la Macta même, elle réclamait la vengeance immédiate de l'affront subi. Si Ahmed avait été le seul ennemi à combattre, le gouvernement eût probablement satisfait à cette exigence; mais de même que, l'année précédente, l'expédition de Constantine n'avait pu être entreprise qu'après le coup frappé sur Abd-el-Kader à la Sikak, de même, avant de s'engager de nouveau dans l'est, il fallait, pour être en sécurité dans l'ouest, ou bien que l'émir fût réduit à l'inaction par un nouveau coup de force, ou bien qu'un traité l'amenât à déposer les armes. A qui allait être confiée cette mission de guerre ou de paix? N'était-ce pas au général de Damrémont qu'elle appartenait tout naturellement ? Ce ne fut pourtant pas lui qui en reçut la charge. Le ministère avait des ménagements à garder, peut-être des torts à réparer à l'égard du général Bugeaud : à défaut du gouvernement général qu'il avait donné à un autre, il lui en offrit la moitié en quelque sorte ; car, par une disposition bizarre, ambiguë, pleine de périls, le général Bugeaud, envoyé dans la province d'Oran, y était, pour la partie militaire, indépendant du gouverneur général, et n'était tenu envers lui, pour la partie politique, qu'à des communications de bienséance. Ainsi apparaissait le dualisme, cette source de conflits dont on avait reconnu le danger naguère. Les deux demi-gouverneurs débarquèrent presque en même temps, au commencement d'avril, Damrémont dans le port d'Alger, Bugeaud à Mers-el-Kébir. C'est à celui-ci, puisqu'il allait traiter les questions les plus immédiatement urgentes, que nous sommes obligés de nous attacher d'abord ; après quoi nous reviendrons au général de Damrémont, au vaillant et généreux soldat dont nous suivrons la trace d'Alger à Constantine.

II

Avant l'arrivée du général Bugeaud, un fait singulier, original, considérable par les suites qu'il a entraînées plus tard, venait de se passer dans la province d'Oran : la garnison de Tlemcen ravitaillée, non plus par une colonne française, ravitaillée par Abd-el-Kader lui-même! Au mois de janvier 1837, le général de Brossard, venu d'Alger, avait remplacé dans le commandement de la division le général de Létang rentré en France. Cette difficulté périodique du ravitaillement le tenait en souci, lorsque le plus jeune des Ben-Durand, les frères fameux, vint lui offrir son concours; il se faisait fort d'introduire tout seul, à ses risques et périls, moyennant un bon prix, un convoi de vivres dans le Méchouar. L'offre garantie par l'aîné des Ben-Durand, acceptée par le général de Brossard, puis par le général Rapatel, son supérieur, les deux frères se mirent à l'œuvre. Abd-el-Kader avait besoin de fer, d'acier, de soufre, d'objets que ne pouvait pas lui fournir la terre d'Afrique : à lui aussi les Ben-Durand firent leurs offres; tout ce qui lui manquait, ils se chargeaient de le lui fournir contre du blé, de l'orge, des moutons et des bœufs. Voilà bien les éléments d'un convoi, mais comment le mener dans Tlemcen ? Il y avait dans les prisons de Marseille cent trente réguliers de l'émir, pris à la Sikak; laisser de vrais croyants aux mains des infidèles était un remords qui pesait lourdement sur la conscience d'Abd-el-Kader. Avec une habileté sans égale, les Ben-Durand persuadèrent, d'une part, à l'autorité française qu'il serait d'une bonne politique de renvoyer à l'émir ses coreligionnaires; d'autre part, à l'émir que l'autorité française mettait pour condition au renvoi des prisonniers le ravitaillement du Méchouar. Des deux côtés ils réussirent dans leur intrigue; mais ils eurent bien soin de cacher à chacune des deux parties ce qu'ils avaient obtenu de l'autre. Dans leur traité avec l'intendance d'Oran, il ne fut pas fait mention des prisonniers, pas plus qu'il ne fut rien dit de l'argent versé par l'intendance française, dans leur transaction avec Abd-el-Kader. Quoi qu'il en soit, le commandant Cavaignac reçut des Ben-Durand, avec l'autorisation et aux frais de l'émir, un convoi d'approvisionnement dont il fit profiter, en même temps que ses soldats, les habitants pauvres de Tlemcen. L'essentiel à retenir de cette intrigue est que l'émir crut avoir payé effectivement, par la valeur de l'approvisionnement fourni, la rançon de ses réguliers, et que tout le bénéfice de l'affaire, qui ne leur coûta rien, fut encaissé en bon argent français par les Ben-Durand, de compte à demi avec un certain associé dont il sera parlé plus tard.

Dès son arrivée à Oran, le général Bugeaud commença par lancer contre les Arabes une proclamation terrifiante, pleine de menaces; mais avant de les mettre à exécution, il entama, par l'entremise de Ben-Durand l'aîné, des négociations avec Abd-el-Kader. Les pourparlers allaient leur train, quand tout à coup l'émir se déroba; on apprit qu'il avait passé le Chélif et qu'il avait poussé jusqu'à Médéa; nouvelle encore plus grave, des ouvertures de paix lui auraient été faites par le général de Damrémont. Là-dessus le général Bugeaud prit feu; il voulut voir dans cette diversion un tour que lui jouait le gouverneur. Il y eut entre eux un échange de lettres très-vives. On sut, mais beaucoup plus tard, que l'auteur de cet imbroglio était Ben-Durand, qui ne se faisait pas faute de pêcher en eau trouble, prenant l'argent d'Abd-el-Kader pour diviser et corrompre les khalifas français, disait-il, et l'argent des khalifas français pour corrompre, disait-il encore, les conseillers de l'émir. Les plaintes réciproques et les récriminations des deux généraux mirent dans un grand embarras le ministère, qui se trouvait entre eux comme don Juan entre Charlotte et Mathurine; enfin il décida que la conduite des négociations devait être laissée au général Bugeaud, sauf approbation du gouverneur. Sur ces entrefaites, Abd-el-Kader, de retour à Mascara, envoya Ben-Arach, le principal de ses conseillers, avec mission de lui amener d'Oran les négociateurs français Ben-Durand et le lieutenant Allegro, officier d'ordonnance du général. La paix semblait déjà faite quand, le 7 mai, le lieutenant revint, annonçant que tout était rompu; les prétentions d'Abd-el-Kader étaient inadmissibles. Aussitôt les troupes se préparèrent à entrer en campagne.

Par des renforts envoyés de France, l'effectif général dans les trois provinces avait été porté de trente et un mille à quarante-trois mille hommes; c'était à peu près le chiffre que le général Bugeaud avait déclaré nécessaire, au grand scandale de la Chambre. La division d'Oran, pour sa part, avait reçu le 1er régiment de ligne et le 3e bataillon d'Afrique. Ces deux corps formèrent la 1re brigade du corps expéditionnaire, sous le général de Leydet; la 2e, sous le général Rullière, comprenait les 23e et 24e de ligne; la 3e, sous le colonel Combe, les 47e et 62e. Le paquetage de l'infanterie était réduit au strict nécessaire, le sabre-briquet laissé en magasin, la cartouchière substituée à la giberne. La cavalerie se composait du 2e régiment de chasseurs d'Afrique, de deux escadrons de spahis réguliers, des Douair et des Sméla; l'artillerie, de deux batteries de montagne. L'effectif était de sept ou huit mille hommes; les garnisons d'Oran, d'Arzeu et de Mostaganem en gardaient quatre ou cinq mille, sous le commandement du général de Brossard. Les transports de la colonne expéditionnaire étaient faits par cinq cent cinquante mulets arrivés de France et par trois cents chameaux.

Partie de Bridia le 17 mai, la colonne toucha, le 20, à Tlemcen, qu'elle ravitailla, et se rendit au camp de la Tafna, le 23; cette marche de six jours, sans rencontre avec l'ennemi, ne fut, à vrai dire, qu'une promenade militaire. Les hommes étaient dispos; les mulets seuls, blessés par les bâts apportés de France et mal construits, étaient en mauvais état : vingt-cinq étaient morts en route, soixante avaient été laissés à Tlemcen; une grande partie des autres était à peu près hors de service. Elle avait bien souffert depuis quinze mois, la pauvre cité du Méchouar, d'après la description qu'en faisait le lieutenant-colonel de Maussion, chef d'état-major de la colonne : « Nous sommes venus, disait-il, sans un coup de fusil jusqu'à Tlemcen, ville déserte, plus désolée, plus ruinée que jamais, et en même temps plus magnifique de site et de végétation que je ne l'avais encore vue. Les pluies et les neiges qui ont fait crouler les maisons abandonnées ont donné à la verdure un éclat extraordinaire. Les habitants ont semé tout ce qu'ils peuvent défendre, c'est-à-dire une enceinte d'une lieue et demie environ, et dans la ville tous les intérieurs de cours, tous les débris, toutes les ruines. Ces moissons s'annoncent pour être magnifiques, mais elles ne suffiront pas pour nourrir six mille personnes; aussi l'émigration est-elle très-grande. De Tlemcen ici, nous n'avons pas vu un ennemi, nous n'avons touché ni aux moissons ni aux maisons des Kabyles, ce que j'approuve fort. » Cette abstention d'hostilités de part et d'autre annonçait évidemment que la pacification était proche; les négociations étaient reprises. En attendant, les troupes commençaient, sous la direction du génie, la démolition du camp de la Tafna, condamné par le ministère ; il suffisait que l'îlot de Rachgoun fût occupé dans ces parages.

Le 25 mai, le général Bugeaud écrivait au général de Damrémont : « Nulle part dans mes instructions il n'est dit que vous devez sanctionner la paix que je ferai, et que, selon l'expression de votre lettre du 14, je ne dois que préparer le traité. Si le gouvernement vous dit autrement, si vous avez des pouvoirs qu'on m'a tenus cachés, les quiproquos, les inconvénients qui sont survenus ne sont ni de votre faute ni de la mienne. Ils sont du fait du gouvernement, qui n'a pas établi d'une manière nette et bien tranchée la séparation des pouvoirs. Que la faute soit rejetée sur ceux à qui elle appartient ! » Quatre jours après, le 29, autre dépêche plus importante et décisive : « Je ne crois pouvoir mieux faire, pour vous faire connaître la grande détermination que je viens de prendre, que de vous communiquer la lettre que j'écris à M. le ministre des affaires étrangères, en lui soumettant le traité que j'ai conclu aujourd'hui avec Abd-el-Kader. Je n'ajouterai rien à cette lettre; elle vous fera suffisamment comprendre mes motifs et mes vues ; je désire vivement que vous les approuviez. Général, je vous dois une réparation, je veux vous la faire avec franchise. Abd-el-Kader assure que vous ne lui avez jamais fait de propositions de paix. J'ai donc été trompé par Durand, qui jouait un double jeu pour obtenir des concessions des deux parties contractantes en mentant à l'une et à l'autre. Il travaillait surtout à sa fortune; c'est un homme sordide. Je ne l'ai point employé dans ces dernières négociations, j'ai traité directement. Recevez mes excuses, général; effacez de votre esprit les impressions qu'ont dû y laisser mes reproches mal fondés. »

Avant de citer les principaux traits de la dépêche du général Bugeaud au comte Molé, il faut résumer l'acte fameux sous le nom de traité de la Tafna. Par l'article 1er, Abd-el-Kader reconnaissait la souveraineté de la France en Afrique; mais cette reconnaissance, toute platonique, lui était chèrement, trop chèrement payée. Dans la province d'Oran, la France ne se réservait autour d'Oran qu'un territoire limité de l'est à l'ouest par le marais de la Macta, le Sig, la rive méridionale de la grande Sebkha et l'Oued-Malah (Rio-Salado) jusqu'à la mer; plus, en dehors de ces limites, Mazagran et Mostaganem avec leurs territoires; dans la province d'Alger, la Métidja, limitée de l'ouest à l'est par une ligne comprenant Koléa, suivant le cours de la Chiffa et la crête du Petit-Atlas, y compris Blida, jusqu'à l'Oued-Khadra « et au delà », formule vague qui ne pouvait pas manquer d'être quelque jour un prétexte de conflit. Tout le reste de la province d'Alger, avec le Titteri, tout le reste de la province d'Oran, y compris Tlemcen, que le général Bugeaud avait d'ailleurs l'ordre d'évacuer dans tous les cas, était abandonné à l'« administration » de l'émir. Du territoire français au territoire arabe et réciproquement, les communications et les relations commerciales étaient déclarées libres.

III

En concluant ce traité, le général Bugeaud avait outre-passé ses instructions, qui lui prescrivaient notamment d'imposer à l'émir l'obligation d'un tribut et de donner le Chélif pour limite orientale au territoire qu'on lui abandonnait. C'était sur ce point délicat qu'essayait de se justifier le général Bugeaud dans sa dépêche au président du conseil.

« J'ai toujours pensé, disait-il, que dans les circonstances graves un général ou un homme d'État doit savoir prendre sur lui une grande responsabilité, quand il a la conviction qu'il sert bien son pays. Ce principe, gravé depuis longtemps dans mon esprit, je viens d'en faire l'application. J'ai cru qu'il était de mon devoir, comme bon Français, comme sujet fidèle et dévoué du Roi, de traiter avec Abd-el-Kader, bien que les délimitations de territoire fussent différentes de celles qui m'ont été indiquées par M. le ministre de la guerre. Si vous approuvez mon traité, je demande à rester un mois ou deux pour poser les bases de notre établissement dans la zone réservée ; si vous ne l'approuvez pas, je demande encore à rester pour faire la campagne de juillet, août et septembre. Si, par malheur, il y a guerre à faire, il serait honteux pour moi de rentrer en France avant d'avoir prouvé, une fois de plus, que je suis loin de la redouter. »

Au fond, le général Bugeaud était mal satisfait de son œuvre, et c'est parce qu'elle ne lui plaisait pas qu'il avait brusqué le dénoûment pour en finir. Au gré de cet esprit absolu, il n'y avait que deux solutions au problème algérien : la conquête totale ou l'abandon total. L'occupation restreinte, ce système bâtard, l'intercalation d'un royaume arabe entre deux ou trois morceaux de terre française, cette transaction équivoque, tout cela répugnait à sa rude logique ; et cependant il venait de travailler, lui guerrier, à cette pacification boiteuse. Quelques jours plus tard, il écrivait à un ami : « Vous vous attendiez à des bulletins de guerre, et moi aussi, bien que mes proclamations appelassent la paix ou la guerre. Après bien des difficultés, bien des contrariétés, la paix a prévalu. J'ai eu surtout à lutter contre moi. Il m'en a beaucoup coûté de tout terminer et de remettre l'épée au fourreau sans combattre, lorsque le zèle et la confiance de ma division me promettaient des combats brillants. » Comment donc avait-il accepté une tâche si contraire à son génie? Par dévouement au Roi, qui lui avait demandé ce sacrifice.

Aussitôt le traité conclu, il réunit les généraux et chefs de corps, et leur en communiqua le texte ; tous y donnèrent leur assentiment. « La paix est faite depuis trois jours, sauf ratification du Roi, écrivait, le 3 juin, le lieutenant-colonel de Maussion; comme elle est bonne et honorable, je ne doute pas qu'elle ne soit approuvée. » Une remarque importante à faire, c'est qu'en Algérie ce traité de la Tafna, qui allait soulever en France tant de contradictions, fut accueilli avec faveur. Les troupes étaient lasses d'une guerre qui n'était pas la vraie guerre, lasses de tant de courses incessantes et inutiles, de tant de ravitaillements à faire et à refaire; la population civile soupirait après la tranquillité qui permettrait aux commerçants de trafiquer avec les indigènes, aux rares colons sérieux de cultiver leurs terres. Voilà pourquoi ce traité de la Tafna, plus onéreux, plus dangereux que le traité Desmichels, dont il n'était qu'une édition revue et augmentée au grand profit d'Abd-el-Kader, fut reçu d'abord en Algérie non comme une œuvre parfaite, mais comme un accommodement utile et raisonnable.

Le général Bugeaud avait le vif désir de connaître Abd-el-Kader; il lui fit proposer une entrevue à distance égale des deux camps; l'émir accepta. Le 1er juin, à neuf heures, le général était sur le terrain avec six bataillons, l'artillerie et la cavalerie; de l'émir point de nouvelles. A midi on attendait encore. Vers deux heures, quelques chefs arabes arrivèrent successivement : l'émir a été malade, disait l'un; l'émir s'approche, disait l'autre; l'émir est arrêté tout près d'ici, affirmait un troisième. Un quatrième, Bou-Hamedi, kaïd des Oulaça, convia le général à le suivre jusqu'au plateau prochain, où il trouverait l'émir. Il était trois heures. Autour du général on murmurait; cette longue attente, ces procédés dilatoires, en un mot cette série d'insolences, irritaient les esprits. « Marche, dit à Bou-Hamedi le général, je te suis; mais je trouve indécent de la part de ton chef de me faire attendre si longtemps. » L'escorte se composait de douze officiers de tout grade et de dix-huit chasseurs d'Afrique. On chevaucha pendant quarante minutes dans une gorge étroite. Au lieutenant-colonel de Maussion, qui témoignait quelque inquiétude pour la sûreté du général : « Il n'est plus temps, répondit celui-ci, de donner des conseils; il ne faut pas montrer de faiblesse devant ces barbares. » Enfin l'on déboucha sur un vaste plateau, en face d'une troupe de cent cinquante cavaliers armés, vêtus, montés avec magnificence. Seul, en avant d'eux, dans un costume d'une simplicité voulue, se tenait Abd-el-Kader. Quand la petite troupe française fut bien en vue, l'émir donna de l'éperon à son superbe étalon noir et vint à la rencontre du général qui arrivait sur lui au galop. Les deux chefs se saluèrent, se prirent la main et mirent pied à terre. Il n'y avait auprès d'eux que les interprètes, le khodja, secrétaire de l'émir, et Ben-Arach. Les escortes s'étaient arrêtées, de part et d'autre, à soixante pas environ de distance. Un tapis était étendu sur l'herbe; les deux interlocuteurs s'y assirent, et la conversation s'engagea. Pendant ce temps, les officiers français examinaient curieusement de loin la personne d'Abd-el-Kader, son visage pâle, ovale, bien encadré dans son haïk, ses traits d'une distinction parfaite, ses yeux bruns aux longs cils, aux sourcils bien arqués, sa barbe fine et soignée, sa main petite et blanche, son geste toujours noble et distingué, la souplesse et l'élégance de son attitude sous les plis de son double burnous blanc et noir. Pendant que le général parlait à l'interprète, l'émir, d'un air indifférent, s'amusait à arracher des brins d'herbe; au début de la conférence, on le vit, à plusieurs reprises, secouer doucement la tête, et, vers la fin, sourire trois ou quatre fois avec grâce.

Quant à la conversation, elle a été reproduite par le général Bugeaud dans une lettre confidentielle au comte Molé. En voici quelques traits : « Il y a peu de généraux qui eussent osé faire le traité que j'ai conclu avec toi, car il est contraire en partie à mes instructions. Je n'ai pas redouté de t'agrandir davantage, et je me suis porté ta caution auprès du roi des Français. — Tu ne risques rien à le faire; nous avons une religion et des mœurs qui nous obligent à tenir notre parole ; je la tiendrai mieux que les Français ; je n'y ai jamais manqué. — Je compte là-dessus, et c'est à ce titre que je t'offre mon amitié particulière. — J'accepte ton amitié ; mais que les Français prennent garde à ne pas écouter les intrigants, comme a fait le général Trézel. — Les Français ne se laissent conduire par personne. Je te recommande les coulouglis qui resteront à Tlemcen. — Tu peux être tranquille, ils seront traités comme des alliés fidèles. — As-tu ordonné de rétablir les relations commerciales autour de toutes nos villes ? — Non, mais je le ferai dès que tu m'auras rendu Tlemcen. — Tu sais que je ne puis te le rendre que quand le traité aura été approuvé par mon roi. — Tu n'as donc pas le pouvoir de traiter ? — Si, mais il faut que le traité soit approuvé. — Si tu ne me rends pas Tlemcen, comme tu me le promets dans le traité, je ne vois pas la nécessité de faire la paix, ce ne sera qu'une trêve. — Cela est vrai, cela peut n'être qu'une trêve ; mais, à cette trêve, c'est toi qui gagnes, car, pendant le temps qu'elle durera, je ne détruirai pas les moissons. — Tu peux les détruire, cela nous importe peu, et, à présent que nous avons fait la paix, je te donnerai par écrit l'autorisation de détruire tout ce que tu pourras. Tu ne peux en détruire qu'une bien petite partie, et les Arabes ne manquent pas de grains. — Je crois que les Arabes ne pensent pas comme toi, car je vois qu'ils sont bien désireux de la paix, et quelques-uns m'ont remercié d'avoir ménagé les moissons depuis la Sikak jusqu'ici. » Ici, continue le général, il a souri d'un air dédaigneux, ce qui voulait dire qu'il se souciait fort peu de la perte des récoltes, et, changeant de conversation, il m'a dit : « Combien faut-il de temps pour avoir l'approbation du roi de France? — Il faut trois semaines. — C'est bien long. » Dans ce moment, son khalifa Ben-Arach a pris la parole et dit : « C'est bien long, trois semaines; il ne faut pas attendre cela plus de dix à quinze jours. — Est-ce que tu commandes à la mer? — Eh bien! dans ce cas, a repris Abd-el-Kader, nous ne rétablirons les relations commerciales qu'après l'arrivée de l'approbation et lorsque la paix sera définitive. — C'est à tes coreligionnaires que tu feras le plus de tort, car nous recevons par la mer tout ce qui nous est nécessaire, et c'est eux que tu priveras de commerce. »

La conférence avait duré quarante minutes. A la fin, le général Bugeaud se leva; l'émir ne bougea pas. Croyant voir dans cette affectation de rester assis, quand lui était debout, une intention de s'attribuer aux yeux des siens la préséance, le général lui fit dire par l'interprète : « Quand un général français se lève devant toi, tu dois te lever aussi »; et, saisissant le poignet délicat d'Abd-el-Kader dans sa main vigoureuse, il l'enleva de terre comme une plume. Pendant l'entrevue, de grandes bandes de cavaliers avaient couronné silencieusement les mamelons d'alentour; lorsque les deux grands chefs remontèrent à cheval et se dirent adieu, une immense acclamation, mêlée aux notes stridentes de la musique arabe, fit vibrer l'air et réveilla les échos des montagnes. « Dans ce moment, a dit le général, un coup de tonnerre, qui s'est fort longtemps prolongé, est venu ajouter au caractère grandiose de la scène. Mon cortége a été saisi d'un frémissement, et tous se sont écriés : « C'est beau! c'est imposant! c'est admirable! » Je me suis arrêté un moment sur le terrain de la conférence; je tâchais d'énumérer l'armée qui était devant moi; je crois être modéré en la portant à dix mille chevaux. Elle était massée en grande profondeur sur une ligne de plus d'une demi-lieue; les cavaliers étaient serrés depuis la base jusqu'au sommet des mamelons. » Tandis que le général Bugeaud revenait, avec sa petite escorte, vers ses troupes qui l'attendaient à plus d'une lieue de là, anxieuses, Abd-el-Kader, entouré de toute son armée, rentrait orgueilleusement dans sa tente; par la finesse de ses calculs, par l'adresse de ses longs retards, par la singularité du spectacle et l'habileté de la mise en scène, il s'était assuré l'avantage de la journée : c'était lui qui avait paru être le suzerain; c'était lui qui était le triomphateur.

Revenu au camp de la Tafna, le général Bugeaud réunit, le soir même, les officiers sur la plage. Au milieu du cercle, à cheval, il fit un long discours pour démontrer qu'après tout la paix était honorable : « J'espère, dit-il en terminant, que celle que je viens de signer donnera la sécurité à nos colons, qui m'en auront de la reconnaissance. » Le 4 juin, l'armée prit le chemin d'Oran, où elle arriva le 9; dès le 3, le général avait fait embarquer un de ses aides de camp, porteur du traité soumis à la ratification du Roi.

Qu'en allait-il advenir? Six semaines auparavant, une demande de crédits supplémentaires avait suscité, dans la Chambre des députés, un débat qui s'était prolongé pendant six séances. Les adversaires de l'Algérie, encouragés par la mollesse du ministère, l'avaient pris de très-haut. « Ma conviction intime, avait dit le comte Jaubert, est qu'au premier coup de canon qui se tirera sur le Rhin, on abandonnera Alger et que personne n'y pensera plus. » Cependant il pourrait consentir à garder Alger, Oran et Bone, mais à la condition d'y établir une administration civile à laquelle l'administration militaire serait soumise; « sans cela, disait l'orateur, vous ne sortirez pas des expéditions aventureuses. » C'était aussi l'opinion de M. de Lamartine. En réponse aux partisans de l'occupation restreinte, le commandant de Rancé avait opposé les funestes conséquences du traité Desmichels : « Il en faut anéantir jusqu'aux traces, s'était-il écrié ; car un arrangement qui en reproduirait quelque partie ferait de nouveau d'Abd-el-Kader une puissance redoutable. » Le 21 avril, M. Thiers prit la parole ; sans être une palinodie, son discours parut bien pâle à tous ceux qui avaient encore dans l'oreille ses accents belliqueux lorsqu'il était président du conseil : « Aurais-je, disait-il modestement, le désir d'expéditions illimitées qui voudraient aller jusqu'au grand désert? Non. Si l'on pouvait arriver à nous assigner quelques lieues de terrain autour d'Oran, d'Alger et de Bone, je serais satisfait; je ne suis donc pas partisan de l'occupation illimitée. Pour le présent, je demande la guerre, la guerre sérieuse, parce qu'elle est commencée; et, pour l'avenir, les Chambres décideront, après de longues discussions, lequel des deux systèmes doit être adopté, ou de traiter avec les princes africains, ou de se faire les propriétaires directs du sol. » Le lendemain, ce fut M. Guizot qu'on entendit; il parla dans le même sens, mais sur un ton plus résolu, ce qui fit dire un peu plus tard à M. Duvergier de Hauranne : « Il m'a paru que M. Thiers avait eu peur de paraître trop belliqueux et M. Guizot de paraître trop pacifique. De cette double crainte, il est résulté tant de restrictions et de précautions dans l'opinion de chacun qu'en vérité, à la fin de la séance, il devenait très-difficile de les distinguer. »

C'était le 8 juin que M. Duvergier de Hauranne égayait la Chambre par cette malicieuse remarque; le lendemain, M. Molé, auquel il n'avait pas ménagé non plus les épigrammes, monta à la tribune. « Tandis que l'honorable orateur, dit-il sans préambule, nous représentait comme poursuivant en Afrique une guerre sans but, les événements changeaient de face, et tandis qu'il nous demandait ce que nous voulions, là comme ailleurs nous l'avons fait. A l'heure qu'il est, M. le général Bugeaud a traité avec Abd-el-Kader d'après des bases qui avaient été d'avance approuvées par le gouvernement du Roi. Toutefois, ce traité ne nous est pas encore parvenu, et il a besoin de la ratification royale. » Quelques jours se passèrent ; le traité, annoncé d'abord par le télégraphe, était arrivé. Le public en connaissait le sens, sinon le texte exact ; c'était assez pour donner prise à l'opposition. « Si ce que l'on en dit est certain, disait M. Mauguin dans la séance du 15, à mes yeux le traité conclu entre le général Bugeaud et Abd-el-Kader n'est autre chose que l'abandon de l'Algérie. » Le lendemain, il insistait. Le ministère était visiblement embarrassé ; ses réponses n'étaient pas nettes. « Le projet, au moment où je parle, disait M. Molé, vient de repartir pour l'Afrique ; rien n'est terminé encore. » Le 22, nouvelle insistance de M. Mauguin, même embarras du président du conseil ; de là ce petit dialogue entre l'interpellateur et lui : « En attendant, et pour le moment actuel, affirmait le premier, le traité est passé, il est conclu, ratifié. — M. Molé : Je n'ai pas dit cela. — M. Mauguin :

C'est du moins ce que nous devons conclure de la réponse de M. le ministre. Si le traité n'était pas ratifié, il l'aurait déclaré ; nous devons regarder comme certain que le traité est ratifié. » Enfin, le 23, c'est M. de Salvandy, successeur de M. Guizot au ministère de l'instruction publique, qui vient déclarer « que le traité, quoiqu'il ne soit pas en tout point conforme aux instructions données, lui a paru, quant à lui, pouvoir et devoir être accepté par le conseil de la couronne. Des explications sont attendues par le gouvernement, et il y a des points qui peuvent n'être pas encore complétement fixés. » La vérité est que, dès le 15 juin, le général Bernard, ministre de la guerre, avait adressé par le télégraphe au gouverneur de l'Algérie la dépêche suivante : « Le Roi a approuvé aujourd'hui le traité conclu par le général Bugeaud avec Abd-el-Kader. Le lieutenant-colonel de La Rue part aujourd'hui pour porter cette approbation au général Bugeaud à Oran; il se rendra ensuite à Alger. Je vous enverrai copie de ce traité par le courrier. » Quel commentaire à la convention de la Tafna que ce trouble, ces faux-fuyants, ces dénégations balbutiées du ministère! Le gouvernement, non plus que le général Bugeaud, n'était ni fier ni satisfait de son œuvre.

Le 12 juillet, le Méchouar fut évacué; Abd-el-Kader prit enfin possession de Tlemcen. Quelques jours auparavant, le lieutenant-colonel de Maussion écrivait au sujet des coulouglis qui émigraient de cette ville délaissée en grand nombre : « Toutes les familles riches habitaient ce beau canton. Ce sont tous les fils et petits-fils de beys qui campent à présent sous les murs d'Oran, parce qu'ils ne se fient pas aux promesses de l'émir. La plupart iront à Mostaganem, qui va rester une ville turque, plutôt protégée que gouvernée par nous. Cette émigration de Tlemcen est une occasion de demander la levée des séquestres. A notre arrivée, on a séquestré toutes les propriétés dont les maîtres n'étaient pas présents, c'est-à-dire à peu près les neuf dixièmes de la ville d'Oran. Aujourd'hui, les réfugiés de Tlemcen, qui ont ici presque tous des maisons, sont dehors et réclament leurs habitations ou une indemnité. La justice de cette demande est telle qu'elle fera probablement prendre une mesure générale de restitution. »

Quant aux volontaires qui avaient composé la garnison du Méchouar, ils entrèrent, à la suite de leur commandant Cavaignac, le stoïque, dans les bataillons de zouaves où La Moricière se fit un honneur d'accueillir ces vaillants qu'on appelait dans l'armée « les anciens de Tlemcen ».

IV

La grande affaire de la province d'Oran achevée tellement quellement, le traité de la Tafna conclu, ratifié, en cours d'exécution, c'est au général de Damrémont, réduit pendant ce temps à la province d'Alger, qu'il nous faut enfin revenir. Un des premiers actes de son administration avait été de rétablir, sous le nom de direction des affaires arabes, l'ancien bureau jadis créé pour La Moricière et de supprimer le titre et les fonctions d'agha; le capitaine Pellissier, qui avait été pendant un certain temps chef du bureau arabe, fut mis à la tête de la direction nouvelle. A peine installé, il fut averti par ses agents indigènes que l'émir Abd-el-Kader venait d'apparaître dans la vallée du Chélif. On a déjà vu, en effet, qu'au moment où le général Bugeaud entamait avec lui des négociations, il s'était dérobé tout à coup et avait disparu vers l'est. Cette excursion rapide avait pour objet et eut pour effet d'affermir dans tout le Titteri l'autorité absolue de l'émir; toutes les tribus se soumirent à lui payer la dîme; à Médéa, il fit prendre quatre-vingts des coulouglis les plus influents, de ceux qui avaient soutenu naguère le bey Mohammed-ben-Hussein, et les envoya captifs à Miliana. Il y eut jusque dans la Métidja des douars dont les députés allèrent lui rendre hommage. Afin d'arrêter cette dérivation à son origine même, le général de Damrémont résolut de punir les gens de la montagne qui avaient donné à ceux de la plaine le mauvais conseil et le mauvais exemple. Il se porta donc, à la fin d'avril, chez les Beni-Sala qui se dispersèrent, et se rabattit sur Blida, dont la députation envoyée publiquement à l'émir en avait décidé beaucoup d'autres. Le hakem, les cadi, les notables se jetèrent aux genoux du gouverneur et demandèrent grâce pour eux-mêmes, pour leurs familles, pour leurs maisons, pour leurs jardins, pour ces beaux vergers d'orangers et de citronniers qui faisaient la richesse et l'orgueil de leur ville. En effet, si l'on voulait s'établir à demeure dans Blida, le génie réclamait de nombreuses et larges trouées au travers de cette ceinture verdoyante. Le général de Damrémont, dont la proclamation venait de garantir aux indigènes la sécurité de leurs intérêts, ne voulut pas se démentir à l'égard d'une population qui se reconnaissait coupable et implorait sa clémence. Blida échappa donc encore une fois à l'installation d'une garnison française.

Ce n'était pas assez pour Abd-el-Kader d'avoir soumis le Titteri entier à son pouvoir; ses émissaires avaient pénétré dans les montagnes qui enserrent à l'est la Métidja, et propagé le bruit de ses succès parmi des tribus qui n'avaient jamais encore entendu prononcer son nom. De ces rudes Kabyles placés au voisinage d'Alger, il lui importait de se faire des alliés, sinon des sujets. Là se trouvaient des hommes qui avaient comme lui la haine des Français, Ben-Zamoun, et ce marabout fanatique, Sidi-Saadi, qui avait déjà suscité plus d'une prise d'armes contre les *Roumi*.

La vraie limite orientale de la Métidja n'est pas un cours d'eau, comme le Boudouaou; c'est un contre-fort qui se détache du Petit-Atlas à l'extrémité de l'arc légèrement concave que la chaîne décrit au sud de la plaine et dont la mer est la corde. Peu saillant, mais très-abrupt, ce contre-fort, qui est comme le poste avancé du Djurdjura, ne peut être franchi qu'en deux endroits, au sud par un col allongé qu'on nomme le Ténia des Beni-

Aïcha, au nord par un passage étroitement resserré entre un escarpement de rocs boisés et la mer. Vers le milieu coule un filet d'eau issu d'une source où la nuit viennent se désaltérer les fauves. Ce défilé maudit, redouté des Arabes, où, soit par le couteau des bandits, soit par la dent des panthères, il y a eu souvent mort d'homme, porte un nom expressif : Chreub-ou-Heureub, *bois et fuis*. Le versant oriental descend dans la vallée de l'Isser, occupée par une tribu qui a pris le nom de ce petit fleuve, et par les Amraoua. Or, le 9 mai, une bande d'Amraoua et d'Isser fit irruption dans la Métidja, pilla quelques haouchs de l'outhane de Khachna et regagna son repaire avec un grand troupeau de bétail volé.

Dès que le gouverneur fut instruit de cette agression, il fit partir d'Alger, sous les ordres du colonel de Schauenbourg, du 1er régiment de chasseurs d'Afrique, une colonne composée de deux bataillons du 2e léger, d'un bataillon du 48e de ligne, de deux escadrons de chasseurs et de spahis réguliers, et de deux obusiers de montagne; en même temps, il donna au général Perregaux, son chef d'état-major, l'ordre de s'embarquer avec deux bataillons et deux obusiers, et de descendre à l'embouchure de l'Isser, de façon à prendre à revers les tribus pillardes que le colonel de Schauenbourg allait attaquer de front. Le 18 mai, au matin, la colonne franchit sans trop de peine le col des Beni-Aïcha et tomba sur un gros rassemblement que commandait Ben-Zamoun. Malheureusement, une forte bourrasque avait retenu dans le port d'Alger la flottille du général Perregaux. Après l'avoir attendu toute la journée du 18, au bord de la mer, le colonel se mit en retraite, le lendemain, par le défilé de Chreub-ou-Heureub; il eut à soutenir, six heures durant, un combat d'arrière-garde qui exigea plus d'un retour offensif, et vint, dans l'après-midi, prendre son bivouac sur la rive gauche du Boudouaou. Afin de couvrir contre les incursions des Isser cette partie reculée de la Métidja, le gouverneur décida la construction d'une redoute à l'endroit où avait bivouaqué le colonel. Le soin de protéger les travailleurs fut confié au commandant de La Torré, du 2e léger; on lui laissa un bataillon et demi de son régiment, un demi-escadron de chasseurs et deux obusiers de montagne, commandés par le lieutenant d'artillerie Bosquet.

Le 25 mai, dès la pointe du jour, plusieurs milliers de Kabyles, soutenus par trois ou quatre cents cavaliers, couronnèrent en masse les hauteurs de la rive droite. La redoute n'était qu'ébauchée; derrière les parapets rudimentaires, le colonel plaça les obusiers sous la protection de deux compagnies d'infanterie; les prolonges du génie furent parquées en arrière; à gauche et au-dessous de la redoute, il y avait un village arabe précédé à quelque distance d'un groupe de masures en ruine. Le village fut occupé, mais non les ruines. Le demi-escadron de chasseurs, appuyé par deux compagnies, tenait la droite de la ligne de bataille, dont le front d'un bout à l'autre était couvert par des tirailleurs. La fusillade commença bientôt, très-vive. L'ennemi, cinq ou six fois supérieur en nombre, s'efforçait de tourner la position, tandis que ses plus adroits tireurs s'embusquaient dans les ruines. Arrêtée dans son mouvement par le feu de l'artillerie et la charge en haie des chasseurs, la cavalerie arabe fut la première à se retirer du combat; mais les fantassins tenaient ferme; un moment, ils crurent emporter la victoire. Sur une sonnerie mal exécutée ou mal comprise, les compagnies extrêmes de droite et de gauche se mirent en retraite, de sorte que le centre se trouva débordé tout à coup et compromis. Heureusement, l'erreur fut bientôt reconnue et le désordre qui en avait été la conséquence promptement réparé; les officiers enlevèrent leurs troupes; une charge à la baïonnette sur toute la ligne reconquit le terrain perdu; le village évacué fut repris, l'ennemi culbuté hors des ruines. Une batterie de tambours qui annonçait l'approche d'un renfort acheva de lui faire perdre courage; c'était une compagnie du 48e qui, de Haouch-Regaïa, où elle était cantonnée, avait marché au canon. Un peu plus tard arrivait d'Alger, où l'insurrection avait été dénoncée par des indigènes, une forte colonne conduite par le général Perregaux. L'ennemi, en se retirant à la hâte, avait laissé sur le champ de bataille plus de cent cadavres. Du côté des Français, la perte était de huit tués et de soixante-cinq blessés.

Le lendemain de ce mémorable combat, les troupes françaises reprirent l'offensive. Le général Perregaux par le col des Beni-Aïcha, le colonel de Schauenbourg par Chreub-ou-Heureub, descendirent dans la plaine des Isser; le 28, après avoir passé la rivière, ils attaquèrent le Djebel-Dreuh, où Ben-Zamoun avait concentré la défense, et l'emportèrent par un vigoureux assaut. Dans la nuit, une députation de cheikhs et de marabouts vint implorer la clémence du vainqueur et solliciter l'aman. « Que la main fermée qui tient le glaive s'ouvre pour laisser tomber la grâce », disaient-ils en leur style imagé. L'insurrection était écrasée, la coalition kabyle dissoute, Ben-Zamoun en fuite; de ce côté, la Métidja n'avait plus rien à craindre.

Dans ce même temps, au sud-ouest d'Alger, les opérations habituelles en cette saison se poursuivaient contre les éternels Hadjoutes, encouragés et soutenus par le bey de Miliana, Sidi-Mbarek. Averti par le général de Négrier que les forces de l'ennemi grossissaient, le gouverneur se mit de sa personne en campagne. Son dessein était de fouiller jusqu'au fond le bois des Karesa, et, pour y mieux réussir, il avait ordonné aux zouaves du camp de Maelma d'aborder le taillis d'un côté pendant que deux autres colonnes, venues de Boufarik et du camp de la Chiffa, y pénétreraient d'autre part. Ce bois, qui était le repaire accoutumé des Hadjoutes, couvrait alors un très-grand espace entre le Bou-Roumi, le lac Halloula et les collines qui se prolongent parallèlement à la mer, de Koléa au Djebel-Chenoua; l'Oued-Djer le traversait de part en part à travers des fourrés à peu près impraticables. Dans la nuit du 7 au 8 juin, les trois colonnes convergentes commencèrent leur mouvement; au point du jour, les Hadjoutes étaient surpris, refoulés, acculés aux collines dont les Français garnissaient les crêtes, lorsque tout à coup deux officiers du bey de Miliana se jetèrent au milieu de la fusillade en criant : « La paix ! la paix ! » Sidi-Mbarek venait de recevoir un courrier d'Abd-el-Kader avec le texte arabe du traité de la Tafna, et une lettre de l'émir au gouverneur général. « Tu ne dois pas ignorer, disait-il, la paix que nous avons faite avec le général Bugeaud. Nous aurions désiré qu'elle se fît par ton entremise, parce que tu es un homme sage, doux et accoutumé à ce qui se pratique dans le cabinet des rois ; mais le général d'Oran nous ayant écrit qu'il avait le seing du Roi pour traiter, nous avons passé avec lui, vu sa proximité, un acte authentique à ce sujet. Calmez-vous donc de vos côtés ; vous n'éprouverez aucun mal de ce que pourront faire les Arabes des contrées placées sous mon commandement, du côté de Boufarik, de la Métidja et des environs. Dans peu, s'il plaît à Dieu, je me porterai de vos côtés, je ferai cesser le désordre, je tirerai au clair toutes les affaires, pour qu'il ne reste plus rien qui ne soit en harmonie avec la raison. » La lettre se terminait par cette formule du khodja-secrétaire : « Écrit par ordre de notre seigneur l'émir des croyants, celui qui rend la religion victorieuse; que Dieu le protége et que la délivrance arrive par lui! »

Le ton hautain, protecteur, insolent de cette missive donnait aux obscurités du traité de la Tafna leur sens le plus évident désormais et le plus clair. Le général de Damrémont en fut froissé; cependant il ne voulut pas s'opposer pour sa part à l'exécution d'un traité fait par un autre, aux dépens de son autorité, au mépris de ses idées personnelles. Il fit aussitôt cesser les hostilités et rentrer les troupes dans leurs cantonnements. Il se contenta d'envoyer au ministre de la guerre des observations très-justes et très-motivées, au sujet de l'énormité des concessions faites par le général Bugeaud à l'émir. Quand il protestait ainsi, le 15 juin, il était déjà trop tard. C'était à cette même date que le ministre lui faisait annoncer par dépêche télégraphique la ratification du traité. Peu de jours après, le duc d'Orléans, qui comprenait ce que devait souffrir l'âme généreuse et patriotique du gouverneur, lui écrivit pour adoucir par un témoignage de sympathie l'amertume de ses réflexions. « Monseigneur, répondit, le 7 juillet, au prince le général de Damrémont, la lettre que je viens de recevoir de Votre Altesse Royale est le seul bien que j'aie ressenti depuis trois mois que je suis en Afrique. Entouré de difficultés ici, méconnu à Paris, abreuvé de dégoûts, je me demandais si, dans cette situation, un homme qui a le cœur haut placé et la conscience parfaitement pure ne devait pas se démettre du pouvoir qu'on lui avait confié, s'il n'y avait pas un sentiment de dignité honorable à se retirer des affaires publiques et à reprendre l'indépendance de la vie privée, lorsque votre lettre si bonne, si affectueuse, m'est parvenue et m'a prouvé que Votre Altesse Royale avait repoussé la pensée que je fusse capable de petites et mesquines rivalités, et que l'estime dont elle m'honorait était restée entière et complète au milieu des fausses accusations dont mon nom était entouré à Paris. Ce sentiment, que vous ne m'avez pas méconnu, Monseigneur, lorsque tout le monde m'accusait si légèrement, si injustement, m'a rattaché à ma position; c'était un ordre implicite de votre part d'y rester, de continuer l'œuvre commencée, pour laquelle, à mon départ de Paris, vous me donniez votre appui, vos encouragements, qui devait avec son succès m'obtenir un jour une part plus grande dans votre estime et dans votre pensée. Enfin, Monseigneur, vous avez relevé mon courage, et je ne vous exprimerai jamais assez vivement la profonde reconnaissance que j'éprouve pour tout le bien que vous venez de me faire. » L'œuvre commencée, l'œuvre qu'il fallait achever et parfaire, c'était la grande affaire de Constantine. Le général de Damrémont s'y dévoua désormais corps et âme.

V

Dans la pensée du ministère, le problème de Constantine pouvait être résolu de deux façons ; la satisfaction que réclamait la France pouvait être militaire ou politique. Après la conclusion du traité de la Tafna surtout, cette idée d'une solution sans combat prévalut dans l'esprit du comte Molé. Comment faire contre-poids à la puissance excessive dont on venait de gratifier Abd-el-Kader ? Il n'y avait qu'un moyen : c'était de lui opposer l'influence du bey de Constantine, non plus de Jusuf, qu'on jetait par-dessus bord, mais d'Ahmed lui-même, d'Ahmed converti, d'Ahmed repentant, soumis, résigné au protectorat de la France. Pour se conformer aux instructions du ministre, le général de Damrémont, qui d'ailleurs ne s'abusait pas sur la valeur de la démarche qu'on lui prescrivait de faire, avait envoyé, dès le mois de mai, à Tunis, un de ses aides de camp, le capitaine Foltz. De là, par l'intermédiaire d'un marchand marocain, le capitaine se mit en relation avec Ahmed, qui, se prêtant insidieusement à ses ouvertures, fit partir pour conférer avec lui le Juif Abraham-ben-Bajou. D'autre part, le Juif algérien Busnach, que les lauriers ou plutôt les gros profits des Ben-Durand empêchaient de dormir, s'était fait fort auprès du gouverneur général de lui procurer, moyennant une forte commission proportionnée à l'importance du marché, la soumission d'Ahmed. Arrivé à Constantine, Busnach apprit d'Ahmed lui-même qu'il avait un concurrent dans la personne de Ben-Bajou. En ce moment, les prétentions du bey de Constantine étaient d'autant plus excessives et hautaines qu'il comptait sur le succès d'une intrigue ourdie à Constantinople contre son ennemi, le bey de Tunis, dont le sultan Mahmoud avait décidé la perte. Déjà l'année précédente, une escadre turque s'était vue arrêtée devant la Goulette par l'escadre française de l'amiral Hugon; en cette année 1837, la même déconvenue attendait le capitan-pacha que l'amiral Lalande engagea sérieusement à rentrer dans les Dardanelles. La flotte ottomane n'arrivant pas, l'intrigue fut déjouée; le premier ministre du bey de Tunis, qui trahissait son maître, eut la tête coupée par le chaouch, et le bey Ahmed se montra moins superbe. Les conditions qui lui étaient faites peuvent se résumer ainsi : la France se réservait autour de Bone et de la Calle une certaine étendue de territoire; au delà, sauf son droit de suzeraineté que le bey reconnaîtrait publiquement par le payement d'un tribut annuel et l'érection du pavillon français au-dessus du sien dans Constantine, Ahmed conserverait l'administration du reste de la province. L'affaire en était là, quand le général de Damrémont partit d'Alger pour Bone, le 23 juillet; le capitaine Foltz, Ben-Bajou et Busnach ne tardèrent pas à l'y rejoindre. « Vous ne perdrez pas de vue, lui écrivait, vers la même époque, le ministre de la guerre, que la pacification est l'objet principal que le gouvernement se propose, et que la guerre n'est considérée ici que comme un moyen de l'obtenir aux conditions les plus avantageuses, moyen auquel il ne faudra avoir recours qu'à la *dernière extrémité*. »

En attendant, l'état de guerre n'avait pas cessé d'être l'état normal du pays autour de Ghelma. Le

24 mai, le 25 juin et le 16 juillet notamment, le colonel Duvivier eut trois affaires qu'il conduisit avec l'intelligence et la fermeté dont il avait donné, à Bougie, tant de fois la preuve. Dans la dernière, n'ayant que six cents hommes d'infanterie et cent vingt chevaux, il s'était trouvé aux prises avec plus de quatre mille Arabes et Kabyles. « Ils sont si peu, se disaient les Arabes, que nous les emporterons tous sur un seul cheval. » Ils n'emportèrent que leurs blessés et leurs morts. Pour se venger, Ahmed fit incendier, entre Ghelma, Hammam-Berda et Nechmeïa, sur près de cinquante lieues carrées, toutes les moissons.

Le 7 août, le général de Damrémont, suivi de tout son état-major, quitta Bone pour gagner Mjez-Ahmar, où il arriva le 9; il emmenait avec lui cinq bataillons des 23e et 47e de ligne, quatre compagnies de sapeurs, un détachement de pontonniers, une batterie montée, une section d'obusiers de montagne et deux cent quarante chevaux du 3e chasseurs d'Afrique. C'était à Mjez-Ahmar que devaient être réunis dans un temps donné tous les approvisionnements, tous les moyens de transport, toutes les troupes détachées de Bone, d'Alger, d'Oran, tous les renforts attendus de France; c'était de là que devait prendre son élan la colonne expéditionnaire, s'il y avait lieu de faire une seconde expédition de Constantine. On en doutait encore à Paris, le 9 août; car, à cette date, une dépêche ministérielle prescrivait formellement au gouverneur général « de se borner à rassembler tous les moyens de guerre, à les organiser complétement, afin d'être prêt à marcher, et de ne rien entreprendre au delà sans avoir fait connaître au gouvernement l'état exact des choses et avoir reçu des ordres ». A Mjez-Ahmar, on ne doutait plus; las des tergiversations d'Ahmed, le général de Damrémont lui avait fait porter par Busnach son *ultimatum,* et, comme il n'y avait pas été répondu à son gré, il avait déclaré les négociations rompues, donné à son envoyé l'ordre de revenir et dépêché à Paris pour demander l'autorisation de marcher sans plus de retard sur Constantine.

VI

Il y avait alors à Compiègne un camp de manœuvre que commandait le duc d'Orléans. Appelé à Paris pour prendre part à la délibération provoquée par la demande du gouverneur général, et de retour au camp, le prince adressait, le 31 août, au général de Damrémont, une lettre d'un si puissant intérêt et d'une si grande importance qu'elle veut, au nom de la vérité historique, être mise tout entière sous les yeux du lecteur. La voici telle que l'auteur du présent récit l'a copiée sur l'original :

« Le Roi m'a fait chercher à Compiègne avant-hier, mon cher général, lorsque vos dépêches du 19 août de Medjez-Ahmar sont parvenues au gouvernement, et l'on a sur-le-champ mis en délibération le parti à prendre relativement à l'expédition de Constantine et au commandement que, depuis le printemps dernier, j'avais demandé au Roi de me confier. L'opinion très-vive du Roi en faveur de l'expédition a trouvé un écho unanime dans le conseil, et il a été résolu très-promptement que l'ordre serait expédié de se mettre en mouvement le 15 septembre, et de chercher à prendre Constantine de vive force et à y laisser garnison après, mais en accordant toujours à Achmet le traité (tel qu'il a été près d'être signé) à quelque moment qu'il proposât d'y souscrire, soit avant le siége, soit pendant l'attaque, soit après la prise de la ville. J'ai été pleinement de cet avis, et j'ai demandé, en outre, qu'il fût bien spécifié que, la paix étant le but de cette expédition, on s'abstiendrait de la rendre plus difficile en exigeant des conditions plus dures que celles qui avaient été jugées bonnes avant de partir de Medjez-Ahmar. J'ai demandé en outre que, tout en donnant l'ordre de se porter en avant et d'attaquer Constantine, il fût entendu que, dans le cas où les préparatifs seraient incomplets et ne présenteraient pas toutes les chances de succès, il serait préférable de suspendre tout mouvement, et que mieux vaudrait ne pas se porter en avant que d'être obligé de reculer ensuite.

« Cette première question ainsi réglée, on est passé à l'affaire de mon commandement, qui a rencontré la plus vive opposition de la part du Roi et de presque tous les ministres. La sûreté du Roi, l'incertitude de la guerre, le peu d'importance d'Achmet-Bey, la gravité possible de mon absence de France dans de certains moments, et surtout enfin les risques que courrait ma santé, toutes ces raisons m'ont été objectées avec beaucoup de chaleur et de persistance. De mon côté, j'ai fait valoir l'importance d'avoir fait exercer à l'héritier du trône un commandement en chef et un commandement de guerre; j'ai exposé quelle était ma position, obligé que j'étais, dans un temps où le travail est la loi commune, de faire ma carrière à la sueur de mon front, n'ayant ni la tribune, ni la presse, ni aucune autre occasion possible que mes devoirs militaires pour me faire connaître à la France; j'ai représenté que je devais saisir aux cheveux toute occasion de prendre sur l'armée un ascendant que l'on ne pouvait prendre aujourd'hui que par le commandement exercé pendant la guerre, et en ayant fait ses preuves et donné des garanties non-seulement comme bravoure, mais aussi comme capacité, de manière que, le jour où il faudra que je mette mon épée dans la balance, je puisse dire, moi aussi : « S'il en est un plus « digne que moi de la porter, qu'il se présente! » J'ai exposé au Roi qu'il avait refait depuis sept ans l'état de roi, que moi je devais pour moi et mes frères refaire l'état de prince; qu'il n'y avait aujourd'hui qu'une manière de se faire pardonner d'être prince, c'était de faire en tout plus que les autres; je lui ai exposé que, placé en quelque sorte sur une roue qui tourne toujours, le jour où je m'arrêtais, je me trouvais reculer de fait; je lui ai dit que, s'il était devenu le premier roi de l'Europe, il fallait, moi, que j'en devinsse le premier prince royal, et que je pouvais avouer cette ambition, quand je mettais ma vie et le sacrifice de mes plus chères affections au service de cette ambition. Je lui ai fait voir que, pour fonder une dynastie, il faut que chacun y contribue, depuis mon frère Aumale, qui apporte pour son écot un prix d'écolier[1], jusqu'à l'héritier du trône, qui doit, dans les rangs de l'armée, se faire lui-même la première position après celle du Roi. Quant à l'importance de l'expédition, j'ai cru devoir observer qu'il était fort heureux qu'elle ne fût pas trop grande, parce qu'alors mon commandement me serait contesté, tandis que je pourrais, après l'avoir exercé, m'en prévaloir plus tard dans des circonstances plus graves. Enfin, j'ai cru devoir dire au Roi qu'étant dans l'intention de me mettre à la tête de l'armée, n'était-ce pas m'y placer de la manière la plus belle et la plus efficace que de me confier le commandement d'une expédition pour laquelle les premiers généraux de l'armée française semblaient empressés de se ranger sous mes ordres? J'ai fini par ajouter que c'était du Roi seul que je pouvais tenir ce commandement, car il n'y avait que le Roi qui pût disposer de son fils, et que personne ne pourrait le lui conseiller; que

[1] Le duc d'Aumale, alors âgé de quinze ans, venait de remporter un prix au concours général.

jamais on ne pouvait conseiller ces sortes de choses, mais que tout le monde les approuverait après, et que si le Roi lui-même avait attendu qu'on lui conseillât sa course à l'Hôtel de ville le 31 juillet, et sa promenade le 6 de juin [1], il ne serait pas roi et ne l'aurait jamais été. Passant ensuite aux considérations de santé, j'ai exposé qu'un jury de révision me jugerait bon pour faire la campagne, les pieds dans la boue et le sac sur le dos, et qu'à plus forte raison je serais en état de l'entreprendre comme général, bien vêtu, les pieds chauds et couvert de flanelle de la tête aux pieds. Mon dernier mot a été pour donner la garantie que, loin d'éviter la paix, je la rechercherais avec empressement, persuadé que c'était un service à rendre à mon pays, et que ce serait honorer mon caractère que de montrer que je sais renoncer au plaisir d'un bulletin et résister à l'ardeur d'une armée pour servir les vrais intérêts de ma patrie. J'ai même ajouté que je croyais plus utile pour moi de faire la paix que de faire la guerre, car, en faisant la paix, je répondrais au reproche que l'on m'adresse d'ardeur exagérée, et je montrerais que

[1] Le 31 juillet 1830, quand Louis-Philippe se rendit, à travers les barricades, du Palais-Royal à l'Hôtel de ville ; le 6 juin 1832, quand il parcourut à cheval les quartiers disputés à l'insurrection.

je savais au besoin me modérer et me contenir.

« Cette discussion, qui dura cinq heures, finit par faire assez d'impression sur le Roi pour qu'il la terminât en me disant qu'*il me nommait général en chef de l'expédition;* les ministres qui étaient présents adhérèrent à ce choix, en disant que, du moment où le Roi avait décidé une semblable question, ils n'avaient plus rien à dire. Le conseil désigna alors le maréchal Gérard pour venir prendre le commandement du camp de Compiègne, les généraux Valée et Fleury et le sous-intendant d'Arnaud pour diriger les trois services [1] pendant le siége, et il fut réglé que vous choisiriez le poste, le titre et les fonctions qui vous paraîtraient le plus convenables pour vous. J'avoue que j'avais pensé pour vous à la position de chef d'état-major général comme étant celle où vous seriez le plus en relief. — Le conseil se termina à minuit, en décidant que ma nomination ne serait pas au *Moniteur* jusqu'à ce que j'eusse vu mon frère Nemours, parce que j'avais promis à toute ma famille, qui était fort contraire à mon voyage en Afrique, d'éviter tout ce qui pourrait blesser mon frère que le Roi avait en quelque sorte con-

[1] De l'artillerie, du génie et de l'administration.

damné sans l'entendre, puisqu'il était resté à Compiègne pendant cette journée. — Hier matin, j'allai au ministère de la guerre avec le général Valée, et nous fîmes donner divers ordres qui, en tout cas, ne seront pas perdus pour le bien de l'expédition, entre autres l'accélération du départ de quatre bataillons de sept cent cinquante hommes chacun des 12e et 26e de ligne, l'achat immédiat de cent mulets et cent chevaux de trait de plus, et leur embarquement instantané, et enfin cinq cents quintaux de biscuit marin de plus, avec l'armement de la frégate *l'Armide*. — Je repartis pour Compiègne, annonçant mon retour pour le surlendemain, après avoir fait mes adieux au camp et comptant m'embarquer, le 9, à Toulon. Jamais je ne m'étais senti plus content de mon avenir, ni plus joyeux d'avoir *à faire*. »

Avant de poursuivre la citation de cette lettre qui, sans compter l'admirable état d'âme qu'elle révèle, est un document historique du premier ordre, il importe de dire que le duc de Nemours ne réclamait pas avec moins de chaleur, comme un droit et comme un devoir, le privilége de prendre à l'expédition vengeresse la part qu'il avait prise à l'expédition qu'on allait venger. Cependant la raison d'État ne permettait pas que l'héritier du trône et son puîné fissent en même temps la campagne. Entre ces deux frères, inspirés l'un et l'autre par un noble et généreux sentiment, cette rivalité d'honneur et de patriotisme excita une discussion qui fut vive. « A Compiègne, continue le duc d'Orléans, j'eus avec mon frère des conversations sur lesquelles je vous demande de me taire, ainsi que sur ce que j'appris du désespoir du Roi et de l'état de toute ma famille. Il me devint évident, et tous mes amis en jugèrent comme moi, que mon départ pour l'Afrique compromettait l'union de ma famille, cette union si précieuse qui seule nous a soutenus dans les temps d'épreuves! Je tombai alors dans un état d'angoisse inexprimable, placé entre mon avenir, oui, mon avenir brillant et bon, et des affections bien chères. Enfin, je me décidai, et mon frère allant à Paris ce matin pour exposer au Roi sa position, je lui dis en partant que je n'avais rien de nouveau à lui confier, et, en même temps, je lui remis la lettre ci-jointe pour le Roi. » Voici cette lettre :

« Sire, j'ai reçu de votre main la plus grande faveur que je puisse espérer pour ma carrière; votre bonté m'est acquise. Plus elle a été grande, plus vous m'avez sacrifié vos scrupules, plus les miens s'élèvent, et j'éprouve maintenant, au-dessus du désir de mon propre avancement, le besoin de ne pas augmenter votre inquiétude et peut-être votre danger, et de ne pas fausser mes rapports avec mon frère Nemours. Vous consentirez que ce soit à moi qu'il doive le pas que je vous demande de lui faire faire, comme c'est à vous seul que j'ai voulu devoir le commandement de l'expédition de Constantine. J'y renonce pour que Nemours fasse la campagne. Dieu seul et moi saurons jamais ce que, depuis trente heures d'angoisses, ce sacrifice m'a coûté. Le monde dira que j'ai reculé devant le commandement de l'expédition, que j'ai été fort attrapé qu'on me l'ait accordé et que, sous un faux prétexte de générosité, je me suis exempté de la corvée. Je supporterai cette cruelle humiliation avec la liberté de cœur et d'esprit d'un homme résigné à perdre un immense avantage personnel, si à ce prix il assure l'union de sa famille, le repos de son père qu'il sait être cruellement troublé, et s'il calme le cœur de sa mère... Je ne fais rien à demi, Sire; je boirai jusqu'à la lie le calice que j'ai détourné de vos lèvres, je resterai à Compiègne, et je trouverai quelque consolation à ma tristesse si, dans la fermeté et le sang-froid avec lesquels je supporterai tout, jusqu'aux propos qui viendront empoisonner cette blessure, vous voyez une garantie de ce que j'eusse fait dans la mission que vous m'aviez confiée. Mon frère Nemours ignore totalement ce que je vous écris; j'ai voulu que ce fût vous qui le lui apprissiez, Sire, et je vous demande de permettre que lui et moi nous gardions le silence sur ce qui s'est passé entre nous. Je vous prie également de communiquer cette lettre au comte de Molé. J'attendrai votre réponse par estafette pour écrire aux généraux Bernard, Valée, Fleury et Damrémont. »

« Maintenant — reprend la lettre au général de Damrémont — je succombe presque sous le poids de mon chagrin ; car je n'ai pas changé d'opinion sur les IMMENSES avantages personnels que m'offrait le commandement de l'expédition, et je ne serai probablement récompensé d'un sacrifice qui laissera des traces profondes dans ma vie que par la croyance généralement répandue que j'ai reculé, que je sais montrer de l'ardeur de loin, mais que quand il faut quitter ma patrie, etc... je n'y suis plus, que je suis un cheval qui piaffe sur place, qui hennit, mais qui n'avance pas ! Je supporterai cette odieuse situation et je m'appuierai sur l'estime de ceux qui ont lu dans mon cœur et jugé les nobles motifs qui m'ont guidé; puis, par mon travail et mon énergie, je reconquerrai peut-être dans plusieurs années d'efforts ce que j'aurais pu acquérir d'une seule fois. Le sentiment du bien perdu est le poison le plus amer qui puisse se glisser dans le cœur. J'ignore encore l'effet de ma lettre, et je vous écrirai ce soir après le retour de l'estafette. Je vous ouvre avec confiance mon cœur, parce que vous êtes de ceux qui sauront me comprendre et qui me plaindront.

« *Dix heures du soir.* — Je reçois la réponse du Roi; mon premier soin est de vous recommander mon frère. Vous le connaissez déjà, vous serez content de lui, et ce sera mettre quelque baume sur mes plaies que de le placer dans les situations les plus propres à ce qu'il se distingue et à ce qu'il prouve ce qu'il y a en lui. Vous me connaissez assez pour savoir qu'aucun sentiment d'envie ne trouve place dans mon cœur, et je me hâte d'aller au-devant de cette pensée : je vous souhaite toute la gloire possible, je me réjouirai cordialement de toute celle que vous recueillerez, et si je pense quelquefois que mon intérêt et presque mon devoir m'appelaient là où vous êtes, ce ne sera que pour me rappeler que, cet avantage manquant à ma carrière, je dois, par mon travail de tous les instants, chercher ailleurs d'autres bases à ma position et d'autres titres à l'estime de mon pays et à la confiance de l'armée. Je ne suis pas de ceux qui se rebutent aisément, et, au milieu de l'amertume que me laisse tout ceci, je ne me distrairai qu'en me créant de nouvelles occupations et en me consacrant à quelque nouvelle tâche que je vais chercher de mon mieux. Je continuerai de soigner tout ce qui se rattache à l'expédition, comme si je devais encore la commander; vous trouverez en moi un avocat zélé pour les intérêts de l'Afrique et ceux des militaires placés sous vos ordres : qu'ils se confient à moi, qu'ils ne doutent pas de moi, et une partie de ma peine sera adoucie. Je ferme cette lettre en vous souhaitant au fond du cœur tout ce que j'aurais désiré pour moi-même; parlez-moi beaucoup de l'Afrique, aidez mon frère à faire sa carrière de prince et de soldat, et croyez, mon cher général, à l'expression de tous les sentiments que vous me connaissez pour vous. »

VII

C'était au général de Damrémont qu'appartenait dès lors le commandement en chef de l'expédition de Constantine. Avant de lui donner la liberté d'agir, le comte Molé, président du conseil, et le Roi lui-même, jugèrent utile de lui tracer nettement la limite de son action : « Dans un dernier conseil où j'ai voulu que les préparatifs de l'expédition fussent examinés dans les moindres détails, conseil auquel le général Valée a assisté, disait le comte Molé dans une dépêche du 3 septembre, il a été reconnu que les préparatifs pouvaient être plus complets, offrir plus de garanties. A l'instant même et sur la table du conseil, les ordres ont été expédiés en conséquence ; en chevaux, en munitions de guerre, en vivres, en artillerie, en combattants, vous aurez plus, beaucoup plus que vous n'aviez demandé. L'artillerie et le génie seront dirigés, l'une par l'officier général de cette arme le plus éprouvé (le général Valée), l'autre par un des officiers les plus distingués qui lui appartiennent (le général Rohault de Fleury). Vous comprendrez que l'ancienneté du général Valée l'ait fait attacher à la personne du prince (le duc de Nemours) plutôt que placer sous vos ordres. Votre excellent esprit vous fera tirer le plus de parti possible de la présence et du concours d'un officier général aussi distingué, et vous remettrez entre ses mains la direction du service de l'artillerie, bien sûr que vous serez des bons rapports qui ne peuvent manquer de s'établir entre deux généraux tels que vous et le général Valée. Il faut avant tout, par-dessus tout et par tous les moyens réussir; mais comprenez bien ce que le Roi et son gouvernement appelleront ici le *succès :* la paix et jusqu'au dernier moment plutôt que la guerre. Dégagez-vous des influences militaires qui vous entoureront; bravez l'ardeur guerrière, et si Achmet renouvelle ses propositions pendant que vous serez en marche ou devant la place, acceptez-les telles qu'elles avaient été arrêtées entre vous et lui, telles que vous me les avez adressées. Négociez toutefois sans vous arrêter, sans ralentir les opérations du siége, sans tirer un coup de canon de moins. La signature et l'échange des ratifications doivent seuls vous faire cesser l'emploi de la force. J'espère encore qu'Achmet traitera; ne lui demandez rien de plus que ce dont vous vous étiez déjà contenté, et si, au contraire, il épuise la résistance, s'il vous force à prendre Constantine, que le souvenir de nos armes en reste une fois de plus terrible. De nouvelles instructions vous seront envoyées pour cette hypothèse. Il est assez embarrassant de nous bien retirer de cette ville après y être entrés. D'abord vous devrez y laisser une garnison suffisante, assurer peut-être par des points intermédiaires les communications avec Ghélma. — Je ne puis assez vous mettre en garde contre l'ardeur de quelques officiers. Toute cette lettre se résume en peu de mots : *jusqu'au dernier moment, la paix plutôt que la guerre, la paix aux conditions déjà convenues sans y rien ajouter, ou la prise de Constantine à tout prix*. Il serait impossible que les forces de la France allassent échouer devant Constantine une seconde fois. — A vous seul il appartient de déterminer le jour où l'expédition doit partir; vous seul pouvez juger de l'état des préparatifs et des chances que la saison peut encore offrir. » Pour ce qui est de la lettre du Roi datée du 4 septembre, et conforme, d'ailleurs, quant au fond, à la dépêche du président du conseil, tout l'intérêt s'en trouve résumé dans ce passage : « Si nous étions assez heureux pour qu'Achmet se déterminât à souscrire préalablement la sage convention qui avait été préparée, je considérerais ce résultat comme aussi avantageux pour la France qu'honorable pour vous et pour les troupes que vous commandez, et je bénirais le ciel qu'il eût été obtenu sans l'avoir acheté par la perte des braves Français que des combats nous auraient coûté ! »

La dépêche du comte Molé ne devait pas laisser de donner au gouverneur général quelque souci. Les précautions qu'on prenait pour le préparer, notamment, à la venue du général Valée, pouvaient en effet lui sembler inquiétantes. Deux représentants de l'artillerie et du génie, tous deux inspecteurs généraux de leur arme, le général de Caraman, fils du respectable vieillard qui avait suivi la première expédition, et le général Lamy, étaient arrivés depuis quelque temps à Bone; mais lorsque le duc d'Orléans avait dû prendre le commandement de l'armée expéditionnaire, les généraux Valée et Rohault de Fleury avaient été mis à la tête des deux armes savantes, et, même après la renonciation forcée du prince royal, ils avaient tenu à honneur d'y demeurer. Le général Valée était un gros personnage, le premier artilleur de l'Europe; dans ses états de service il comptait seize campagnes et vingt et un siéges; enfin il était déjà lieutenant général quand le général de Damrémont n'était que capitaine encore; de plus, il passait pour avoir le caractère absolu et l'humeur difficile. Hâtons-nous de dire que les appréhensions du gouverneur général n'eurent pas les suites qu'on aurait pu craindre. Pendant l'expédition, il écrivait à quelqu'un de sa famille : « J'ai eu bien des idées extraordinaires à combattre, bien des difficultés à vaincre, bien des soucis de tout genre. Le général Valée, qui a l'esprit juste, ne met aucun entêtement à défendre sa manière de voir. Maintenant il abonde dans mes idées; il m'aurait été très-pénible de me trouver en opposition avec lui. Je tirerai bon parti de ses conseils et de son expérience. »

Sous la direction du général Lamy, le camp de Mjez-Ahmar avait pris l'aspect d'une place de guerre; le plateau qui domine la rive gauche de la Seybouse était entouré d'une ligne à redans d'un développement de 900 mètres; sur la rive droite, un de ces ouvrages que dans la langue technique du génie on nomme *bonnet de prêtre* servait de tête de pont; quelques postes avancés couverts par des flèches occupaient les mamelons les plus saillants sur les deux rives. Au pied des glacis, les troupes, accrues d'un bataillon de zouaves, d'un bataillon du 2e léger et du troisième bataillon d'Afrique, s'étaient construit des baraques en feuillage. Le 12 septembre, une reconnaissance, forte de deux mille cinq cents hommes, de cinq cents chevaux et de huit pièces d'artillerie, sous le commandement du gouverneur général, se porta par le col de Ras-el-Akba, Sidi-Tamtam et la vallée de l'Oued-Zenati, dans la direction de Constantine. Parvenus au sommet du col, les nouveaux venus vérifièrent avec étonnement ce que leur avaient annoncé les anciens, cet étrange et brusque contraste entre le pays vert et le pays brun, entre la nudité absolue de l'un et la végétation luxuriante de l'autre. La colonne ne resta que deux jours en campagne; après avoir échangé quelques coups de fusil avec un petit nombre de cavaliers qui s'étaient contentés d'observer sa marche, elle revint au camp, le 13 au soir. Trois bataillons et deux compagnies de sapeurs furent laissés aux ruines d'Announa, sous les ordres du général Lamy, pour adoucir et niveler les pentes sur les deux versants du col. Le 18, le gouverneur général, escorté par la cavalerie, se rendit à Bone, afin de recevoir le duc de Nemours, dont l'arrivée très-prochaine lui était annoncée.

Le lendemain même de son départ, le général Rullière, qui avait pris le commandement du camp, aperçut, mais assez loin encore, des groupes d'Arabes et de Kabyles qu'on disait être l'avant-garde du bey Ahmed. Les jours suivants, l'ennemi se rapprocha peu à peu en tiraillant, mais l'attaque sérieuse ne commença que le 22. La tête de pont et les petits ouvrages de la rive droite étaient occupés par les zouaves, le bataillon du 2e léger, un bataillon du 47e et la compagnie franche du 2e bataillon d'Afrique. Ce fut contre les postes les plus éloignés du camp, à 1,000 mètres environ de distance, que les assaillants portèrent leur effort. Leur ligne, qui dessinait un arc demi-circulaire et dont les extrémités s'appuyaient à la Seybouse, ne présentait pas moins de cinq mille chevaux, de quinze cents hommes d'infanterie régulière et d'un millier de Kabyles. Dans la nuit, le général Rullière envoya du renfort au mamelon qui paraissait être le principal objectif de l'ennemi. On y construisit un épaulement pour deux obusiers de montagne, et toutes les broussailles rasées aux alentours furent transformées en abatis. Le lieutenant-colonel de La Moricière vint prendre le commandement de ce poste; il avait sous la main trois compagnies de ses zouaves, trois du 2e léger et deux du 47e de ligne. Le colonel Combe était chargé de défendre les abords de la tête de pont, et le lieutenant-colonel de Beaufort de veiller sur la rive gauche. Ce fut de ce côté que l'attaque recommença d'abord, le 23, vers six heures du matin. Des Kabyles, ayant traversé la Seybouse au gué d'Hammam-Meskoutine, essayèrent de tourner l'extrême droite des positions françaises; mais quelques obus les eurent bientôt dégoûtés de l'entreprise. Cette manœuvre n'était d'ailleurs qu'une diversion destinée à tromper le défenseur sur la direction de la véritable attaque. Celle-ci, comme la veille, avait pour objectif le poste occupé par La Moricière. Du haut d'un mamelon distant de 1,500 mètres, Ahmed y présidait en personne. Par les hauteurs de l'ouest arrivèrent d'abord des bandes séparées de Kabyles; c'était encore une façon de détourner l'attention de l'adversaire, quand tout à coup, d'une profonde dépression appelée le ravin des Ruines, débouchèrent, au-dessous même du poste, les réguliers en bataille. Les combattants de part et d'autre étaient si près qu'ils s'injuriaient comme les héros d'Homère; parmi les réguliers, il y avait des Algériens et des déserteurs, car de leurs rangs partaient, mêlées à des imprécations arabes, des obscénités françaises. Ils s'avancèrent bravement, au son de la musique du bey, jusqu'à 60 mètres; arrêtés par les abatis, ils restèrent longtemps sous le feu, et quand ils reculèrent, ce fut pour prendre de nouveau leur élan; enfin, plus que décimés par les balles, les obus et la mitraille, ils se mirent tout à fait en retraite. Le combat avait duré quatre heures. Les pertes d'Ahmed devaient être sensibles; du côté des Français, pendant ces trois jours, il n'y avait eu que huit tués et une soixantaine de blessés.

Le 27 septembre, le duc de Nemours arriva au camp avec les généraux Valée et Rohault de Fleury; le gouverneur général l'y avait précédé la veille, afin de tout disposer pour lui en faire les honneurs. Les jours suivants, tous les détachements tirés des postes évacués en arrière rejoignirent; le 30, le colonel Duvivier arriva le dernier; il amenait la garnison de Ghelma. Tout était rassemblé, personnel et matériel; le départ fut fixé par le gouverneur général au 1er octobre.

VIII

A Bone, aussitôt après le débarquement du duc de Nemours, une sorte de conseil de guerre avait été tenu; on y avait balancé pour la dernière fois les chances de l'expédition, les bonnes et les mauvaises. Il s'était trouvé des pessimistes pour contester les premières; les griefs qu'ils alléguaient étaient plausibles : le 12e de ligne venait d'apporter de France le choléra dans ses rangs; il avait fallu le séquestrer au fort Génois; un bataillon du 26e, embarqué sur des navires de commerce, se trouvait encore en mer; dans les hôpitaux de Bone et de Ghelma, il y avait plus de deux mille cinq cents malades, fiévreux et autres; c'était donc pour l'infanterie déjà peu nombreuse un déficit de quatre mille cinq cents à cinq mille baïonnettes. Mais quoi! leur répondait-on; vous voulez renvoyer l'expédition à des temps meilleurs, c'est-à-dire au printemps, lorsqu'on a déjà trop tardé? Est-ce possible? L'opinion publique, l'attente de l'armée le souffriraient-elles? Non, et la marche en avant avait été résolue.

L'armée réunie à Mjez-Ahmar était divisée en quatre brigades : la première, sous les ordres du duc de Nemours, comprenait un bataillon de zouaves et un bataillon du 2e léger, commandés ensemble par le lieutenant-colonel de La Moricière; deux bataillons du 17e léger; six escadrons du 3e chasseurs d'Afrique, une section d'artillerie de campagne et une de montagne; la deuxième brigade, sous le général Trézel, deux bataillons du 23e de ligne, le bataillon turc, les tirailleurs d'Afrique, la compagnie franche de Bougie, les spahis irréguliers, ces quatre derniers corps réunis sous le commandement du colonel Duvivier, une section de campagne et une de montagne; la troisième, sous le général Rullière, le 3e bataillon d'Afrique, un bataillon de la légion étrangère, le 1er bataillon du 26e de ligne, deux escadrons du 1er chasseurs d'Afrique venus d'Alger, deux escadrons de spahis réguliers, quatre pièces de montagne; la quatrième, sous le colonel Combe, en l'absence du général Bro, le 2e bataillon du 26e, deux bataillons du 47e, une section de campagne et une de montagne. L'effectif de l'infanterie était de sept mille hommes environ, celui de la cavalerie de quinze cents; l'artillerie en comptait douze cents, le génie un millier en dix compagnies de sapeurs et de mineurs. Indépendamment du matériel de campagne et de montagne, réparti comme il vient d'être dit entre les brigades, l'artillerie emmenait quatre canons de 24, quatre de 16, deux obusiers de 8 pouces, quatre de 6 pouces, trois mortiers de 8 pouces, ces dix-sept bouches à feu de siége approvisionnées à deux cents coups par pièce ; deux cents fusées de guerre, cinquante fusils de rempart, cinq cent mille cartouches, mille kilogrammes de poudre. Le matériel du génie avait été au dernier moment réduit de moitié, parce que le nombre des attelages de l'intendance s'étant trouvé insuffisant, il avait consenti à charger vingt de ses prolonges d'orge et de paille. Le nombre des bêtes de trait et de bât, chevaux et mulets, dépassait deux mille cinq cents têtes. La quantité de munitions de bouche charriée par les soins de l'administration avait été calculée de manière à pouvoir fournir quatorze distributions quotidiennes ; en outre, chaque homme de troupe portait dans son sac huit jours de vivres et sur son sac un fagot de menu bois. Afin de compenser cette aggravation de charge, on avait débarrassé le fantassin des buffleteries, du sabre, de la giberne remplacée par la cartouchière, et de la couverture remplacée par le sac de campement. Trois ambulances, abondamment pourvues de médicaments et de moyens de transport, accompagnaient le quartier général et les troupes. L'esprit militaire était excellent ; ceux qui avaient déjà vu et ceux qui, pour la première fois, allaient voir Constantine, rivalisaient d'ardeur. Entre les principaux acteurs dont les rôles avaient été remarqués dans le drame de 1836, deux surtout brillaient par leur absence : Jusuf, qu'on ne voyait plus à la tête du bataillon turc et des spahis de Bone ; Changarnier, qui, promu lieutenant-colonel au 2e léger, avait eu le chagrin de voir partir sans lui le 2e bataillon de son régiment.

Il avait été décidé que l'armée marcherait en deux colonnes qui se suivraient à vingt-quatre heures d'intervalle : la première, formée des brigades Nemours et Trézel, escortant l'équipage de siége ; la seconde, des brigades Rullière et Combe, accompagnant le convoi. Le 1er octobre, à sept heures du matin, la colonne d'avant-garde se mit en marche. L'après-midi, le ciel qui, depuis bien des jours, n'avait pas cessé d'être beau, se couvrit ; la pluie tomba, fatal présage au gré des pessimistes : c'était ainsi qu'avait débuté, l'an passé, l'expédition de malheur. Malgré les travaux récemment exécutés par le général Lamy, la montée du Ras-el-Akba ne se fit pas sans peine; il fallut atteler seize chevaux aux pièces de 24. La colonne bivouaqua au sommet du col; la pluie avait cessé; la nuit fut belle. La journée du 2 se passa bien; la traversée de l'Oued-Zenati se fit sans trop de difficulté; le bivouac du soir fut établi à Sidi-Tamtam, pendant que la seconde colonne s'arrêtait au col de Ras-el-Akba. L'ennemi, qu'on n'avait pas vu encore, révéla, le 3, sinon sa présence, car on ne l'aperçut pas, du moins son voisinage par l'incendie des meules de paille qui entouraient les douars abandonnés; la cavalerie, par un mouvement rapide, parvint à en sauver une grande part. Après la journée du 4, qui s'écoula sans incident, les deux colonnes se rejoignirent, le 5, sur la hauteur de Somma; de là, par la trouée du ravin qui sépare le Mansoura de Sidi-Mecid, on pouvait entrevoir de loin Constantine; tous les curieux, pendant la halte, se portèrent au point de vue; il fallait faire queue pour prendre son tour. Le bivouac pour la nuit fut installé dans un lieu de sinistre mémoire; c'était le « camp de la boue », tristement fameux par la malheureuse aventure du 62e. A trois heures du matin, l'armée se réveilla sous la douche d'une pluie torrentielle, chassée par les rafales d'un vent glacé; à six heures, elle se remit en marche; à neuf heures, l'avant-garde prenait pied sur le plateau du Mansoura; à midi, le 6 octobre, toute l'armée était réunie devant Constantine. Aussitôt signalée au sommet des hauteurs dominantes, l'avant-garde excita dans la ville un tumulte étrange; des cris soudains et perçants s'élevèrent de toutes les maisons, de toutes les terrasses. C'étaient les menaces et les malédictions d'une population tout entière exaltée, fanatisée, résolue à une défense extrême. Sur les remparts, sur tous les grands édifices flottaient des drapeaux rouges; de la kasba et d'une batterie voisine de Bab-el-Kantara, des boulets et des bombes furent lancés sur le Mansoura; deux ou trois cents Kabyles essayèrent de se glisser dans le ravin de Sidi-Mecid; mais les zouaves et le 2e léger les eurent bientôt rejetés vers la place.

Après avoir examiné rapidement l'ensemble du terrain, tandis que le gouverneur donnait des ordres pour établir à Sidi-Mabrouk le quartier général et régler les emplacements des troupes, les généraux Valée et Rohault de Fleury, accompagnés du colonel de Tournemine, chef d'état-major de l'artillerie, faisaient une reconnaissance détaillée de la position. L'urgence d'occuper sans retard le Coudiat-Aty en fut la conséquence naturelle. L'armée, qui avait exactement suivi de Bone à Constantine le chemin tracé par la première expédition, n'avait pas à choisir pour l'attaque une position meilleure, car celle-ci était absolument la seule à prendre. Ce furent la 3e et la 4e brigade qui furent chargées de l'occuper, ce qu'elles firent aussitôt sans opposition. On remarqua seulement qu'au passage du Roummel, le capitaine du génie Rabier, aide de camp du général de Fleury, fut tué par un boulet presque à l'endroit même où le fourrier du 17e léger avait eu la tête emportée en pareille circonstance, l'année précédente.

Vu du Mansoura, l'aspect de Constantine n'avait pas changé notablement depuis l'attaque de 1836, si ce n'est qu'à côté de l'ancienne porte d'El-Kantara, qui avait été murée, le bey en avait fait ouvrir une autre dans un rentrant dérobé aux vues de l'artillerie, et que la porte ainsi couverte était flanquée de deux batteries nouvelles. C'était sur le front de Coudiat-Aty que les anciens pouvaient signaler aux nouveaux des modifications importantes. D'abord toutes les constructions extérieures, les maisons du faubourg, la mosquée, sauf le minaret, seul témoin resté debout de l'attaque de Duvivier dans la nuit du 24 novembre, le Bardo même, tout avait été démoli. Au pied de la muraille, on avait escarpé le talus; au sommet, au-dessus des batteries casematées, tout le long du chemin de ronde, des créneaux découpaient le parapet des bastions et des courtines; les maisons qu'on apercevait au delà du mur d'enceinte, surtout la haute caserne des janissaires, étaient également crénelées. De même qu'à Bab-el-Kantara, la porte El-Raïba avait été reculée dans un rentrant et l'ancienne baie murée. Comme l'année précédente, Ahmed avait mieux aimé respirer l'air libre du dehors avec la cavalerie; c'était encore Ben-Aïssa qui menait la défense avec les réguliers, les habitants armés, les Kabyles et surtout cinq cents canonniers du Levant, qui passaient pour être d'excellents pointeurs.

Bien que la brèche ne pût être pratiquée utilement que dans la muraille opposée au Coudiat-Aty, le général Valée avait jugé nécessaire d'établir sur le Mansoura quelques batteries, afin d'éteindre le feu de la kasba et de prendre de revers et d'écharpe les défenses du front d'attaque. Il en voulut trois, dont deux tout au bord de l'escarpement du plateau, de part et d'autre d'un ancien ouvrage qu'on appelait la redoute tunisienne, l'une, à gauche, pour trois mortiers, l'autre, à droite, désignée sous le nom de batterie d'Orléans, pour deux canons de 16 et deux obusiers de 8 pouces. La troisième, dite batterie du Roi, devait occuper, plus à gauche, une saillie du rocher, inférieure d'une soixantaine de mètres à la crête, mais plus rapprochée de la place de 100 ou 150 mètres; elle serait armée d'une pièce de 24, de deux de 16 et de deux obusiers de 6 pouces. La nuit venue, l'artillerie commença le travail des coffres et des plates-formes, tandis que le génie entreprenait, sur une longueur de 1,200 mètres, la construction d'une rampe en remblai dont les lacets devaient racheter la différence de niveau entre les batteries supérieures et la batterie du Roi. Au Coudiat-Aty, toutes les précautions furent prises pour mettre la position en état de défense. Du côté de la ville, la pente du mamelon n'était ni régulière ni continue; elle descendait en quelque sorte par saccades, de ressauts en ressauts entrecoupés de ravines. Cette conformation du terrain, pour un ennemi qui en connaissait bien le détail, lui permettait d'arriver à couvert et tout près des postes avancés de l'assiégeant. Voici comment de ce côté les troupes furent disposées, à l'abri d'un parapet en pierre sèche : de droite à gauche, le 3e bataillon d'Afrique, le 26e de ligne, la légion étrangère. Sur le versant opposé, vers la campagne, la pente, plus normale et plus douce, était surveillée par le 47e, précédé des deux escadrons du 1er chasseurs d'Afrique. Au Mansoura, la disposition était la suivante : à Sidi-Mabrouk, le quartier général gardé par un bataillon du 17e léger ; dans le voisinage, les parcs de l'artillerie, du génie et des vivres, couverts par le 11e et le 23e de ligne ; sur le plateau, en arrière des batteries, les zouaves, le bataillon turc, les tirailleurs d'Afrique, le 2e léger, l'autre bataillon du 17e ; au sommet des pentes qui descendent de Sidi-Mabrouk au Bou-Merzoug, le 3e chasseurs d'Afrique et les spahis.

Le 7, dès le point du jour, le gouverneur, le duc de Nemours, nommé de la veille commandant du siége, et le général Valée, visitèrent le travail exécuté pendant la nuit aux batteries du Mansoura. Le dernier poussa jusqu'au Coudiat-Aty, où il détermina l'emplacement d'une batterie d'obusiers et de la batterie de Nemours, destinée à faire brèche à quatre cents mètres de la place. A peine était-il rentré à Sidi-Mabrouk que les positions françaises furent de la part de l'ennemi l'objet d'une attaque générale et simultanée. Du côté du Mansoura, ce fut peu de chose; les assiégés, n'ayant pour déboucher que Bab-el-Kantara et le pont, ne pouvaient arriver à la fois qu'en petit nombre; aussi les tirailleurs des zouaves et du 2e léger suffirent-ils à faire cesser en un quart d'heure cette démonstration insignifiante. Au Coudiat-Aty, il fallut y mettre plus de monde et plus de temps. Un millier de Turcs et de Kabyles, sortis de la ville, arrivèrent de ressaut en ressaut jusque sous l'épaulement qui couvrait la légion étrangère; un de leurs chefs, un guerrier superbe, vint même planter un drapeau sur une masure qui touchait l'épaulement; à la voix du commandant Bedeau, les légionnaires sautèrent par-dessus le parapet et tombèrent littéralement sur les groupes entassés dans la ravine au-dessous. Écrasés, assommés, débusqués à coups de baïonnette, les assiégés se retirèrent d'étage en étage, sans hâte, pour revenir bientôt après par un détour habilement exécuté contre le 26e, qui perdit en les repoussant son capitaine de grenadiers. Pendant cette attaque de front, le Coudiat-Aty était en même temps assailli de revers; deux ou trois mille cavaliers, dont les groupes s'étaient massés autour de l'aqueduc romain, avaient passé le Roummel et s'étaient engagés sur la pente adoucie du mamelon; accueillis par le feu de quatre compagnies du 47e et par la mitraille de deux pièces de campagne, ils reculèrent en désordre; les deux escadrons du 1er chasseurs d'Afrique, enlevés par le commandant Dubern, s'élancèrent après eux et achevèrent de les mettre en déroute; malheureusement, dans cette poursuite, quelques-uns de ces vaillants, emportés par leur ardeur au plus épais de la cohue, payèrent de leur vie cet excès de bravoure; leurs têtes, achetées par Ahmed, allèrent dans Constantine appuyer le mensonge d'une prétendue victoire.

Pendant toute cette journée du 7, des grains du nord-ouest avaient à plusieurs reprises traversé le ciel; vers cinq heures du soir, la pluie s'établit violente, continue, glacée. Le moment était venu d'armer les trois batteries du Mansoura et la batterie d'obusiers sur le Coudiat-Aty, dont les pièces furent amenées à destination par le commandant d'Armandy et le capitaine Lebœuf. Au Mansoura, l'armement de la batterie d'Orléans et de la batterie de mortiers put se faire sans grand'peine; mais pour la batterie du Roi, les difficultés auxquelles on s'était attendu dépassèrent tout ce que les esprits les plus moroses auraient imaginé. Les terres schisteuses du remblai pratiqué par le génie la nuit précédente s'étaient imprégnées d'eau tout le jour; ravinées, emportées sous le poids des torrents qui descendaient de la montagne, elles laissaient par endroits, sur les rampes étroites, aux tournants courts, de profondes et larges coupures. Dans les ténèbres, à la lueur douteuse des falots qui semblaient en augmenter l'épaisseur, sous la tempête qui effrayait les attelages, on essaya de mettre en mouvement une pièce de 24 et deux de 16; toutes les trois, l'une après l'autre, versèrent au fond du ravin. Comme on avait décidé que le feu ne commencerait que lorsque toutes les batteries seraient prêtes, ce fâcheux accident allait en retarder de vingt-quatre heures au moins l'ouverture. A minuit, un officier fut envoyé au Coudiat-Aty pour empêcher la batterie d'obusiers de tirer, comme elle en avait eu l'ordre, au point du jour. A la même heure, une conférence réunit le gouverneur, le duc de Nemours et les commandants en chef de l'artillerie et du génie. Il fut convenu qu'une nouvelle batterie, destinée à remplacer provisoirement celle dont l'armement avait roulé dans le ravin, serait immédiatement construite à l'extrémité gauche du plateau. Aussitôt entreprise, en dépit de l'ouragan qui redoublait de violence, la batterie Damrémont était, douze heures après, achevée et armée; trois pièces de 24 et deux obusiers de 6 pouces avaient leurs gueules menaçantes braquées sur Constantine. Il y avait cependant un effort encore plus extraordinaire et plus admirable que cet héroïque labeur de l'artillerie. Au lever du jour, le lieutenant-colonel de La Moricière était venu, au nom des zouaves et du 2e léger, s'offrir pour entreprendre le sauvetage des pièces versées. C'était une manœuvre de force à joindre aux travaux d'Hercule; il ne fallut pas moins de trois jours aux adroits et vigoureux champions de l'infanterie, les pontonniers aidant, pour l'accomplir; le 8 octobre, la première pièce de 16 fut relevée, le 9 la seconde, le 10 la pièce de 24.

Au Coudiat-Aty, la nuit du 7 au 8 avait eu aussi ses mécomptes. Trois compagnies de sapeurs et sept cent cinquante hommes des régiments de ligne s'étaient mis au travail sur l'emplacement projeté de la batterie de Nemours. A coups de pic, il fallut entamer la pente abrupte et niveler le roc là où devaient être établies les plates-formes; mais le plus difficile était de construire le coffre de la batterie; la terre meuble manquait totalement aux alentours; celle qu'on avait pu trouver à distance et verser dans des sacs que des chaînes de travailleurs se passaient de main en main était tellement délayée par la pluie que, lorsque les sacs arrivaient sur l'atelier, ils y arrivaient à peu près vides. A trois heures du matin, les officiers du génie furent obligés d'interrompre le travail et de renvoyer les hommes, qui tombaient à chaque pas, exténués de fatigue et découragés de voir leur effort inutile. « On ne peut se faire une idée, a dit un de ceux qui ont eu leur part de ces misères, on ne peut se faire une juste idée, quand on n'a point passé par cette épreuve, de l'état de détresse dans lequel l'homme tombe lorsqu'il est livré sans défense à la pluie, au froid et au vent. Quand l'eau a trempé tous ses vêtements, imprégné sa chair et pénétré presque jusqu'à la moelle de ses os, quand il ne peut pas trouver sur la terre un seul point solide pour s'appuyer et se reposer, quand il ne peut faire un mouvement sans multiplier à l'infini les sensations douloureuses, il se sent pris d'une angoisse inquiète et d'une sorte d'impatience et d'irritation fébrile contre le sort; ensuite ses facultés s'émoussent, le cercle se rétrécit autour de lui; il finit par ne plus sentir l'existence que par la souffrance. Les soldats, blottis les uns contre les autres, transis, grelottants, frappés d'une stupeur morne, ne sont plus que l'ombre d'eux-mêmes. Cependant, sous ces glaces de la vie extérieure qui est comme gelée se conserve la vie morale. Qu'un cri de guerre se fasse entendre, et tous ces fantômes, qui ne semblaient plus appartenir au monde réel, rentrent vaillamment dans l'existence active. »

IX

La nuit du 8 au 9 fut encore plus horrible que la précédente; mais les soldats étaient avertis qu'avec le jour la canonnade allait enfin s'ouvrir, et du triomphe qu'ils en attendaient ils attendaient aussi la fin de leurs souffrances. A sept heures du matin, la pièce de 24, placée à la droite de la batterie Damrémont, tira le premier coup; c'était le plus ancien carabinier du 2e léger qui avait été convié par l'artillerie à l'honneur d'y porter le boute-feu. Aussitôt une clameur de joie, passant par-dessus Constantine, alla donner au Coudiat-Aty la bonne nouvelle du Mansoura, et le Coudiat-Aty s'empressa d'y répondre par les détonations de ses obusiers. La batterie Damrémont, la batterie d'Orléans, les mortiers, la batterie du Roi même, où les travaux du génie avaient réussi à faire passer les deux pièces de 16 relevées par les zouaves, ne cessèrent pas de lancer sur la place leurs projectiles creux ou pleins. Pendant six heures, les canonniers turcs y répondirent d'abord avec vivacité, puis avec moins d'entrain; beaucoup de leurs embrasures étaient démolies, beaucoup de leurs pièces démontées; vers une heure, ils cessèrent le feu. Le général Valée fit donner aux batteries l'ordre de ménager leurs coups; les mortiers seuls continuèrent d'envoyer des bombes remplies de roche à feu. On avait compté sur ce bombardement et sur les incendies qu'il devait allumer pour réduire à composition les habitants de Constantine; mais les incendies ne s'allumèrent pas ou furent promptement éteints. Après le grand espoir du matin, la réaction se fit brusquement, désolante et contagieuse. Cependant, le général Valée, reconnaissant que les batteries du Mansoura avaient produit sans grand résultat le maximum de leur effet, s'était décidé, d'accord avec le gouverneur, à faire conduire au Coudiat-Aty la majeure partie de leur armement. D'autre part, des gens de peu d'expérience ou de science obsidionale avaient émis l'idée que le génie pourrait pétarder une des portes du front d'attaque ou bien ouvrir dans la muraille une brèche par la mine; il ne fut pas difficile aux gens du métier de réduire à néant cette imagination de féerie. On devait s'en tenir aux efforts du canon.

Pendant qu'on se préparait au transport malaisé des lourdes pièces de siége, une discussion des plus graves balançait les destins de Constantine et de l'armée. Comme naguère à Bone, une sorte de conseil de guerre s'était réuni au quartier général; comme à Bone, avec plus d'autorité encore et d'insistance, les pessimistes énuméraient les chances contraires qui de mauvaises étaient devenues pires, le nombre des malades et des blessés, la fatigue de tous, la diminution rapide des munitions et des vivres, l'épuisement des chevaux qui mouraient par centaines, le vent dont on entendait les rafales et la pluie qui tombait par torrents. Dans un article plein d'émotion et de couleur, publié dans la *Revue des Deux Mondes,* au mois de mars 1838, le capitaine de La Tour du Pin a fait une allusion vague à cette crise; depuis, les souvenirs du docteur Bonnafont, attaché à l'ambulance de la 1re division, sont venus y ajouter ce témoignage précis : « A onze heures du soir, le sous-intendant d'Arnaud vint me trouver et me dit confidentiellement à l'oreille : « Mon cher docteur, dites à l'officier

« d'administration, aussi doucement que je vous le « dis moi-même, de préparer tout le matériel de « manière qu'il puisse être chargé aussitôt que « l'ordre vous arrivera; on débat par là en ce moment « la question de savoir si on doit persister dans les « travaux de siége que le temps contrarie à chaque « instant, ou s'il ne serait pas plus sage de battre « de nouveau en retraite. » Enfin, voici dans une lettre particulière du général Lamy, commandant en second le génie de l'armée expéditionnaire, un témoignage encore plus explicite et décisif : « A notre grand dommage un temps affreux se déclara; le sol ne présentait plus que boue et rochers ardus. Il fut convenu que l'artillerie devait changer de position et gravir, en vue de la place, un autre sommet pour pouvoir ouvrir une brèche praticable; mais le tiers des chevaux était mort de faim et de froid, et il ne restait plus que pour six jours de vivres; il en fallait quatre au moins pour regagner l'asile créé à Mjez-Ahmar, en abandonnant toute la grosse artillerie. Alors recommencèrent avec plus d'énergie les récriminations de ceux qui, dès l'origine, s'étaient opposés à l'entreprise; ils réclamaient la retraite immédiate, commandée par l'humanité qui ne permettait pas de vouer huit mille hommes à une mort certaine pour leur épargner le vain reproche d'avoir abandonné, vivants, des trophées à l'ennemi. Ils représentaient que déjà nous avions six cents malades ou blessés, qu'il y avait encore assez d'attelages pour les emporter, que deux jours plus tard peut-être cela ne serait-il plus possible. Je disais, moi, que l'honneur national périrait si l'on adoptait un parti aussi lâche, et qu'alors même que la position de l'armée serait aussi grave et que l'alternative entre la fuite et la perte de l'armée existerait réellement, les armées étaient faites pour être sacrifiées, au besoin, au salut de l'honneur du pays. Bien d'autres voix proférèrent les mêmes sentiments, et ceux-là pour la plupart avaient bien plus de mérite que moi. Leur sacrifice était absolu; ils se dévouaient à la mort sans autre sentiment que celui du devoir : et moi j'étais plein d'espérance, je ne voyais qu'une victoire assurée depuis que la marche de l'attaque était entrée dans la bonne voie. Le gouverneur général, homme de conscience et d'honneur, me promit, dans la nuit du 11 au 12, où j'eus un entretien secret avec lui qu'il mangerait son dernier biscuit devant Constantine. Je voudrais, ajoute le général, pouvoir vous dépeindre avec quelque clarté les faits prodigieux qui se succédèrent et auxquels prirent part comme les autres les mauvais conseillers de la veille. »

L'un de ces faits prodigieux, après la crise inquiétante que l'armée venait de traverser à son insu, fut assurément le transport des pièces de siége depuis le sommet du Mansoura jusqu'au Coudiat-Aty. Une compagnie de sapeurs, envoyée d'avance, avait fait au chemin que devait parcourir la colonne d'artillerie les réparations les plus urgentes; deux autres compagnies, avec un détachement de deux cent soixante-dix hommes du 47e, s'en étaient allées, à sept heures du soir, occuper les ruines du Bardo et celles d'un marabout situé à quelque distance au-dessus. A cette occupation le génie ajouta l'heureuse découverte, au voisinage du marabout, d'un ravin défilé des vues de la place et dont l'origine se trouvait sur le plateau, à cent cinquante mètres seulement de l'escarpe. Vers une heure du matin, l'assiégé, tenu en éveil par le bruit des voitures en marche, dirigea sur le marabout une reconnaissance qui fut vigoureusement repoussée. Dès cinq heures du soir, une colonne composée de deux canons de 24, de deux de 16 et de huit chariots d'approvisionnement, s'était mise en mouvement sous la direction du colonel de Tournemine; à minuit, la première pièce atteignit le gué du Roummel. A peine entrée dans le courant, elle s'arrêta, les roues prises entre d'énormes blocs de roches qui pavaient inégalement le lit de la rivière. Les sapeurs qui escortaient la colonne, assistés de ceux du Bardo, armés de leviers, tous dans l'eau jusqu'à la ceinture, réussirent à déplacer les blocs; à six heures du matin, la pièce, attelée de quarante chevaux, les travailleurs d'infanterie poussant aux roues, faisant effort sur la volée, se trouvait à la hauteur du Bardo. Le jour commençait, la place se mit à tirer sur le convoi; la seconde pièce de 24 s'élevait sur les traces de la première; les chevaux, effrayés par un coup de mitraille, reculèrent, et la pièce versa; relevée trois heures après, elle rejoignit les trois autres au voisinage de la batterie de Nemours. Pendant la nuit, l'épaulement de cette batterie, réduit à quatre mètres d'épaisseur, afin de ménager l'approvisionnement de sacs à terre, avait été presque achevé.

Après cinquante-six heures d'une pluie incessante, il s'était fait une accalmie; avec le soleil, qui se laissait parfois entrevoir à travers les nuages, l'espoir et la confiance se réveillaient dans les cœurs. Vers le milieu du jour, les assiégés renouvelèrent, avec la même tactique et aussi peu de succès, la sortie qu'ils avaient faite le 7. Animés par la présence du gouverneur et du duc de Nemours, quelques compagnies de la légion étrangère et du bataillon d'Afrique s'élancèrent par-dessus les parapets et fondirent sur les assaillants à la baïonnette. Dans cette affaire, où trois officiers furent tués, le capitaine de Mac Mahon, aide de camp du gouverneur, fut blessé à côté de lui. Dans la soirée, les zouaves et le 2e léger reçurent l'ordre de quitter le Mansoura pour s'établir au Coudiat-Aty; le 2e léger rejoignit, aux ruines du Bardo, les quatre compagnies d'élite du 47e. C'était de ce côté qu'allait se porter définitivement le grand effort de l'attaque.

Après la sortie des assiégés, le gouverneur avait visité les batteries en construction; la batterie de Nemours, qui devait tirer en brèche, lui parut, à quatre cents mètres, trop éloignée pour produire un effet assez pénétrant et assez rapide; sur son ordre, l'artillerie se mit en mesure de construire, sans désemparer, une seconde batterie de brèche, au-dessus du Bardo, à l'origine du ravin que le génie avait découvert, par conséquent à cent cinquante mètres au plus de la place. La nuit du 10 au 11 fut donc particulièrement active. D'une part, l'artillerie achevait l'évacuation du Mansoura, où la batterie du Roi garda seule son armement, et répartissait les pièces, au fur et à mesure de leur arrivée, entre la batterie de Nemours et trois autres batteries improvisées à gauche, au-dessus et en arrière; d'autre part, le génie établissait une communication couverte de l'origine du ravin au Bardo. Des sacs à terre, que des soldats d'infanterie se passaient de main en main, arrivaient ainsi de l'extrémité inférieure à l'autre bout de la ligne; mais de la tête du ravin à l'emplacement le plus favorable pour la construction d'une batterie, il s'agissait de cheminer à découvert. Protégés par les grenadiers et les voltigeurs du 47ᵉ, les sapeurs se mirent à l'œuvre en silence; défense était faite de tirer un seul coup de fusil; si l'ennemi se présentait, c'était seulement à la pointe de la baïonnette qu'il fallait l'éconduire. Vers neuf heures, une grêle de balles, de boulets et de mitraille s'abattit sur l'atelier; les hommes, couchés à terre, laissèrent passer l'orage; un seul fut tué. Après une demi-heure de colère, le calme se rétablit dans la place, et le travail fut repris. Les pourvoyeurs de sacs à terre, leur charge sur le dos, marchant à quatre pattes, allaient et revenaient en deux files, sous la surveillance attentive du général Trézel. Vers une heure du matin, une forte patrouille de Turcs s'approcha; selon l'ordre, pas une amorce ne fut brûlée; on n'entendit qu'un cliquetis de baïonnettes, et les Turcs, saisis d'une vague terreur, se retirèrent plus effrayés de ce mystérieux silence qu'ils ne l'eussent été de la fusillade. Au jour, le parapet, achevé d'un bout à l'autre, mettait partout les travailleurs à couvert.

Le 11 octobre, quelques minutes avant neuf heures, le gouverneur, le duc de Nemours, les généraux Valée, Rohault de Fleury, Perregaux, Lamy, de Caraman, Trézel, Rullière, tous les aides de camp, tout l'état-major, étaient réunis sur le terre-plein de la batterie de Nemours, qui n'était armée encore que de deux canons de 24 et d'un de 16. A neuf heures, au commandement donné par le prince, le feu s'ouvrit; deux des batteries auxiliaires y joignirent aussitôt le leur. Au bout d'une heure, le front d'attaque fut réduit au silence; toutes les défenses du chemin de ronde étaient rasées, les pièces en barbette démontées, plusieurs des casemates éventrées. Alors le général Valée indiqua pour le tir en brèche un point situé un peu à droite de l'ancienne porte El-Raïba; c'était la partie de l'enceinte la plus saillante et la moins flanquée. Une troisième pièce de 24 avait été mise en place dans la batterie de Nemours. Attentifs à chaque coup de canon, les généraux cherchaient à reconnaître l'effet du boulet sur la muraille. Elle était solidement construite, d'une pierre dure, compacte, qui ne s'était pas effritée sous l'action du temps, et que le choc pouvait broyer, mais non faire voler en éclats. Déjà troué comme un crible, le revêtement tenait dans son ensemble. Cependant, vers deux heures et demie, un coup d'obus, pointé par le commandant Maléchard, fut suivi d'un premier éboulement que les spectateurs saluèrent d'une grande acclamation. C'était la brèche qui s'ouvrait; à bientôt la fin.

Au seuil de l'action décisive, le général de Damrémont, fidèle aux instructions que lui avait données le gouvernement, voulut essayer une dernière fois de négocier. « Mes canons sont au pied de vos murs qui vont être renversés, disait-il dans une proclamation aux habitants de Constantine, et mes troupes entreront dans votre ville. Si vous voulez éviter de grands malheurs, soumettez-vous pendant qu'il en est temps encore. Je vous garantis par serment que vos femmes, vos enfants et vos biens seront respectés, et que vous pourrez continuer à vivre paisiblement dans vos maisons. Envoyez des gens de bien pour me parler et convenir de toutes choses avant que j'entre dans la ville; je leur donnerai mon cachet, et ce que j'ai promis, je le tiendrai avec exactitude. » Un jeune soldat du bataillon turc s'offrit pour porter la missive; le voyage était périlleux. Au milieu des coups de fusil, un drapeau blanc à la main, il arriva au pied de la muraille; on lui jeta une corde qu'il noua autour de son corps; il se laissa hisser et disparut derrière le rempart. Les heures se passèrent; il ne revint pas; on le crut mort. Le lendemain, au point du jour, on le vit reparaître au quartier général; il n'avait pas été maltraité; on l'avait conduit au Kaïd-ed-Dar, chef du palais, qui, après une nuit d'attente, le renvoyait avec cette réponse : « Si les chrétiens manquent de poudre, nous leur en enverrons; s'ils n'ont plus de biscuit, nous partagerons le nôtre avec eux; mais, tant qu'un de nous sera vivant, ils n'entreront pas dans Constantine. » Quand le gouverneur entendit de la bouche de son envoyé ce fier langage : « Voilà de braves gens, s'écria-t-il; eh bien! l'affaire n'en sera que plus glorieuse pour nous. »

Pendant la nuit du 11 au 12, l'artillerie et le génie, travaillant de concert, avaient transformé en épaulement de batterie le parapet en sacs à terre élevé, la nuit précédente, par les sapeurs, au sommet de la pente qui descend au Bardo; la distance de ce point à la muraille déjà entamée n'était plus que de cent vingt mètres. Aussitôt on s'occupa de désarmer la batterie de Nemours au profit de la nouvelle batterie de brèche. Au jour, deux pièces étaient déjà sur leurs plates-formes, devant leurs embrasures; les deux autres y furent conduites sous le feu violent de l'ennemi, qui, la veille, avait réservé pour les heures décisives une partie de ses moyens de défense. L'approvisionnement de la batterie n'était pas une opération moins périlleuse; il y avait, sur un espace de trois cents mètres à découvert, une descente que des travailleurs d'infanterie, portant chacun une charge et un boulet, parcoururent par groupes le plus rapidement possible et sans trop de pertes. La nuit la plus belle avait favorisé ces derniers apprêts du dénoûment prochain, quand, deux heures avant le jour, un orage éclata violent, mais sans durée; puis le soleil se leva radieux, éclairant d'une lumière oblique les travaux de l'assiégeant, dont le profil se dessinait en silhouettes allongées sur les pentes du Coudiat-Aty.

Le général de Damrémont venait de recevoir la réponse héroïque du Kaïd-ed-Dar; à huit heures, accompagné du prince et de l'état-major, il arriva du Mansoura, mit pied à terre en arrière de la batterie de Nemours, et s'arrêta pour examiner l'état de la brèche, déjà très-apparente. Le général Rullière lui fit observer que l'endroit était dangereux : « C'est égal », répondit-il tranquillement. Une seconde après, il était mort; un boulet turc lui avait traversé le ventre de part en part. En accourant pour le relever, le général Perregaux, son chef d'état-major, son ami, tomba près de lui, atteint d'une balle entre les deux yeux. Le général de Damrémont était frappé comme Turenne, à l'aube d'un triomphe; comme Turenne, on le transporta, couvert d'un manteau, au travers des soldats qui se demandaient quel était ce mort. On sut bien vite que ce mort était le gouverneur général de l'Algérie, le général en chef de l'armée, et les soldats, qui le respectaient, jurèrent de le venger dans Constantine. Son corps, porté d'abord au marabout qui servait d'ambulance, fut placé le soir sur une prolonge d'artillerie et ramené au quartier général; les carabiniers du 2e léger lui servaient d'escorte. Au moment où le funèbre cortége se mit en marche, le duc de Nemours abaissa son épée, et, se tournant vers les officiers qui étaient venus en grand nombre, il leur dit d'une voix émue : « Saluons, messieurs, c'est notre général en chef qui passe. »

X

Le général Valée, le plus ancien des lieutenants généraux présents, avait pris le commandement sans retard et donné ses ordres pour hâter l'action de la nouvelle batterie de brèche. A une heure, elle commença de tirer, avec des effets foudroyants. Vers trois heures, un parlementaire sorti de la place remit aux avant-postes une dépêche ; c'était une lettre du bey Ahmed, qui proposait, pour négocier, un armistice de vingt-quatre heures. Le général Valée lui fit répondre que, s'il avait le désir de traiter, il trouverait les Français dans des dispositions favorables, mais à la condition qu'avant tout les portes de Constantine leur fussent ouvertes. Cet essai de pourparlers n'eut pas d'autre suite. A six heures, sous les coups répétés de la grosse artillerie, l'épaisse muraille de pierre s'était effondrée ; les terres du rempart avaient coulé sur les débris ; la brèche était assez large et le talus formé. Avant la nuit, l'armée connut la composition des colonnes d'assaut, telle qu'elle avait été réglée la veille par le général de Damrémont. La première, sous les ordres du lieutenant-colonel de La Moricière, se composait de quarante sapeurs et mineurs dirigés par quatre officiers du génie, de trois cents zouaves et des deux compagnies d'élite du 2e léger ; la seconde, commandée par le colonel Combe, de la compagnie franche du 2e bataillon d'Afrique, de quatre-vingts sapeurs avec cinq officiers, de cent hommes du 3e bataillon d'Afrique, de cent hommes de la légion étrangère et de trois cents hommes du 47e; la troisième, aux ordres du colonel Corbin, de détachements pris en nombre égal dans les autres corps d'infanterie. Pendant toute la nuit, les batteries tirèrent irrégulièrement, afin d'empêcher les assiégés d'escarper la brèche et d'élever un retranchement intérieur. Vers trois heures du matin, le capitaine Boutault, du génie, et le capitaine de Garderens, des zouaves, allèrent reconnaître la brèche; revenus, n'ayant que des blessures légères, de cette expédition périlleuse, ils déclarèrent que le talus était roide, mais que les colonnes pourraient néanmoins le franchir.

Le général Valée fit appeler La Moricière : « — Colonel, lui dit-il, êtes-vous bien sûr que la colonne que vous commanderez sera énergique jusqu'à la fin? — Oui, mon général, j'en réponds. — Êtes-vous bien sûr que toute votre colonne fera le trajet de la batterie à la brèche, sans tirailler et sans s'arrêter ? — Oui, mon général ; pas un homme ne s'arrêtera, pas un coup de fusil ne sera tiré. — Combien pensez-vous que vous perdrez d'hommes dans le trajet ? — La colonne sera forte de quatre cent cinquante hommes. J'ai calculé cette nuit qu'il ne se tirait pas en avant de la brèche plus de quatre cents coups de fusil par minute ; le quinzième au plus des coups pourront porter ; je ne perdrai pas plus de vingt-cinq à trente hommes. — Une fois sur la brèche, avez-vous calculé quelles seront vos pertes? — Cela dépendra des obstacles que nous rencontrerons. L'assiégé aura dans ce moment-là un grand avantage sur nous ; la moitié de la colonne sera vraisemblablement détruite. — Pensez-vous que, cette moitié étant détruite, l'autre moitié ne fléchira pas ? — Mon général, les trois quarts seraient-ils tués, fussé-je tué moi-même, tant qu'il restera un officier debout, la poignée d'hommes qui ne sera pas tombée pénétrera dans la place et saura s'y maintenir. — En êtes-vous sûr, colonel? — Oui, mon général. — Réfléchissez, colonel. — J'ai réfléchi, mon général, et je réponds de l'affaire sur ma tête. —

C'est bien, colonel; rappelez-vous et faites comprendre à vos officiers que demain, si nous ne sommes pas maîtres de la ville à dix heures, à midi nous sommes en retraite. — Mon général, demain à dix heures, nous serons maîtres de la ville ou morts. La retraite est impossible; la première colonne d'assaut du moins n'en sera pas. » Revenu au bivouac, La Moricière réunit ses officiers et leur rapporta ce dialogue, que le capitaine Le Flô, du 2e léger, écrivit au crayon, séance tenante, sur la manchette de sa chemise.

Entre quatre et cinq heures du matin, la première colonne se rassembla au Bardo, remonta le ravin et prit position dans la place d'armes ménagée en arrière de la batterie de brèche; la seconde se forma dans le ravin, la troisième demeura en réserve au Bardo. Le général Valée, le duc de Nemours et les états-majors se trouvaient déjà dans la batterie; la moitié des chirurgiens de l'ambulance y étaient aussi. Le 13, au point du jour, le tir à boulet fut repris pour déblayer la brèche où les défenseurs avaient accumulé des sacs de laine, des pièces de bois, des débris d'affûts. A sept heures moins un quart, il fut remplacé par le tir à mitraille. A sept heures, le duc de Nemours donna le signal : c'était l'assaut!

En quelques minutes, la première colonne, lancée au pas de course, a franchi les cent vingt mètres qui séparent la batterie de la brèche ; deux hommes seulement sont blessés. Le lieutenant-colonel de La Moricière, le commandant du génie Vieux et le capitaine de Garderens arrivent les premiers au sommet du talus; prenant des mains de Garderens le drapeau des zouaves, La Moricière le plante dans les décombres. Un vieux massif de maçonnerie resté debout les protége sur leur droite en leur donnant le temps de rallier leurs hommes et de se reconnaître. D'après le programme de l'assaut, les zouaves doivent marcher droit devant eux, les voltigeurs du 2e léger tourner à droite, les carabiniers tourner à gauche; mais à l'exécution tout se mêle. Le terrain sur lequel on va s'engager défie toute description, déroute toute combinaison ; c'est le chaos. On est sur une montagne de débris, devant des murs écroulés, à la hauteur des toits d'où part un feu roulant. On cherche une issue, un débouché quelconque ; il n'y en a pas. On s'engage dans une ruelle, c'est un cul-de-sac ; on se tourne d'un autre côté, l'obstacle est le même. Enfin, sur la droite, le capitaine Sanzai, des zouaves, découvre une sorte de fissure ; il s'y hasarde, les hommes le suivent à la file et tout à coup rencontrent une batterie du rempart dont les canonniers restés à leur poste se font tuer bravement sur leurs pièces démontées; mais une fusillade plongeante part d'une haute maison crénelée du pied jusqu'au faîte; c'est la caserne des janissaires. Avant d'aller plus loin, il faut en faire l'assaut. La porte est enfoncée; le combat monte d'étage en étage; les derniers défenseurs, acculés au toit, tombent sous les baïonnettes; mais parmi les assaillants, le fer des yatagans a fait aussi bien des victimes. Le capitaine Sanzai, qui s'en est tiré sain et sauf, va bientôt à quelques pas de là être frappé mortellement d'une balle. A gauche de la brèche, les carabiniers du 2e léger, conduits par le commandant de Sérigny, ont fini par découvrir, eux aussi, un couloir; un des deux murs qui resserrent le défilé a été sapé par le canon. Ébranlé au passage des hommes qui le frôlent, il s'abat sur eux tout d'une pièce. Le commandant de Sérigny, enseveli sous la masse jusqu'à la poitrine, meurt lentement écrasé, étouffé, dans une agonie cruelle, sans qu'il soit possible de le dégager de la ruine qui l'étreint.

Au centre, où le gros de la colonne est impatient d'agir, La Moricière, du haut d'un toit, a cru reconnaître, entre les maisons du voisinage, une sorte de sillon qui doit être une rue. C'en est une, en effet, la rue du Marché, une des plus grandes voies de Constantine ; elle a douze pieds de large. On s'y précipite; mais, des boutiques qui la bordent à droite et à gauche et dont les auvents sont rabattus, part une fusillade serrée; on ne donne pas aux Turcs qui ont fourni cette salve le loisir de recharger leurs armes ; une lutte corps à corps s'engage, baïonnette contre yatagan ; ceux qui n'ont pas pu fuir sont cloués au fond des niches. On avance : une porte solidement ferrée, sous une haute voûte, barre le passage ; énergiquement poussé, un des vantaux cède; mais, par l'entre-bâillement, une grêle de balles fait au milieu des assaillants sa trouée; le capitaine Demoyen, des zouaves, se jette sur le battant, il le referme et tombe frappé à mort. Il faut faire sauter cette porte : La Moricière et le commandant Vieux, du génie, appellent les porteurs de sacs de poudre. Tandis qu'ils font effort pour passer entre les rangs pressés des zouaves, tout disparaît dans un nuage de poussière et de fumée sillonné d'éclairs; une détonation terrible fait trembler le sol et vibrer l'air assombri; puis, plus rapidement qu'on ne saurait le dire, des explosions moins fortes se succèdent comme un feu de file. Ce n'était pas une mine, ainsi qu'on le crut d'abord. Avec leur insouciance fataliste, les Turcs avaient mis là, sous la voûte, un dépôt de poudre dans un coffre ouvert; la bourre enflammée d'un fusil était tombée dessus; puis les sacs apportés par les sapeurs, les cartouchières des soldats, autant de petits volcans qui ont fait éruption tour à tour. Quand, après cinq minutes, longues comme des heures, la lumière rentre sous cette voûte infernale, c'est pour éclairer la plus horrible des scènes. Heureux ceux qui sont morts! Une centaine d'hommes sont là gisants, se tordant, brûlés vifs par le feu qui dévore sourdement leurs vêtements et leurs chairs; la plupart sont méconnaissables. Le commandant Vieux a péri; La Moricière, sauvé comme par miracle, est tiré de cette fournaise, le visage et les mains noircis, tatoués par la poudre, les yeux clos, les paupières tuméfiées; pendant quelques jours, il craindra d'être aveugle. Tandis qu'on l'emporte, il appelle ses zouaves : « Où est Demoyen ? Voilà un soldat! voilà un brave! A-t-on pu le sauver? »

Quand le général en chef et le duc de Nemours ont vu disparaître, de l'autre côté de la brèche, les derniers rangs de la première colonne, ils ont fait marcher la seconde, mais par groupes successifs, afin d'éviter l'encombrement. Avec le peloton de tête, le colonel Combe vient d'arriver, au moment de la catastrophe, tout prêt à relever le bâton de commandement échappé des mains de La Moricière. Il fait reprendre l'attaque par la rue du Marché. L'explosion a renversé la porte; au delà s'élève une barricade dissimulée dans l'ombre sous les nattes de roseau qui sont suspendues à travers la rue d'une maison à l'autre. La barricade est emportée, mais le colonel est atteint de deux coups de feu; après avoir donné ses ordres pour attaquer un second obstacle qu'on entrevoit plus loin, seul, sans permettre qu'on l'accompagne, il refait lentement le chemin qu'il vient de parcourir depuis la batterie de brèche, et debout, l'épée haute, il met le général en chef et le prince au courant des péripéties du combat; puis il ajoute : « Ceux qui ne sont pas blessés mortellement pourront se réjouir d'un aussi beau succès; pour moi, je suis heureux d'avoir encore pu faire quelque chose pour le Roi et pour la France. — Mais vous, colonel, s'écrie le duc de Nemours, vous êtes donc blessé ? — Non, monseigneur, je suis mort. » Le lendemain, ce fut fait de lui.

La seconde barricade, plus forte que la première,

était formée des fourgons abandonnés par la retraite de 1836 ; le minaret d'une mosquée située en arrière donnait à ses défenseurs le concours d'un double étage de feux. Il était difficile de l'attaquer de front; on essaya de la tourner. A gauche de la rue du Marché débouchait une autre voie du même ordre qui descendait de la Kasba; celle-ci était aussi bien défendue que l'autre. Sous la direction du capitaine Boutault, les soldats du génie commencent un travail de sape à travers les murs; on chemine de maison en maison, gagnant du terrain sur le flanc de l'ennemi qui est débordé à son insu ; enfin, on atteint une grande construction qui fait, à gauche de la brèche, le pendant de la caserne des janissaires à droite; c'est la maison du khalifa, de Ben-Aïssa, du chef militaire de Constantine. Après une lutte intérieure aussi acharnée que celle de la caserne, on s'en empare : l'ennemi, étonné, recule; il évacue le minaret, la barricade, tout le bas des rues de la Kasba et du Marché. Une autre surprise achève de le décourager : un détachement de sapeurs, commandé par le capitaine Niel et soutenu par un détachement du 17e léger, s'est engagé, à droite de la caserne des janissaires, dans un quartier moins préparé pour la défense; en suivant le rempart, il est parvenu à la porte El-Djabia, au-dessus de la pente qui descend rapidement au Roummel; la porte est enfoncée, ouverte aux troupes de la troisième colonne qui s'empresse d'accourir, conduite par le général Lamy. Dix minutes après, au moment où le général Rullière, envoyé par le général Valée, arrive pour remplacer les deux chefs d'attaque successivement frappés, La Moricière et Combe, un Maure vient à lui, à travers la fusillade, et lui présente une lettre des grands de la ville, qui, rejetant sur les Kabyles et les janissaires du bey la responsabilité de la résistance, implorent la clémence du vainqueur. Le général en chef, à qui le message est envoyé sans retard, donne au général Rullière l'ordre de faire cesser immédiatement le feu et de prendre, avec les troupes qu'il a sous la main, possession de Constantine.

Le drame aux péripéties terribles n'avait pas duré deux heures; mais quand tout paraissait fini, un sanglant et cruel épilogue allait en prolonger l'horreur par une scène déplorable. Au-dessous de la Kasba, en face de Sidi-Mecid, l'escarpement, de plus de cent mètres, qui descend presque verticalement au Roummel, est traversé de distance en distance par d'étroits ressauts qui semblent diviser en étages la haute muraille de roc; c'était par cet endroit, opposé à l'attaque du Coudiat-Aty, que, pendant l'assaut, beaucoup de familles avaient réussi à s'échapper de la ville. Au sommet de l'abîme et sur les saillies inférieures, des cordes attachées à des piquets avaient déjà servi au salut de quelques centaines de fugitifs; ceux qui attendaient leur tour ignoraient malheureusement encore la soumission offerte par leurs chefs et acceptée par les Français. Ceux-ci, les généraux Rullière et Lamy en tête, montaient à la Kasba; voici ce qu'a vu et raconté le général Lamy : « De ce côté de la ville règne un escarpement divisé en terrasses successives de trente à soixante pieds; sur le bord supérieur était une rangée de femmes et d'enfants qu'on descendait avec des cordes. A notre aspect, un mouvement de terreur se manifesta, et en un instant toute la rangée disparut; nous restâmes pétrifiés. A nos signes pacifiques, quelques hommes s'approchèrent, jetèrent leurs armes et reçurent en tremblant les poignées de main de nos soldats; les femmes, les enfants encore debout sur l'esplanade se rassurèrent. Nous approchâmes et nous vîmes quarante cadavres étendus au pied du rocher. Les moins blessés s'efforçaient de descendre encore plus bas, et là nous les avons nourris pendant deux jours, jusqu'à ce qu'on ait pu se procurer les moyens de les retirer. »

A midi, le général en chef et le duc de Nemours firent par la brèche leur entrée dans Constantine. Arrivés au palais du bey, ils y appelèrent les chefs de la ville. Ben-Aïssa était de ceux qui avaient réussi à s'échapper; le Kaïd-ed-Dar était mort; le Cheikh el-Beled, vieillard très-respecté de la population, mais trop âgé pour servir utilement dans une telle crise, présenta son fils Sidi-Mohammed-Hamouda, qui fut nommé kaïd et chargé d'organiser sans retard l'autorité municipale. Une proclamation rassurante fut adressée aux habitants; l'entrée des mosquées était interdite aux soldats. La ville, qui aurait pu, selon les vieux usages de la guerre, ayant été prise d'assaut, subir la désolation du saccage, n'eut à supporter d'autre peine que le désarmement et d'autre charge que l'entretien de l'armée victorieuse, à quoi, par sa richesse et par l'abondance des approvisionnements qu'elle renfermait, il ne lui fut pas malaisé de suffire. Un commencement de pillage, excité par la convoitise des Juifs qui poussaient le soldat au désordre, avait été bien vite et sévèrement réprimé. Les zouaves, le 2e léger et le 47e restèrent seuls dans Constantine, sous l'autorité supérieure du général Rullière; le chef de bataillon Bedeau, de la légion étrangère, fut nommé commandant de place.

En même temps que ces premiers essais d'une organisation régulière, des soins autrement urgents et sacrés occupaient le général en chef et l'état-major. Quand on eut déblayé des cadavres qui les encombraient la maison du khalifa et la caserne des janissaires, on y transporta les blessés ; il y en avait plus de cinq cents ; mais dans les salles ensanglantées, sans portes ni fenêtres, tout manquait. On fit une réquisition de matelas, de tapis, de sacs de laine pour les plus malades, de paille et de foin pour les autres. Ceux qu'on ne pouvait pas voir sans un sentiment de compassion mêlé d'horreur, c'étaient les brûlés ; fort heureusement, on trouva dans les magasins du bey des balles de coton et de la toile. Le coton servit aux pansements ; de la toile on pouvait faire des chemises ; où trouver des couturières ? Il y avait dans le harem d'Ahmed une cinquantaine de femmes, peu accoutumées assurément aux travaux d'aiguille, mais qui, sous la direction des cantinières de l'armée, se mirent tant bien que mal à l'ouvrage, de sorte qu'au bout de quelques jours les pauvres blessés eurent des chemises, et, ce qui les faisait rire entre deux douleurs, des chemises cousues par des odalisques.

Les morts avaient reçu les derniers adieux de leurs camarades. Sur le nécrologe de l'assaut de Constantine, la liste des officiers était longue, et, de toutes les armes, c'était le génie qui en comptait le plus. Une cérémonie d'un grand caractère honora leur sépulture. Avant que les cercueils fussent descendus dans la fosse, excepté celui du général de Damrémont qui devait être ramené en France, ils reposèrent, au pied de la brèche, sous un catafalque en sacs à terre gardé par le 11e de ligne, dont le général en chef, tué à l'ennemi, avait été colonel, et toute l'armée défila devant ce monument simplement héroïque.

Le 17 octobre, le colonel Bernelle arriva de Bone avec le jeune prince de Joinville, venu trop tard pour partager les dangers et la gloire des vainqueurs de Constantine. Le colonel amenait un convoi de ravitaillement escorté d'un bataillon du 26e et de deux bataillons du 61e; malheureusement, il amenait aussi, dissimulé insidieusement dans les rangs de la colonne, le choléra, dont naguère le 12e de ligne avait apporté le germe à Bone et à Mjez-Ahmar. Le mal éclatant tout à coup frappa des premiers le général de Caraman. Dès le 18, il y eut trente morts. Afin de soustraire au fléau les blessés et les malades, le général Valée en fit partir pour Mjez-Ahmar le plus grand nombre avec l'artillerie de siége. Parmi les partants se trouvait le capitaine Canrobert, adjudant-major au 47e, qui avait une jambe fracturée par un coup de feu. Le 26, le général Trézel se mit en route avec un second convoi. Le lendemain, le grand chef du Zab, le Cheikh-el-Arab, Farhat-ben-Saïd, se présenta devant le général Valée; il lui offrit de se mettre à la poursuite d'Ahmed, son ennemi mortel, qui s'était retiré dans le Djebel-Aurès. Le général en chef lui fit grand accueil et lui conféra le titre d'agha de la plaine.

La ville emportée d'assaut avait repris sa physionomie d'avant le siége; les boutiques étaient rouvertes, les cafés remplis d'oisifs, les marchés fréquentés par les Arabes du dehors. Le génie travaillait à fermer la brèche; on déblayait les décombres aux alentours; tout rentrait dans l'ordre, et Constantine, où l'on s'inquiétait quelque temps auparavant de savoir si l'on pourrait se maintenir, Constantine était décidément et facilement française. Le général en chef en confia le commandement au colonel Bernelle, avec une garnison de deux mille cinq cents hommes, composée du 61e, du 3e bataillon d'Afrique, de la compagnie franche du 2e bataillon, d'un escadron du 3e chasseurs d'Afrique, d'un peloton de spahis réguliers, de deux compagnies de sapeurs, d'une batterie de campagne et de quatre obusiers de montagne. Le 29 octobre, tout ce qu'il y avait encore de l'armée expéditionnaire quitta Constantine à la suite du général en chef et du duc de Nemours. Le 1er novembre, la colonne arrivait à Mjez-Ahmar; le 3, elle rentrait à Bone sans avoir laissé en arrière ni un homme ni une voiture, et, ce qui était plus remarquable peut-être, sans avoir eu un seul coup de fusil à tirer. Avec sa résignation fataliste, la population indigène se courbait sous la raison du plus fort qui au despotisme d'Ahmed avait substitué la domination française.

Pendant que le cercueil du général de Damrémont traversait la Méditerranée pour aller prendre dans le caveau des Invalides son repos glorieux, pendant que le corps du général Perregaux, mort de sa blessure, attendait en Sardaigne d'être ramené en France, le général Valée, à qui la mort venait d'attribuer leur héritage militaire, allait recueillir le fruit de leur labeur autant que du sien, le gouvernement de l'Algérie et le bâton de maréchal.

CHAPITRE IX

LE MARÉCHAL VALÉE

I. Le général Valée nommé maréchal et gouverneur de l'Algérie. — Distribution des commandements. — Affaire Garavini. — Les coulouglis d'Oued-Zeïtoun. — Dispositions d'Abd-el-Kader. — II. Affaire du général de Brossard. — III. État de la province de Constantine. — Le général de Négrier. — Controverse avec le cabinet anglais. — IV. Occupation de Koléa et de Blida. — Convention du 4 juillet. — Le maréchal à Constantine. — Organisation de la province. — Philippeville. — Expédition de Mila. — Défense de Djémila. — Le ministère de la guerre offert au maréchal Valée. — V. Siége d'Aïn-Madhi. — Lettre d'Abd-el-Kader à Louis-Philippe. — VI. Affaires de Bougie. — Expédition de Djidjeli. — Opérations autour de Sétif. — VII. Projets du maréchal Valée. — Ses préventions contre les corps indigènes. — Multiplication des postes retranchés. — Colonisation. — Culte catholique. — VIII. Abd-el-Kader à Taza. — Le duc d'Orléans en Algérie. — Expédition des Portes de fer. — Dévastation de la Métidja.

I

Le boulet qui venait de tuer devant Constantine le général de Damrémont mit d'abord à Paris le gouvernement en désarroi; on n'y avait pas prévu ce coup de canon. Que faire? qui nommer à la place du glorieux mort? Il y avait bien le général Bugeaud; il était encore en Afrique, à Oran, tout prêt à s'embarquer pour Bone, au premier signe; mais le général Bugeaud n'était pas populaire, et le traité de la Tafna n'était pas fait pour lui concilier la faveur publique. Afin de se donner le temps de réfléchir, le ministère fit nommer, par ordonnance royale, le général Valée gouverneur par intérim. Quand le général reçut à Bone cette commission provisoire, il commença par se récuser. « Je suis heureux, écrivit-il au duc de Nemours, qui était de retour à Paris, je suis heureux qu'à la fin de ma carrière la confiance du Roi m'ait appelé à servir près de Votre Altesse Royale, et j'ai accepté cette mission avec dévouement et reconnaissance; mais aujourd'hui que la campagne est terminée, que dans le pays une action lente et prolongée peut seule amener quelques résultats, ce n'est ni à mon âge, — soixante-quatre ans, — ni dans mon état de santé, que l'on peut entreprendre une aussi longue et aussi pénible mission. » Tout considéré, tout pesé, c'était pourtant à lui que le ministère avait résolu de confier les destinées de l'Algérie.

Le 12 novembre, il fut élevé à la dignité de maréchal de France, et, devant l'insistance du Roi, du comte Molé, président du conseil, et du général Bernard, ministre de la guerre, il se rendit. Un maréchal de France ne pouvait pas être un gouverneur intérimaire; il fut nommé, le 1er décembre, gouverneur général à pur et à plein. Avait-il joué le jeu que la légende attribue à Sixte-Quint et fait montre de ses béquilles? Non; c'était un caractère droit, un peu rude, mais loyal et sincère; quand il parlait de se dévouer, il disait vrai. « Intègre, tout entier à ses devoirs et à la France, a dit de lui le général Changarnier, peu disposé à vanter ses propres services, il était détesté des intrigants et des hâbleurs qu'il méprisait. Doué d'un esprit très-fin, très-cultivé, il préférait les lettres à la société des hommes. C'est un des caractères les plus purs que j'aie connus. » Grand travailleur, il voulait tout faire lui-même, disposition fâcheuse, parce qu'il donnait trop de temps au détail; il avait l'esprit absolu; les généraux et les grands fonctionnaires civils qui, sous ses prédécesseurs, avaient pris l'habitude de s'émanciper, trouvèrent en lui un maître qui les ramena tout de suite à la subordination. Par malheur, il était trop enclin à se croire infaillible.

Alger salua son arrivée le 20 novembre. Aussitôt il régla la distribution des commandements, non pas selon les indications du ministre de la guerre, mais selon son jugement personnel. Ainsi, quand le ministre lui proposait de nommer au poste de chef d'état-major le général Trézel, promu lieutenant général, et le colonel Duvivier au commandement de Constantine, le maréchal objectait, tout en reconnaissant volontiers leurs mérites et leurs services, qu'il avait remarqué, dans les opinions de ces deux hommes sur la direction des affaires en Algérie, des façons de voir qui étaient en désaccord avec les siennes. Le résultat de cette petite escarmouche fut que le ministre céda devant le gouverneur. Le général Trézel rentra en France; le colonel Duvivier fut mis en disponibilité jusqu'au jour où il reçut le commandement du 24ᵉ de ligne. Le général Auvray fut chef d'état-major général ; le colonel Bernelle, nommé maréchal de camp et rappelé de Constantine, eut, sous les ordres du général Rullière, une des deux brigades de la division d'Alger; le général Bro eut l'autre; le général Rapatel fut envoyé à Oran et le général de Négrier à Constantine. A cette nomenclature il faut ajouter, pour mémoire, le nom du général de Castellane, qui ne fit que passer à Bone.

Le total des troupes réparties entre les trois provinces, qui était de quarante-deux mille hommes, allait être porté à quarante-neuf mille par des détachements envoyés de France : mais ce qui semblait être un renfort n'était plutôt qu'un remplacement, une substitution d'hommes valides aux trop nombreux malades dont les hôpitaux étaient combles. A Bone et dans les camps de Dréan, de Nechmeïa et de Mjez-Ahmar, il en restait encore treize cents le 20 novembre, alors qu'on en avait déjà évacué deux mille cinq cent cinquante. L'état sanitaire de la division d'Alger n'avait pas été plus satisfaisant pendant la saison chaude; mais, aux approches de l'hiver, il était devenu un peu meilleur.

Un des soins du maréchal Valée, en prenant possession du gouvernement, avait dû être de se faire rendre compte des premières conséquences du traité de la Tafna dans la province d'Alger. Les Hadjoutes se tenaient un peu plus tranquilles; mais les gens de Blida ne paraissaient pas disposés à passer paisiblement sous la domination française; enfin, dans la ville d'Alger même, il y avait matière à conflit. Au mois d'octobre, Abd-el-Kader y avait nommé, à titre d'oukil ou de consul, un Italien, du nom de Garavini, qui gérait déjà le consulat d'Amérique. Ce personnage, vaniteux et indiscret, affectait de dédaigner les fonctions d'agent commercial pour se hausser jusqu'à la politique. Le gouvernement français lui refusa l'*exe-*

quatur. Abd-el-Kader s'en plaignit au maréchal Valée dans une lettre insolente : « Lorsque notre consul Garavini a réclamé, tu ne l'as pas écouté et tu n'as plus voulu de lui. Cette conduite dénote un caractère violent. Elle prouve que tu veux faire naître la mésintelligence entre nous. Au reste, je suis tout prêt à rompre, puisqu'on viole tous les usages, qu'on cherche à me contraindre dans ce qui regarde le bien de mon service et qu'on veut me rabaisser. Il faut écrire à ton ministre que j'entends conserver mon consul et que je n'en veux point d'autre. J'attends une prompte réponse. Nous espérions voir arriver de France un homme sage pour commander à Alger, un homme qui nous laisserait le repos et qui ferait ce qu'il serait convenable de faire ; nous avions pensé que ta manière d'agir ne serait pas celle des brouillons qui t'ont précédé ; mais si tu marches sur les traces de ces gens-là, Dieu nous rendra victorieux de nos ennemis, de ceux qui veulent nous molester. Dieu a dit : « Que l'injustice retombe sur son « auteur ! » Au reste, je ne m'écarterai pas du traité, si vous l'observez vous-mêmes. » Non-seulement Garavini ne fut pas accepté comme oukil de l'émir, mais, quelque temps après, sa conduite étant de plus en plus déplaisante, il cessa d'être reconnu consul des États-Unis et fut invité à quitter le territoire algérien.

Cette petite affaire, qui n'aurait pas eu d'importance si elle n'avait pas décelé les mauvaises dispositions d'Abd-el-Kader, était le prélude d'une difficulté bien autrement sérieuse. Quelles étaient, autour de la province d'Alger, les vraies limites du territoire abandonné à l'émir? Certains méchants esprits prétendent que l'art des diplomates consiste à laisser, dans un coin des actes rédigés avec la plus scrupuleuse exactitude, un mot qui puisse prêter aux interprétations les plus divergentes, et qu'il n'y a pas de transaction internationale qui ne soit, comme Achille, vulnérable en quelque endroit. Ils ont tort sans doute; mais si jamais texte diplomatique a pu donner une apparence de justification à leur thèse, c'est assurément le traité de la Tafna. Il y était dit, en ce qui concerne la province d'Alger : « La France se réserve : Alger, le Sahel, la plaine de la Métidja, bornée à l'est jusqu'a l'Oued-Khadra et au delà; au sud, par la première crête de la première chaîne du petit Atlas jusqu'à la Chiffa, en y comprenant Blida et son territoire. » Alger et le Sahel à part, tout dans cette formule était prétexte à contestation. Prenons d'abord la limite méridionale; elle était si heureusement choisie qu'elle coupait les outhanes de Khachna, de Beni-Mouça et de Beni-Khélil, de sorte que, dans chacun d'eux, la population indigène, placée entre les injonctions du kaïd investi par l'autorité française et les menaces du kaïd d'Abd-el-Kader, ne savait plus auquel entendre; mais ce n'était pas sur ce point-là que l'orage amoncelait ses nuées les plus chargées de foudre; c'était sur les rives de l'Oued-Khadra. Que voulaient dire ces trois mots: *et au delà,* si vagues, si peu intelligibles? D'après l'interprétation d'Alger, ils signifiaient évidemment que, de ce côté, la puissance française entendait réserver indéfiniment son droit d'expansion ; mais alors, répliquait l'émir, pourquoi les Français ont-ils accepté l'Oued-Khadra comme limite? Qu'est-ce qu'une limite, sinon une ligne de séparation entre deux héritages? Au delà de l'Oued-Khadra, ils n'ont donc rien à prétendre. Et joignant l'argument de fait à l'argument de droit, il était entré, aux derniers jours de l'année 1837, sur le territoire contesté.

Il y avait, au bord de l'Oued-Zeïtoun, affluent du haut Isser, une population de coulouglis qui, sans s'être expressément soumise à l'autorité française, avait néanmoins reçu d'elle un kaïd. Ce fut contre ces représentants d'une race détestée des Arabes que l'émir résolut de frapper son premier coup dans ces parages. Il réunit tout ce qu'il avait alors de troupes régulières, trois mille *askers* fantassins, quatre cents *khiélas* cavaliers, soixante *topjis* artilleurs, avec six bouches à feu; il y joignit mille cavaliers du maghzen de l'ouest et dix mille irréguliers des goums; puis dans ce grand appareil, suivi des khalifas de Médéa et de Miliana, du grand chef de la Medjana, Abd-el-Salem, et du fameux marabout Sidi-Saadi, il marcha contre ceux qu'il appelait les révoltés d'Oued-Zeïtoun. Les askers formaient quatre bataillons, qui portaient les noms de quatre grandes villes, Mascara, Médéa, Miliana, Tlemcen : dans le dernier, l'émir avait incorporé de force trois cents des anciens coulouglis du Méchouar, et, par un raffinement de vengeance, ce fut eux qu'il désigna pour commencer l'attaque contre les hommes de leur race. Ceux d'Oued-Zeïtoun s'étaient retirés dans la montagne; ils se défendirent vaillamment, un contre dix, tuèrent une centaine d'hommes aux assaillants et succombèrent, l'honneur sauf. Le chef de la résistance, Birom, tout ruisselant du sang de ses blessures, son brevet de kaïd attaché sur le dos, fut promené au travers d'une foule insultante; mais sa tête ne s'inclina pas jusqu'au moment où le yatagan d'un chaouch la fit rouler aux pieds d'Abd-el-Kader.

A la nouvelle de cette agression sanglante contre des hommes que la France couvrait de sa protection et sur un territoire qu'elle regardait comme sien, le maréchal Valée écrivit à l'émir, le 7 janvier 1838, en ces termes : « Vous aurez sans doute été trompé par des hommes qui vous ont appelé sur le territoire qu'ils habitent, en disant qu'il vous appartenait, et dans le but de faire recommencer la guerre, parce qu'ils savent que les Français veulent exécuter tout ce qui a été écrit à la Tafna et ne souffriront pas que vous vous empariez de provinces qui ne sont pas à vous. Éloignez de vous les intrigants, lisez avec soin le traité; son observation fidèle est le seul moyen d'empêcher la guerre de recommencer avec nous. » Afin d'appuyer sa protestation, le maréchal fit partir pour l'est de la Métidja le directeur des affaires arabes avec les gendarmes maures, les spahis irréguliers et un détachement d'infanterie. Il y avait sur le chemin d'Alger à Constantine, au débouché de la gorge d'où le Hamise sort de la montagne, un *fondouk*, sorte de caravansérail ouvert aux voyageurs; ce fut là que le capitaine Pellissier s'établit, à trois lieues du campement d'Abd-el-Kader, dont les coureurs avaient franchi l'Oued-Kadra et mis à contribution plusieurs douars de Khachna. Deux jours après, la brigade du général Bernelle arriva au fondouk; enfin le général Rullière vint prendre le commandement des troupes réunies sur ce point. Cette démonstration eut tout l'effet que voulait obtenir le maréchal; Abd-el-Kader rappela ses coureurs et se mit en retraite sur Médéa, surveillé par la colonne française qui marchait parallèlement à lui en longeant le pied des montagnes; mais il ne s'éloigna pas du théâtre de sa victoire avant d'avoir fait acte d'autorité souveraine en imposant un kaïd à la vallée du Sébaou. Ceux des coulouglis d'Oued-Zeïtoun qui avaient échappé à ses coups trouvèrent un asile sur la terre française; il en vint seize cents, hommes, femmes et enfants. Ces refugiés furent établis, les uns auprès du fort de l'Eau, non loin d'Alger, les autres sur la rive gauche de l'Oued-Hamise; trois cents des plus vigoureux, organisés en compagnies soldées, occupèrent la redoute du Boudouaou.

De retour à Médéa, l'émir témoigna le désir d'entrer en pourparlers sur cette question si compliquée des limites; le maréchal lui envoya le directeur des affaires arabes, qui ne put ni lui faire accepter l'interprétation française ni accepter davantage la sienne; tout ce que l'émir accorda fut que, les termes du traité prêtant à l'équivoque, l'une et l'autre opinion pouvaient être soutenues de bonne foi. Pour donner suite à ces avances, il résolut d'envoyer à Paris, sous le prétexte d'offrir des présents au Roi, le plus habile de ses négociateurs, Miloud-ben-Arach. Ce personnage, escorté de Ben-Durand et du Maure Bouderba, passa par Alger. Dans une lettre au comte Molé, le maréchal esquissait ainsi le portrait de ces deux acolytes : « Durand est un intrigant, avide d'argent, qui ne voit dans les négociations avec les Arabes qu'un moyen d'augmenter sa fortune. Bouderba est un homme astucieux, profondément ennemi des chrétiens, et qui a été accusé d'exciter les Arabes à se soulever contre nous. Je crois qu'il faut le surveiller avec soin. Pendant son séjour en France, il a contracté des liaisons avec plusieurs employés du ministère de la guerre; depuis son retour en Afrique; il correspond avec eux et a été exactement informé de plusieurs faits importants. Il n'a pas fait mystère de ses relations; quelquefois j'apprends par la voix publique que le gouvernement a arrêté des dispositions dont l'avis officiel ne me parvient que longtemps après. Bouderba, d'après les rapports que j'ai reçus, a engagé Abd-el-Kader à donner à Ben-Arach la mission d'obtenir que les affaires fussent traitées entre le Roi et l'émir, les ministres servant d'intermédiaires. Cette concession, dont le moindre inconvénient serait d'amoindrir et de déconsidérer le gouvernement général de l'Afrique, placerait, si elle était admise, Abd-el-Kader au rang des souverains indépendants et assurerait l'établissement de la nationalité arabe contre laquelle nous luttons. » Le comte Molé s'empressa de rassurer le gouverneur et de lui promettre que si Ben-Arach voulait sortir à Paris de sa mission de parade, il en serait pour ses frais d'intrigue et d'éloquence.

Au fond, de part et d'autre, on sentait bien que le traité de la Tafna n'avait fait qu'embrouiller les choses et préparer la guerre. Le comte Molé ne se faisait pas d'illusion à cet égard. « Quelque opinion qu'on conçoive des avantages définitifs que la France recueillera de nos établissements en Afrique, écrivait-il au maréchal Valée, le 31 janvier 1838, je crains que nous ne soyons obligés d'assurer nos conquêtes par de nouvelles victoires, et que la paix de la Tafna n'ait servi qu'à nous procurer dans l'Ouest une *halte* indispensable et sans laquelle l'expédition de Constantine aurait dû encore être ajournée. » De son côté, le gouverneur écrivait, le 5 février, au général Bernard : « Je ne veux pas la guerre; mes efforts, depuis trois mois, ont eu pour but de conserver la paix. J'éviterai une rupture, tant que l'honneur de la France le permettra; le gouvernement du Roi peut seul fixer la limite au delà de laquelle la patience ne serait plus possible. Je n'essayerai pas d'influencer ses décisions, encore moins de lui conseiller la guerre ; mais j'ai cru de mon devoir de lui faire connaître l'état des choses. » Vers le même temps, un jeune Français, M. Léon Roches, qui, la paix conclue, avait cru pouvoir se rendre auprès de l'émir et lui servir de secrétaire, recueillait de sa bouche même la déclaration suivante : « En faisant la paix avec les chrétiens, je me suis inspiré de la parole de Dieu qui dit dans le Coran : « La paix avec les infidèles doit être considérée « par les musulmans comme une trêve pendant « laquelle ils doivent se préparer à la guerre. » J'ai souscrit à des conditions que j'observerai tant que les Français observeront celles que je leur ai imposées. La durée de la paix dépendra de leur conduite à mon égard, et pour la rupture, ce n'est pas de mon côté qu'elle viendra. Lorsque l'heure de Dieu aura sonné, ils me fourniront eux-mêmes des causes plausibles de recommencer la guerre. » Des deux côtés, on avait le sentiment qu'il faudrait un jour ou l'autre recourir à la force; mais c'était cette échéance qu'on s'efforçait de reculer le plus possible. Chacun des deux adversaires était persuadé que le temps travaillait pour lui : grande et funeste illusion du côté de la France, grande et légitime conviction du côté d'Abd-el-Kader.

II

Cette fausse paix qui entretenait autour d'Alger le malaise indéfinissable, la sourde agitation d'une fièvre lente, laissait au contraire Oran dans la torpeur. Où étaient les vivifiantes émotions d'antan, les expéditions, les surprises, les combats? Il n'en restait plus qu'un lointain souvenir, et cependant le général Bugeaud était demeuré là, depuis le traité de la Tafna, pendant plus de cinq mois encore; c'est que le vaincu de la Sikak avait dans ces contrées plus d'autorité que son vainqueur, et qu'il suffisait qu'Abd-el-Kader eût tourné ailleurs son ambition et sa fortune pour qu'il eût emporté avec lui en quelque sorte la vie de la province d'Oran. Aussi le général Bugeaud aurait-il quitté plus tôt sans doute cette ville engourdie s'il n'y avait pas été retenu par la découverte et les suites d'un scandale étrange.

C'était une vieille affaire, car elle remontait aux premiers mois de 1837, lorsque l'artificieuse habileté de Ben-Durand avait induit Abd-el-Kader à ravitailler lui-même la garnison française de Tlemcen. On a vu que le Juif s'était fait payer fort cher par l'intendance le prix du ravitaillement, dont l'émir n'avait pas touché un boudjou, quoique les frais de l'opération n'eussent porté que sur lui, Ben-Durand ayant réussi à lui persuader que cette grosse dépense était la rançon des prisonniers de la Sikak; or, les prisonniers lui étaient rendus, à titre gracieux, par la France; de sorte que l'émir d'une part et l'autorité française de l'autre étaient également dupes du Juif madré. Mais comment celui-ci avait-il pu jouer aussi facilement l'autorité française? C'est qu'il avait un associé, un complice assez haut placé pour avoir réussi à obtenir du gouvernement le renvoi des captifs arabes.

Cinq mois s'étaient écoulés; Ben-Durand et son complice pouvaient se croire désormais à l'abri de toute recherche, lorsqu'un jour, à l'occasion de quelques prisonniers faits par les Hadjoutes et que l'émir allait renvoyer libres : « Eh quoi ! lui dit un de ses khalifas, tu rends aux Français leurs prisonniers pour rien ! Ils t'ont bien fait payer les tiens naguère. » Ce propos, venu à la connaissance du général Bugeaud, le mit en éveil. D'abord il fit partir pour Mascara son aide de camp, M. de Rouvray, à qui Abd-el-Kader ne voulut rien dire; une autre fois, le lieutenant de spahis Allegro eut plus d'adresse ou plus de chance; comme il parlait à l'émir du cadeau que la France lui avait fait des prisonniers de la Sikak : « Un cadeau ! reprit vivement Abd-el-Kader; j'ai acheté mes prisonniers par le ravitaillement de Tlemcen ! » Allegro n'avait pas besoin d'en savoir davantage. Le général Bugeaud fit venir Ben-Durand, qui, avec l'effronterie d'un malhonnête homme, lui répondit qu'il avait exécuté fidèlement les clauses de son marché, qu'il s'était libéré vis-à-vis de l'intendance française, et que, partant, personne n'avait le droit de lui demander compte de ses bénéfices; cependant, pressé de questions, il ne fit pas difficulté d'avouer qu'après l'affaire faite, il en avait partagé le profit avec le commandant de la province d'Oran, le général de Brossard. Une fois lancé, il ne s'arrêta plus ; il alla même si loin que ses révélations devinrent fantastiques ; ainsi, par exemple, le général de Brossard l'aurait chargé d'offrir à l'émir ses services, de telle sorte que, moyennant 200,000 fr. comptant et 50,000 fr. de rente assurés à sa famille, il aurait fait venir de France assez de carlistes et de mécontents pour combattre en ligne, assiéger les places, expulser les Français et mettre toute l'Algérie aux mains d'Abd-el-Kader. « Cette offre, écrivait le 21 septembre, au lendemain de l'éclat, le lieutenant-colonel de Maussion, cette offre a été, dit-on, renouvelée trois fois. Ne semble-t-il pas, ce général, un seigneur de la Ligue ou de la Fronde traitant avec l'Espagne de la remise d'une province ? Il est impossible d'avoir des manières plus distinguées et plus aisées en même temps. C'est tout à fait un seigneur, mais né deux cents ans trop tard. Au reste, deux cents ans plus tôt, on lui aurait fait trancher la tête : à présent le général Bugeaud, après lui avoir fait tout avouer devant témoins, se contente de lui donner un congé de convalescence et un bâtiment qui va le porter à Carthagène ; là, il deviendra ce qu'il pourra. Je ne serais du reste pas étonné que cet honnête homme, dont l'effronterie dépasse toute idée, reparût bientôt à Paris pour calomnier celui qui n'a pas voulu le faire fusiller. Au reste, il ne faut pas attribuer à ce projet de trahison une importance exagérée. M. de Brossard n'aurait pas pu livrer à Abd-el-Kader une place fermée et contenant une nombreuse garnison. Je regarde sa proposition comme une simple escroquerie. Quoi qu'il en soit, l'affaire vaut la peine qu'on y pense, et le gouvernement qui envoie ici avec raison les soldats les plus dérangés et les plus insubordonnés, qui encourage les gens remuants et aventureux à s'y porter, devrait prendre garde au choix des chefs qu'il met à leur tête. »

Ce qu'avait prévu M. de Maussion arriva de point en point : M. de Brossard ne resta pas en Espagne, revint en France et calomnia le général Bugeaud. Par une clause particulière du traité de la Tafna, l'émir devait payer une somme de cent mille boudjous, équivalente à cent quatre-vingt mille francs en monnaie française, que le général se réservait d'employer ainsi : cent mille francs pour subvention aux chemins vicinaux de la Dordogne, son département, quatre-vingt mille à répartir entre les officiers et les soldats les plus méritants de son corps d'armée. Le gouvernement n'ayant pas approuvé la clause, il n'y fut pas donné suite; mais M. de Brossard, qui la connaissait, la dénonça comme un acte criminel au conseil de guerre séant à Perpignan, devant lequel il comparut, dans les derniers jours du mois d'août 1838. Ainsi mis en cause, le général Bugeaud eut le tort de se laisser emporter à des vivacités de langage qui lui attirèrent de cruelles représailles, de sorte que, « maintenant encore, dit l'auteur des *Annales algériennes*, il faut que l'esprit se recueille un instant pour se rappeler lequel des deux était l'accusé dans ce procès si scandaleusement célèbre ». Des quatre chefs d'accusation relevés à la charge de M. de Brossard : concussion, tentative de corruption de fonctionnaires publics, immixtion dans des affaires incompatibles avec ses fonctions militaires, proposition de complot et d'excitation à la guerre contre l'autorité royale, le conseil de guerre ne retint que le troisième. Condamné à six mois de prison et à huit cents francs d'amende, déclaré en outre incapable d'exercer aucune fonction publique, M. de Brossard se pourvut en révision contre le jugement qui fut cassé pour vice de forme; un autre conseil de guerre l'acquitta l'année suivante; mais le ministre de la guerre le mit d'office à la retraite.

Ce fatal traité de la Tafna était devenu le cauchemar de son auteur. Un jour, le 8 juin 1838, à la tribune de la Chambre des députés, embarrassé dans ses explications, il s'en tira tout d'un coup en s'écriant : « Si les esprits belliqueux qui se trouvent dans cette Chambre ou au dehors veulent recommencer la guerre, il n'y a rien de plus facile. Venez ici, à la tribune, demander au gouvernement de rompre le traité... Eh! messieurs, les traités n'ont jamais lié les nations que lorsqu'ils sont conformes à leurs intérêts; mais, sans avoir besoin de violer le traité nous-mêmes, l'émir nous fournira souvent l'occasion de le rompre. »

Avant de partir d'Oran, le général Bugeaud avait eu à résoudre la question des relations officielles entre l'autorité française et l'émir. Celui-ci eut des oukils dans les villes du littoral; un officier français dut résider à Mascara; le premier qu'on y envoya, le commandant Menonville, du 47e, devint fou et se tua; en attendant l'arrivée du capitaine Daumas qui devait prendre sa succession, le lieutenant-colonel de Maussion fit pendant une quinzaine de jours l'intérim. « Ce matin, écrivait-il le 3 novembre 1837, on a remis au sultan les présents du Roi; il en a été très-flatté, et les Arabes ont été dans l'admiration. Il est certain que rien d'aussi beau n'a paru dans ces contrées depuis la chute de la domination romaine. Je me trouve très-bien à Mascara, ville presque ruinée, mais bien située et entourée de jardins auxquels il ne manque que d'être cultivés pour être superbes. Ne vous imaginez pas que les ruines proviennent en général des Français; elles viennent des habitants qui, ayant abandonné les maisons, en ont brûlé le bois pour se chauffer. Le sultan ne veut plus vivre que sous la tente, depuis qu'il a éprouvé que les villes ne peuvent nous résister; en conséquence, très-peu de hadar se sont rétablis ici. » Mascara restait nominalement la capitale d'Abd-el-Kader; c'était plus loin dans le sud-est, à Takdemt, qu'il avait transféré le siége réel de sa puissance, ses ateliers, ses magasins, son trésor.

III

D'Oran à Constantine, le contraste était aussi frappant que possible : là-bas à l'ouest, sur ce coin de terre abandonné comme par grâce à la France, l'inertie, la torpeur; ici, à l'est, sous les premiers rayons du soleil, l'espace, l'activité, la vie. De ce côté, c'était le gouvernement qui ne pouvait se faire à l'idée d'une telle fortune; puis, s'établir définitivement dans Constantine, si loin de la mer, quel démenti au système de la zone littorale, de l'occupation restreinte! M. Molé n'en prenait pas volontiers son parti; la pensée d'une transaction avec Ahmed continua de le hanter longtemps encore; elle le hanta sept mois entiers, jusqu'au jour où l'opinion contraire se prononça dans la Chambre des députés et dans le public avec une telle force que le président du conseil fut obligé de s'y conformer, sinon de s'y convertir. C'était le 6 juin 1838; l'intendant civil de l'Algérie, M. Bresson, peu confiant dans la durée du traité de la Tafna, venait de dire qu'après tout, le principe en étant bon, il y faudrait revenir en établissant à l'intérieur des pouvoirs indigènes soumis à l'influence française, Ahmed, par exemple, à Constantine ou à Médéa. Sur ces derniers mots, éclata un orage; il fallut, pour l'apaiser, que M. Molé montât à la tribune et désavouât l'orateur, qui lui avait paru — c'est son expression — « déroger quelquefois à sa prudence ordinaire ».

Le maréchal Valée n'était assurément pas d'avis de restaurer Ahmed dans Constantine; mais il pensait que la province était trop étendue pour être administrée par l'autorité française. « Les tribus, écrivait-il au ministre de la guerre, le 5 janvier 1838, se livreront pendant quelque temps à l'anarchie, puis se soumettront à un chef indigène, et nous aurons devant nous un nouvel ennemi qu'il faudra renverser; c'est ce qui est arrivé dans la province d'Oran. Que la leçon nous soit profitable! Le gouvernement du Roi reconnaîtra, je n'en doute pas, la nécessité de placer dans la province de Constantine un chef qui relève de la France, afin de prévenir, s'il en est temps encore, l'influence que pourrait y prendre l'émir.» L'ambition d'Abd-el-Kader s'étendait en effet jusque-là; dès la chute d'Ahmed, il avait fait exciter les populations par ses émissaires à la fois contre le vaincu et contre le vainqueur. Après s'être tenu quelque temps caché dans le Djebel-Aurès, Ahmed y avait recruté des bandes à la tête desquelles il s'était porté contre Farhat-ben-Saïd et lui avait enlevé l'oasis de Biskra. Délaissé par le général de Négrier, à qui le maréchal n'avait pas permis de le secourir, le Cheikh-el-Arab fut réduit à solliciter le secours d'Abd-el-Kader. Quelle occasion pour l'émir de propager jusque dans le Zab oriental la renommée de sa puissance! Par ses ordres, Barkani, son khalifa de Médéa, marcha contre Ahmed et lui reprit Biskra; mais au lieu d'y rétablir l'autorité de Farhat, il y installa un des plus zélés partisans de l'émir, le marabout Bel-Azouz; et comme Farhat s'indignait de cette conclusion déloyale, il le fit prendre et l'envoya captif à Takdemt.

La France ayant succédé, dans le beylik de Constantine, aux droits du bey, le gouverneur général avait donné l'ordre de faire lever sur les tribus les impôts accoutumés, à savoir : l'*achour*, qui est la dîme des récoltes, la *zekat*, qui est la dîme des troupeaux, et l'*hokor*, qui est la redevance imposée aux locataires des terres domaniales, lesquelles occupaient une très-grande part du sol cultivable dans la province. Autour de Constantine, l'opération fiscale fut conduite avec une sage prudence par les soins du hakem Sidi-Mohammed-Hamouda. Dans la région maritime, elle fut confiée au commandant de Mirbeck, des spahis de Bone, qui fit successivement, avec l'assistance des kaïds, d'un cadi et d'un agent du trésor, trois tournées de perception sans beaucoup de résultat, parce que le gouverneur général avait prescrit la plus grande modération dans ce premier essai de recouvrement. Le maréchal Valée avait en horreur les razzias et en exécration le principe de la responsabilité des tribus qui confondait iniquement, disait-il, l'innocent avec le coupable. Ce fut bientôt un sérieux sujet de désaccord entre lui et le général de Négrier, qui avait, au contraire, la main prompte aux exécutions rapides et sommaires.

La garnison de Constantine se composait du 26e et du 61e de ligne, du 3e bataillon d'Afrique, de deux escadrons du 3e chasseurs d'Afrique et d'un escadron de spahis; il y faut ajouter un bataillon de tirailleurs indigènes, formé en grande partie des anciens janissaires du bey Ahmed qui étaient passés au service de la France; de ce noyau primitif sont issus plus tard les régiments de turcos. Les compagnies d'élite de l'infanterie et la cavalerie étaient toujours prêtes à marcher au premier signal; quand cette colonne mobile devait sortir, les ordres étaient donnés le soir, après la fermeture des portes, et le lendemain, dès la pointe du jour, elle était en route. Ce fut ainsi que, du 10 au 13 février 1838, le général de Négrier fit dans l'ouest une promenade militaire jusqu'à la petite ville de Mila, dont le kaïd reçut l'investiture de sa main, et, quelques jours après, une expédition beaucoup moins pacifique à seize lieues au sud-ouest, contre la grande tribu des Ouled-Abd-en-Nour, qui avaient enlevé du bétail à des douars soumis. Ce fut une vraie razzia : cent soixante Arabes furent tués, des bœufs, des milliers de moutons furent ramenés par la colonne.

Au mois d'avril, le général reçut d'Alger des instructions qui lui prescrivaient de reconnaître au nord, dans la direction de Stora, un chemin qui pourrait mettre Constantine en communication directe avec la mer. Partie le 7, la colonne mobile bivouaqua, le 8, à El-Arouch, et parvint, le 9, à Skikda, sur les ruines de Rusicada. Les Kabyles, dont elle avait inopinément traversé les montagnes, avaient été surpris; au retour ils attaquèrent l'arrière-garde sans lui faire beaucoup de mal. La reconnaissance avait atteint son but : la communication était facile et, comparée à la route de Bone, plus courte des deux tiers.

Vers la fin d'avril, le lieutenant-colonel Dorliac, du 12e de ligne, qui commandait à Mjez-Ahmar, prit sur lui de partir avec un petit détachement pour aller visiter, près de Gherfa, une mine de plomb dont on lui avait signalé l'existence; il ne trouva pas ce qu'il était venu chercher et trouva ce qu'il ne cherchait pas, une embuscade où il perdit quelques hommes et, en fin de compte, une mise en retrait d'emploi pour s'être ainsi aventuré sans autorisation.

Pendant tout le mois de mai, le général de Négrier, qui avait un grand besoin de mouvement, se montra dans le beylik, au nord, au sud, à l'est, à l'ouest; cet excès d'activité agaçait le gouverneur, homme de poids et de mesure. « Les longues courses, écrivait-il au général, le 26 mai, les expéditions à grande distance ne peuvent amener de résultats durables. Comme le vaisseau qui sillonne la mer et derrière lequel le flot se referme immédiatement, nos colonnes ont souvent parcouru de vastes territoires sans laisser trace de leur passage. C'est un système que je veux abandonner pour revenir aux établissements solides, à une marche progressive. » Un autre sujet de dissentiment indisposait contre le général de Négrier le gouverneur. Le hakem Sidi-Mohammed-Hamouda, qui avait rendu de si grands services aux premiers occupants de Constantine, après les sanglantes émotions de l'assaut, et dont le général de Négrier avait paru s'accommoder d'abord, lui était devenu tout à coup suspect; il l'accusait, non sans vraisemblance, d'un méfait très-commun parmi les grands chefs arabes, à savoir de faire sa main, au préjudice du trésor, dans la levée des impôts, et de rançonner journellement les indigènes. Non-seulement il lui enleva ses fonctions, mais encore il le mit aux arrêts. En outre, il avait transféré, de sa propre autorité, la dignité d'agha de Bouzian au kaïd Hamlaoui, que le maréchal Valée tenait pour un homme fourbe et dangereux. De ce peu d'accord il résulta que le général de Négrier demanda son rappel en France et fut remplacé, au mois de juillet, par le lieutenant général baron Galbois.

La prise de Constantine, les tournées du commandant de Mirbeck aux environs de la Calle, les courses du général de Négrier à la poursuite d'Ahmed, près de la frontière tunisienne, tous ces incidents étaient commentés avec inquiétude à Tunis et avec plus d'acrimonie à Londres. Au mois d'août 1836, quand l'amiral Hugon avait une première fois barré le passage à l'escadre turque, lord Palmerston avait eu au sujet d'Alger, avec le général Sébastiani, ambassadeur de France, une conversation encore amicale. « Les gouvernements, lui avait-il dit, se doivent entre eux des concessions fondées sur les nécessités de leur situation intérieure, quand ils veulent maintenir une alliance aussi intime que la nôtre. C'est ce que nous avons fait et ce que nous avons dû faire pour votre possession d'Alger ; nous avons reconnu l'impossibilité de l'abandon de votre conquête, et nous avons laissé de côté l'argumentation de 1830. Vous nous placeriez à notre tour dans une position difficile, si un acte quelconque venait révéler le projet de ne plus donner à votre conquête les limites de l'ancienne résidence d'Alger. »

L'année suivante, après la prise de Constantine, l'attitude et le langage du principal secrétaire d'État pour les affaires étrangères étaient encore très-corrects. En parlant, le 22 novembre 1837, au général Sébastiani des interpellations que lui faisaient prévoir les articles très-vifs du *Times*, lord Palmerston ajoutait : « Vous aurez dans cette affaire la preuve de notre bonne foi. Je vous déclare que toutes les dispositions que le gouvernement français fera du territoire de l'ancienne régence d'Alger, que toutes les mesures qu'il prendra dans les limites de ce territoire sont acceptées d'avance par le gouvernement britannique, à cette seule condition que les territoires de Tunis et de Maroc et l'indépendance de leurs gouvernements demeureront intacts et ne donneront lieu à aucune entreprise de votre part; car, dans ce cas, la question changerait de face et donnerait certainement lieu à de graves dissentiments. Par exemple, si vous remettiez au bey de Tunis la possession ou la garde de Constantine, à la charge de vous payer un tribut, nous nous y opposerions, parce que la condition de tributaire, même pour la plus faible somme, nous paraîtrait, de la part du bey de Tunis, une dérogation à l'état d'indépendance que nous voulons qu'il conserve; mais que vous remettiez Constantine à Achmet sous telles conditions qu'il vous plaira, que vous appeliez un autre chef indigène pour y commander en votre nom, ce chef fût-il même un parent du bey de Tunis, tout cela, je vous le répète, est accepté d'avance, et vous n'avez à craindre de nous aucune objection, aucun empêchement ni direct ni indirect. » Sur quoi le comte Molé répondait au général Sébastiani, le 7 décembre : « Pendant que lord Palmerston vous parlait en termes si mesurés et si convenables des dispositions du cabinet de Londres par rapport à la conquête de Constantine, M. de Metternich affirmait à M. de Sainte-Aulaire, comme en ayant la complète certitude, que la conservation de cette place amènerait entre l'Angleterre et la France une rupture absolue. »

Deux mois après, le *Foreign Office* passait, le 9 février 1838, une note officielle dont lord Granville, ambassadeur de la Reine à Paris, avait ordre de laisser copie entre les mains du comte Molé. Cette note appelait l'attention du gouvernement français sur une réclamation du consul de France à Tunis, au sujet d'un territoire qui aurait fait partie autrefois de la régence d'Alger; à ce propos, la note abordait une question très-grave : « La souveraineté d'Alger, y était-il dit, doit être encore considérée aujourd'hui comme appartenant à la Porte, qui n'a jamais cédé à aucune autre puissance ses droits sur cette régence, et, à cet égard, on ne doit pas perdre de vue que la France n'a pas acquitté la promesse qu'elle fit à l'Europe en 1830, avant que l'expédition eût mis à la voile, savoir que « si dans la lutte qui allait s'engager, « le gouvernement existant à Alger venait à être « dissous, la France, dont les vues, dans cette « importante question, étaient entièrement désin- « téressées, se concerterait avec ses alliés, afin « de déterminer quel serait le nouvel ordre de « choses qui, dans l'intérêt de la chrétienté, de- « vrait remplacer le pouvoir renversé ». La France ne peut donc être considérée ni de *fait* ni de *droit* comme exerçant autre chose qu'une simple occupation militaire dans une partie de la régence d'Alger; mais lors même que la France aurait légitimement acquis par une cession régulière et suivant la loi des nations la souveraineté de ce pays, dans ce cas même elle ne pourrait à ce titre prétendre à plus qu'au territoire qui appartenait à la régence à l'époque où elle lui aurait été ainsi formellement cédée. »

A cette note arrogante, qui mettait en doute le droit de la France, il fallait une réponse nette et catégorique; elle fut expédiée à Londres, sous la forme pareille d'une note officielle, le 22 février. Sur la question générale soulevée par le gouvernement anglais : « La France, on doit le savoir, disait le comte Molé, ne transigera jamais. » Puis il ajoutait : « C'est après six ans de silence gardé par le ministère actuel, d'assurances même, à la vérité officieuses, mais souvent répétées, que l'Angleterre n'avait aucune objection à faire aux établissements de la France en Afrique, pourvu qu'ils ne s'étendent pas au delà des limites de l'ancienne régence d'Alger, que le même cabinet vient aujourd'hui contester au gouvernement du Roi la souveraineté du territoire algérien... La question de nos droits sur Alger est une question jugée depuis longtemps et sur laquelle il n'y a pas à revenir. Alger appartient à la France au titre le moins contestable, par le fait de la conquête entreprise dans le but de punir des provocations dont personne n'a pu méconnaître la gravité et la persistance. Je ne saurais me persuader que le cabinet de Londres veuille aujourd'hui engager sur ce point une controverse qui, très-certainement, ne mènerait à rien. » Quand le général Sébastiani remit à lord Palmerston copie de cette note, le 28 février, il le trouva tout radouci. « Je vous répète, en mon nom et au nom du cabinet dont je suis membre, dit le ministre de la Reine à l'ambassadeur de France, qu'il n'existe pas la moindre pensée de contester ou de troubler le fait de votre occupation d'Alger tant que vous ne changerez pas les limites de votre conquête. » Mais, comme il ajoutait qu'une cession régulière des droits de la Porte lui semblait nécessaire pour légitimer la conquête, le général Sébastiani répliqua vivement que l'Angleterre ne s'était jamais embarrassée d'une pareille légitimation pour les annexions qu'il lui convenait de faire; sur quoi lord Palmerston fit observer à son interlocuteur qu'il ne fallait pas donner à cette discussion plus d'importance qu'elle n'en avait : « Votre gouvernement, ajouta-t-il encore une fois, peut être convaincu que la possession d'Alger ne deviendra jamais entre lui et le ministère dont je fais partie l'occasion ou même le prétexte d'un conflit sérieux. » Un débat assez vif sur la question d'Alger venait d'avoir lieu à la Chambre des communes, et c'était dans la crainte qu'il ne se renouvelât que lord Palmerston avait voulu se prémunir contre les attaques de l'opposition par sa note officielle; telle était du moins l'opinion du général Sébastiani à propos d'un incident brusquement survenu, disparu brusquement, comme un météore diplomatique.

IV

Si, en dépit des résistances intérieures et extérieures, la domination française marchait à grands pas dans le beylik de Constantine, la plus étendue, la plus peuplée, la plus riche des trois provinces, elle ne cheminait pas aussi vite autour d'Alger. Depuis près de dix mois que le traité de la Tafna lui avait assigné ses limites, elle ne les avait pas encore atteintes. A l'expédition de Constantine et à ses suites qui avaient dû retarder l'occupation de la Métidja, il faut ajouter les longues méditations du maréchal Valée, ses habitudes de méthodique lenteur. Enfin, ses résolutions définitivement arrêtées, il les fit exécuter dans les derniers jours du mois de mars 1838. Le 26, le colonel de La Moricière prit possession de Koléa et de son territoire; mais, pour ménager les scrupules religieux des habitants, l'accès de la ville sainte fut rigoureusement interdit aux Européens; sur un plateau qui la domine à l'ouest, un camp permanent reçut les trois bataillons de zouaves, un bataillon du 63e, un peloton de chasseurs d'Afrique et quatre pièces d'artillerie. Le lendemain, à l'autre extrémité de la plaine, un bataillon du 2e léger, deux bataillons de la légion étrangère, un détachement de cavalerie et quatre bouches à feu prenaient position sur le haut Hamise et entreprenaient aussitôt la construction de deux camps retranchés, l'un à Kara-Moustafa, sur la rive gauche du Boudouaou, l'autre, à deux lieues en arrière, au Fondouk; une route de vingt-trois kilomètres devait les relier à la Maison-Carrée. Enfin, le 3 mai, le gouverneur, à la tête d'une colonne de quatre mille hommes, se présenta devant Blida; le hakem, le kaïd des Beni-Sala, les députés des notables, venus à sa rencontre, lui firent hommage. De même qu'à Koléa, l'entrée de la ville fut provisoirement interdite aux Européens. Deux camps, l'un dit supérieur, au nord-ouest, l'autre dit inférieur, au nord-est, et l'établissement de deux blockhaus au sud, au-dessus de la gorge de l'Oued-Kébir, assurèrent l'occupation. En abandonnant Blida et Koléa aux Français, Abd-el-Kader avait compté ne leur abandonner que des murs; depuis longtemps ses émissaires prêchaient aux habitants l'obligation de s'éloigner des infidèles et les pressaient d'émigrer sur le territoire de l'émir. Il s'était avancé lui-même chez les Beni-Sala pour se donner le spectacle de l'exode attendu. Il attendit en vain; comme il ne pouvait pas employer la contrainte, la persuasion ne fut pas assez forte. Une tentative ingénieuse de son khalifa Si-Mohammed ben Allal ben Sidi-Mbarek ne réussit pas davantage. Ce descendant des illustres marabouts de Koléa demanda au gouverneur l'autorisation de transporter à Miliana les restes sacrés de ses ancêtres; l'autorisation fut refusée; la population, qui aurait suivi peut-être l'émigration des reliques vénérées, demeura paisible autour de leurs tombes, et l'émir désappointé reprit le chemin de Mascara.

Peu de temps après, son envoyé Ben-Arach revenait aussi désappointé, après un séjour de quatre mois à Paris. « Ben-Arach, écrivait au gouverneur le comte Molé, le 13 juin, avait, j'en suis certain, pour mission d'obtenir pour son maître la cession de Constantine, aux conditions que la France aurait voulu lui imposer ou à peu près. Ses deux acolytes Bouderba et Ben-Durand m'ont fait arriver de très-loin et par plusieurs intermédiaires cette idée. J'ai refusé de rien entendre, ni directement ni indirectement, en disant que les affaires d'Afrique se faisaient en Afrique, et qu'au gouverneur général de nos possessions appartenait seul de négocier avec Abd-el-Kader et d'adresser, avec son avis, au gouvernement du Roi les propositions qu'il aurait reçues. » Le gouverneur entreprit donc de négocier avec Ben-Arach, non pas à propos de Constantine, dont il ne fut pas parlé, mais au sujet des territoires en litige à l'orient de la Métidja. En dépit des protestations de l'Arabe qui se déclarait sans pouvoirs pour traiter d'une aussi grave affaire, le maréchal crut triompher quand il lui eut fait apposer, le 4 juillet, mais seulement *ad referendum*, son cachet au bas d'une convention explicative du traité de la Tafna. Cette convention, en quatre articles, assurait à la France les vallées de l'Isser et du Sebaou, le fort de Hamza au sud, et la communication directe d'Alger à Constantine par le fameux passage des Biban-el-Hadid ou Portes de fer. Restait à obtenir le plus difficile, la sanction d'Abd-el-Kader; mais où le prendre? Il avait encore une fois disparu; on le disait occupé, bien loin dans le sud, à la conquête d'une oasis du Zab. Impatient d'en finir avec cette convention qui tranchait les difficultés, le maréchal fit partir aussitôt à la recherche de l'émir, son gendre, qui était son premier aide de camp, le commandant de Salles. A Miliana, on commença par le retenir; au camp de Sidi-Moustafa, sur l'Oued-Fodda, on lui interdit absolument de passer outre; après quinze jours de tribulations et d'ennuis, il lui fallut tristement reprendre le chemin d'Alger. Cependant le maréchal Valée ne négligeait rien pour se concilier l'esprit d'Abd-el-Kader; il lui envoyait des armuriers, des mécaniciens, des fusils, des obus, de la poudre; mais des mois et des mois devaient se passer encore avant que l'oracle consentît à donner sa réponse.

Les seules distractions de cette longue attente, le gouverneur ne pouvait les demander qu'à la province de Constantine; heureusement, de ce côté-là, toutes les nouvelles arrivaient bonnes. Sidi Mohammed-Hamouda, remis en liberté par le général Galbois, était rentré dans ses fonctions de hakem, et le conseil d'administration chargé d'apurer ses comptes n'avait laissé à sa charge qu'une somme peu considérable. Au mois de septembre, le général, à la tête d'une petite colonne, avait commencé de faire une tournée fiscale quand il reçut la nouvelle inopinée que le maréchal, n'y pouvant plus tenir, venait de débarquer à Bone. Il se porta aussitôt à sa rencontre, et, le 23, le conquérant de Constantine y fit son entrée, aux acclamations de la foule. Le grand motif de son voyage était de constituer définitivement la province et d'assurer lui-même l'exécution des mesures qu'il avait méditées longuement dans son palais d'Alger. Le 30 septembre, trois arrêtés organiques furent publiés à la fois; le plus considérable confiait à des khalifas et à des kaïds l'administration des territoires qui ne seraient pas gouvernés directement par l'autorité française; le tiers du produit de l'hokor leur était abandonné à titre de traitement. Le conseil d'administration de la province, présidé par le général commandant supérieur, était composé du sous-intendant militaire, du payeur de la division, du hakem de

Constantine, des trois khalifas, du Cheikh-el-Arab, et des trois kaïds des Hanencha, des Harakta et des Amer. L'investiture fut donnée solennellement aux grands chefs indigènes; le plus important de tous, le fameux défenseur de Constantine, Ben-Aïssa, qui avait fait depuis quelque temps sa soumission à la France, fut reconnu khalifa du Sahel, c'est-à-dire des montagnes du littoral entre Bone et Djidjeli; El-Hamlaoui, khalifa du Ferdjioua, entre Constantine et Sétif; El-Mokrani, khalifa de la Medjana, entre Sétif et les Biban; Ali-ben-Bahamet, kaïd des Harakta; Resghi, rallié comme Ben-Aïssa, kaïd des Hanencha; Moktar, kaïd des Amer; le titre de Cheikh-el-Arab, que portait encore Farhat-ben-Saïd, trahi et retenu prisonnier par Abd-el-Kader, fut transféré plus tard à son heureux rival Bou-Zeïd-ben-Ganah.

Après l'organisation de la province, ce que le maréchal Valée avait le plus à cœur, c'était l'occupation définitive de Stora. Depuis la reconnaissance faite au mois d'avril par le général de Négrier, une route de neuf lieues avait été ouverte dans cette direction jusqu'à Smendou, par le colonel du génie Vaillant. Le 30 septembre, le général Galbois fit commencer les travaux du camp retranché d'El-Arouch, à six lieues seulement de Stora, et le 8 octobre, le gouverneur put adresser de Skikda la dépêche suivante au ministre de la guerre : « L'armée a pris possession hier de l'ancienne Rusicada; le quartier général est établi sur une position qui domine la rade et a reçu le nom de Fort-de-France; le camp, sur l'emplacement duquel s'établira la ville, est dans une position parfaitement couverte qui touche à la mer. » Substituée à Stora, où l'escarpement du sol ne se prêtait à aucune installation possible, l'ancienne Rusicada se voyait ainsi renaître; bientôt un royal parrainage allait lui permettre de changer le nom de Skikda pour celui de Philippeville; la rade de Stora devait lui servir de port.

Le maréchal avait amené quatre bataillons d'infanterie et trois escadrons de chasseurs d'Afrique; il y avait bien eu pendant la marche quelques coups de fusil sur les flancs de la colonne; mais, entêté de pacification, il n'avait pas voulu y prendre garde. Le lendemain de son arrivée à Skikda, un des kaïds du Sahel étant venu l'avertir d'une prise d'armes imminente des Kabyles contre le camp d'El-Arouch, il le reçut très-mal; cependant l'avis méritait un autre accueil. En effet, un convoi venant de Constantine fut surpris et enlevé; puis le camp même eut à repousser une attaque. Le retour de la colonne expéditionnaire ne fut pas inquiété d'ailleurs. La garde de Philippeville et du camp d'El-Arouch resta confiée au 61e de ligne, et celle du camp de Smendou au bataillon turc, sous les ordres du capitaine Mollière.

Le 1er décembre, le général Galbois, alors en tournée de contributions chez les Harakta, reçut, par une dépêche du gouverneur, qui avait regagné Alger, l'ordre de se porter sans retard sur Sétif. Impatient d'ouvrir la route directe d'Alger à Constantine et mécontent du silence inexpliqué d'Abd-el-Kader, le maréchal Valée avait obtenu du gouvernement l'autorisation d'occuper le fort de Hamza, sur l'Oued-Sahel, et c'était pour concourir à cette opération qu'il appelait le général. Celui-ci, ayant réuni à la hâte toutes les troupes disponibles, se mit en mouvement, le 5 décembre. La marche, retardée par le mauvais état des chemins que ravinait une pluie torrentielle, fut lente. Il fallut s'arrêter deux jours à Mila. « En y arrivant, raconte le docteur Bonnafont, chirurgien en chef de l'ambulance, nous fûmes témoins d'un fait que je n'oserais rapporter, si je ne l'avais vu moi-même. Avant d'entrer dans Mila, le général Galbois fut informé par le kaïd qu'une jeune fille folle, ou mieux derviche, entourée du plus grand respect par tous les musulmans, se promenait dans la ville avec le simple costume d'Ève; il fut prié instamment de la faire respecter par les soldats. Le général le promit, et, en effet, un ordre du jour bien motivé recommanda expressément *à tous* de la respecter, ainsi que faisaient les habitants, ce qui fut scrupuleusement observé. Que l'on se figure maintenant cette jeune fille de dix-sept ans au plus, bien faite, bistrée et basanée, se promenant dans un camp au milieu des soldats, regardant tout cet ensemble nouveau pour elle, on comprendra l'étonnement qu'elle devait produire. Je l'ai vue un matin s'approcher d'un groupe de soldats qui déjeunaient et prendre part à leur gamelle : tout se passait comme si la jeune fille avait été un convive habitué, faisant partie de l'escouade. Pendant les deux jours que nous sommes restés à Mila, la consigne fut exactement suivie. Le kaïd, très-sensible à ce témoignage de respect donné à cette sainte fille, en exprima sa reconnaissance au général, au nom de tous les habitants. » Quand la marche fut reprise, la tourmente était encore si furieuse qu'on fut obligé d'abandonner les malades, les tentes, une partie des vivres et les gros bagages à la bonne foi des Arabes, qui, de leur côté, tinrent religieusement leur parole; au retour, tout fut restitué intégralement, même une sacoche de quelque deux cents francs qu'avait oubliée une cantinière.

Quelle magnifique promenade, si le ciel avait été plus clément, que ce passage des troupes au travers d'une contrée pittoresque, toute jonchée de ruines romaines! La route en était littéralement jalonnée. Le 12 et le 13, on fit halte à Djémila, au pied d'un arc de triomphe dédié à Septime Sévère; le 15, on arrivait enfin à Sétif, l'ancienne capitale de la Mauritanie sitifienne. Là, le général Galbois apprit indirectement que, devant la violence et la persistance du mauvais temps, le maréchal Valée avait renoncé à l'expédition annoncée sur Hamza. Après une journée de repos, la colonne reprit, le 16, dans la nuit, le chemin de Constantine. Le général avait été averti que les Kabyles, surpris à son arrivée, l'attendaient à la retraite. L'infanterie, qui marchait devant, se trompa de route et inclina vers la plaine des Abd-en-Nour, tandis que la cavalerie reprenait le chemin de Mila. L'attaque de l'ennemi sur l'avant-garde eut le bon effet de faire connaître au général l'erreur qu'elle avait commise; les deux colonnes se rejoignirent et forcèrent ensemble le col de Mons, où s'étaient massés les

Kabyles. Heureusement le beau temps était tout à fait revenu. A Djémila, dont la petite garnison avait été légèrement inquiétée les deux nuits précédentes, le général crut devoir laisser, à titre d'occupation provisoire, le 3e bataillon d'Afrique. A peine eut-il repris le chemin de Constantine que Djémila devint aussitôt le rendez-vous de toute la Kabylie.

C'était un poste absolument ouvert; bien à la hâte, le commandant Chadeysson se retrancha derrière un parapet de pierres empruntées aux ruines ; dans ce misérable réduit, dominé de toutes parts, il se défendit pendant cinq jours et quatre nuits contre des milliers de Kabyles, avec six cent soixante-dix hommes, pourvus chacun d'une quarantaine de cartouches; mais ce n'était pas le Kabyle qui était le grand ennemi, c'était la soif. Il n'y avait pas d'eau dans le réduit; l'eau coulait à cinquante pas, au fond d'un ravin; on l'entendait bruire sur les cailloux ; mais au-dessus, dans la broussaille, on apercevait une rangée de longs fusils : c'était le supplice de Tantale. Le quatrième jour, l'ennemi, décimé par le feu lent, mais sûr, des assiégés, offrit de se retirer si on voulait lui promettre l'exemption de l'achour, de la zékat et de l'hokor; le commandant répondit que, pour traiter, il n'avait ni pouvoir ni vouloir. Cependant, la nouvelle de cette attaque avait fini par arriver à Constantine; à l'approche du 26e de ligne, accouru le plus vite possible, les Kabyles se retirèrent ; c'était le 22 décembre, l'investissement avait commencé le 18. L'aspect du réduit était curieux : au-dessus du niveau déterminé par le parapet, toutes les tentes étaient criblées de balles ; au-dessous, la toile était à peu près intacte. Les *zéphyrs* avaient eu quatre tués et quarante-six blessés; ils rentrèrent avec le 26e à Constantine.

Cette défense d'un poste ouvert est un des beaux faits d'armes de la guerre d'Afrique, supérieur à la fameuse défense de Mazagran. Il n'y a qu'heur et malheur; Mazagran était près de la mer, en face de Marseille, sous l'œil d'une presse éveillée, prompte à la réclame; derrière la masse énorme des montagnes kabyles, qui donc, parmi les journalistes, connaissait Djémila? Plus tard, un grand conteur, Alexandre Dumas, y prit intérêt; mais plus tard, c'était trop tard. La popularité de l'écrivain ne réussit pas à populariser, à l'égal des *zéphyrs* de 1840, les *zéphyrs* de décembre 1838 ; c'est dommage.

L'affaire de Djémila ne plut pas au gouverneur dont elle contrariait le système pacifique, et déplut tout à fait au ministre de la guerre qui n'était plus aussi bien disposé pour le gouverneur. Il lui écrivit, à ce sujet, une longue dépêche, pleine de reproches à peine déguisés. « Nos soldats, disait-il, ont été sur le point de manquer de munitions; privés d'eau, ils se sont vus réduits aux nécessités les plus cruelles ; cernés pendant cinq jours dans des ruines qui ne leur offraient d'abri ni contre la pluie ni contre l'ennemi, ils ont donné d'éclatantes preuves de courage et de fermeté. Il reste à expliquer comment la position a été jugée susceptible de défense dans d'aussi mauvaises conditions ; comment, à une aussi grande distance de Mila, au milieu d'un pays tout à fait inconnu, un corps français a été abandonné à lui-même par la colonne qui s'éloignait, sans prévoyance suffisante d'une attaque que tant de signes devaient faire juger inévitable et prochaine. » Toutes ces observations étaient justes; mais le ton d'aigreur qui les assaisonnait s'expliquerait, sans doute, par la méchante humeur du général Bernard, menacé d'avoir à céder son portefeuille, à qui ? Au maréchal Valée lui-même.

Le 6 décembre 1838, voici la lettre que le comte Molé adressait au gouverneur : « C'est en sortant d'un long entretien avec le Roi que j'ai l'honneur de vous écrire; l'objet de cette lettre doit rester profondément secret. Je vous demande avec instance de permettre qu'elle ne soit connue que de vous, et quelle que soit la réponse que vous y aurez faite. Le cabinet va traverser une nouvelle épreuve ; je ne doute pas qu'il n'en sorte avec un plein succès; cette épreuve, c'est la discussion de l'adresse. Dès que l'adresse aura été votée selon nos vœux, l'intention du Roi est que M. le général Bernard, dont la santé donne, depuis quelques mois, de sérieuses inquiétudes, soit remplacé dans le poste éminent et laborieux qu'il occupe d'une manière honorable depuis plus de deux ans. Le Roi, Monsieur le maréchal, s'unissant à la voix publique et à celle de l'armée, désire vivement que vous acceptiez cette nouvelle marque de sa confiance. S'il m'est permis de parler ici de mes sentiments personnels, je dirai que depuis longtemps je ne vois, je ne connais que vous, Monsieur le maréchal, qui soyez à la hauteur d'une tâche aussi difficile que celle qui vous est offerte; mais il fallait vous enlever à celle que vous terminez en ce moment d'une façon si glorieuse. Le moment est arrivé où vous pourrez, comme ministre de la guerre, confirmer et féconder ces établissements que votre main vient d'asseoir sur des bases durables. » Cette lettre du président du conseil se recommandait d'une autorité plus haute encore, de la parole du Roi même. Le même jour, 6 décembre, Louis-Philippe écrivait au gouverneur : « Mon cher maréchal, c'est avec mon plein assentiment que le comte Molé vous écrit. J'ai connaissance de ce qu'il vous mande, et c'est de tout mon cœur que je vous demande d'y acquiescer. Je conçois que ce soit pour vous un grand sacrifice que de quitter cette terre d'Afrique où vous avez fait tant de bien et acquis tant de gloire ; mais des intérêts plus élevés me portent à vous le demander, et en acceptant le poste nouveau auquel ma confiance est disposée à vous appeler, vous ajouterez un nouveau titre à tous ceux que vous avez déjà et à tous les sentiments que je vous porte et que je vous garderai toujours. » Le maréchal Valée répondit en donnant au Roi et au ministre son acceptation virtuelle ; mais il voulait, avant de quitter l'Algérie, régler invariablement avec Abd-el-Kader la difficulté toujours pendante des limites.

V

Pour ranger et tenir sous sa domination le peuple arabe, il ne suffisait pas que l'émir Abd-el-Kader n'eût à redouter aucune rivalité politique, il fallait qu'aucune influence religieuse ne parût supérieure ni même égale à la sienne. De la mer aux extrêmes confins du Tell, il était obéi, respecté, vénéré comme le chef des croyants ; mais plus loin, dans le Sahara, dans le pays des dattes, il y avait un marabout d'un grand renom, issu d'une longue lignée de saints, qui refusait de lui faire obédience. Souvent menacés par les beys d'Oran, les Tedjini, enfermés dans leur ksar d'Aïn-Madhi, s'étaient toujours maintenus indépendants et libres ; Mohammed-el-Tedjini, leur descendant, n'entendait pas déchoir sous la suprématie d'un maître. C'était cet insoumis que l'émir avait résolu de dompter pour l'exemple. « Dieu, disait-il plus tard dans une sorte de manifeste, nous ayant donné mission de veiller sur les intérêts des musulmans, de prendre la direction de tous les peuples soumis à la loi de notre seigneur Mohammed, nous sommes allé dans le Sahara, non pour nuire aux croyants, mais pour consolider leur foi, les réunir dans un intérêt commun et pour rétablir l'ordre. Tous ont écouté notre voix, tous nous ont obéi et nous ont accepté pour chef. El-Tedjini seul s'y est refusé. Nous nous sommes trouvé en face de ceux qui lui obéissaient ; ils étaient prêts à nous combattre, et nous avons désespéré de leur conversion. »

Cependant, quand il était parti de Takdemt pour Aïn-Madhi, le 12 juin 1838, aussi confiant que le maréchal Clauzel partant pour Constantine, il s'était flatté du même espoir, bercé de la même illusion; à sa vue, les armes devaient tomber des mains des rebelles, et les portes du ksar s'ouvrir toutes seules devant lui. Aussi n'était-ce point une armée qu'il emmenait, c'était une grande escorte, quatre cents de ses cavaliers rouges, dix-huit cents askers et vingt-quatre topjis pour servir deux obusiers de montagne. Il ne songea même pas à retenir les goums qui venaient le saluer au passage et qui, la fantasia courue devant lui, retournaient comme d'une simple fête à leurs douars. En six jours, il arriva de Takdemt au ksar de Tedjini. Rien n'annonçait la soumission;

Tedjini n'avait pas cherché la guerre, mais il était décidé à se défendre. A la sommation de l'émir voici ce qu'il répondit : « Chérif et marabout, j'étais sultan quand tu n'étais encore qu'un enfant ; je ne sais donc ce que tu viens faire chez moi. Je comprendrais ton langage si tu venais me demander des secours pour soutenir ou mener la guerre sainte ; mais, loin de là, après avoir traité avec les infidèles, tu viens tourner tes armes contre de vrais musulmans qui n'ont jamais rien eu de commun avec toi. Tu crois trouver de faibles femmes, je te montrerai des lions ; et que le sang qui sera versé retombe sur ta tête ! »

Entourée d'une ceinture de palmiers, semblable aux autres ksour du Sahara, la ville paraissait émerger d'une corbeille de verdure. L'enceinte, de forme elliptique, comme le mamelon qui la portait, renfermait une belle mosquée, la kasba, demeure de Tedjini, et quelque trois cents maisons; la muraille, flanquée de tours carrées, haute de huit à dix mètres, épaisse de quatre, portait un chemin de ronde crénelé ; un mur en pisé de cinq mètres de haut, également flanqué de tours et percé de meurtrières, formait une première ligne de défense autour des bouquets de palmiers et des jardins, arrosés par les eaux de la source d'où la ville tirait son nom ; cinq puits creusés dans le sol du mamelon suffisaient aux besoins des habitants et des Arabes du dehors venus à leur aide ; ils étaient ensemble de huit à neuf cents, bien pourvus d'armes, de munitions et de vivres. Dès qu'Abd-el-Kader eut reconnu la force de la place et la disposition résolue de ses défenseurs, il fit porter à tous ses khalifas l'ordre de lui envoyer sans retard du canon et des renforts. Le 1er juillet, il reçut quatre pièces de petit calibre, suffisantes pour ouvrir le mur extérieur, et, dès le lendemain, il donna le signal de l'attaque. Le mur franchi, les jardins furent occupés, non sans peine ni sans perte, car les assaillants n'eurent pas moins de quatre-vingts tués et de cent quatre-vingt-cinq blessés. La première brèche n'avait pas été difficile à faire ; mais comment pratiquer la seconde à travers l'épaisse muraille qui protégeait la place? De treize pièces successivement arrivées et mises en batterie, deux canons de 12 étaient seuls capables de produire quelque effet. Un déserteur de la légion étrangère, un Hongrois, eut la direction de cette artillerie ; le secrétaire français d'Abd-el-Kader, M. Léon Roches, était l'ingénieur du siége. Le 4 juillet, la batterie fut démasquée ; mais avant que le canon eût entamé profondément la maçonnerie, il ne restait plus un seul des huit cents boulets amenés ou envoyés de Takdemt. Il fallut attendre les mortiers promis par le sultan de Maroc et les bombes offertes par le maréchal Valée.

Les Arabes, gens de coup de main, ne sont pas faits pour les longues affaires ; quand ils voient la fin de leur petit sac de farine et de la poignée de dattes qu'ils ont apportées dans un coin de leur burnous, ils s'en vont. Ainsi firent les tribus que l'émir avait appelées du Tell ; ses réguliers demeurèrent seuls ; encore les khiélas étaient-ils en partie démontés ; les chevaux n'avaient plus d'orge. Les mortiers venus, la ville fut bombardée pendant trois jours ; elle ne se rendit pas. L'autorité de l'émir était atteinte ; les fidélités s'ébranlaient. Un convoi de vivres impatiemment attendu, car l'assiégeant commençait à souffrir de la faim, fut pillé par les Larbâ ; c'était une grande tribu qui pouvait envoyer plus de six cents cavaliers à la guerre. A l'heure qui a donné son nom à la razzia, au point du jour, elle se laissa surprendre auprès de Tadjemout par les khiélas de l'émir et lâcha sa proie. C'était la vie assurée au camp pour quelques jours ; mais après ? Ni les boulets ni les bombes n'ayant eu raison de la ville, on essaya de la guerre souterraine ; on fit venir des mineurs de Figuig, les plus réputés parmi les Arabes ; partout leurs galeries rencontrèrent les contre-mines de l'assiégé. Les marabouts des Hachem, la tribu même d'Abd-el-Kader, vinrent lui demander d'abandonner une entreprise qui ne faisait tort qu'à sa puissance. Les Beni-Mzab, sommés par ses collecteurs de payer l'achour, avaient répondu : « Si c'est du secours que tu demandes, nous ne pouvons pas t'en fournir ; pauvres nous-mêmes, nous gardons nos ressources pour aider nos malheureux ; si c'est autre chose que tu veux, nous avons cinq villes, et dans chacune deux mille tireurs comme ceux d'Aïn-Madhi. Viens donc, nous te recevrons en gens de cœur. » Comme les Beni-Mzab, les Flitta refusèrent l'impôt, et la résistance gagna jusqu'aux Hachem.

Cependant Abd-el-Kader ne cédait pas : « Venu fort comme un taureau, disait-il, je ne peux m'en aller comme une vache. » L'aveu de sa défaite, c'était sa déchéance. Après avoir essayé de la force, il se rejeta, de guerre lasse, sur la diplomatie religieuse. De saints marabouts, des agents du sultan de Maroc s'entremirent ; ils prêchèrent Tedjini au nom des grands intérêts de l'Islam ; ils lui persuadèrent de couronner sa magnifique défense, non par une capitulation, mais par un acte de résignation magnanime; en un mot, de céder pour quelque temps la possession d'Aïn-Madhi à l'émir. Il y consentit. Un armistice de sept semaines fut conclu, le 30 novembre; pendant qu'Abd-el-Kader se retirait avec ses troupes à Tadjemout d'abord, puis à Laghouat, Tedjini faisait emporter vers le Zab tout ce que les années avaient accumulé dans la kasba; six cents chameaux furent employés au transport de ses richesses. Les gens d'Aïn-Madhi suivirent l'exemple de leur chef. Quand Abd-el-Kader fit, le 11 janvier 1839, son entrée dans la ville, elle était à peu près vide. Selon la convention, il n'y devait pas demeurer toujours, mais rien n'empêchait qu'en la quittant, il ne laissât derrière lui que des ruines. Le 12, il fit ouvrir par la mine de larges brèches dans ces murs qui lui avaient fait résistance, et l'œuvre de destruction fut achevée par les mains cupides des Arabes, accourus à la curée comme une bande de chacals. Abd-el-Kader fit partout célébrer l'occupation équivoque d'Aïn-Madhi avec autant d'éclat que le plus mérité des triomphes. La proclamation suivante fut faite à Mascara : « L'émir est entré dans Aïn-Madhi; il faut se réjouir d'une aussi éclatante victoire; en conséquence, il est ordonné à tous ceux qui ont chevaux et fusils de faire la fantasia et à tous ceux qui ont des boutiques de les orner de leur mieux, sans quoi leurs biens ne suffiront pas pour racheter leurs têtes. » La jubilation ou la mort!

Après plus de sept mois d'absence, Abd-el-Kader était rentré à Takdemt, le 26 janvier 1839; peu de jours après, appelé par une maladie de sa mère, il vint s'établir à Bou-Korchefa, près de Miliana. C'est là que le commandant de Salles, aide de camp du maréchal Valée, put enfin le joindre. L'émir, qui s'attendait à sa venue, avait convoqué les khalifas de Tlemcen, de Mascara, de Médéa, du Sebaou, les kaïds, les grands des tribus. Devant eux, il reçut avec un dédain superbe les riches présents que lui envoyait le maréchal, puis il réclama deux esclaves appartenant à son premier khodja, et qui s'étaient enfuis à Alger. Le commandant Pellissier, directeur des affaires arabes, s'appuyant de l'autorité du procureur général, soutenait ce principe que la terre de France rend libre tout esclave qui la touche; néanmoins les misérables furent arrêtés, conduits jusqu'à la frontière par les gendarmes maures et remis entre les mains des Hadjoutes. Le commandant Pellissier donna aussitôt sa démission, et le gouverneur nomma le capitaine d'Allonville à sa place. L'acte du maréchal fut cependant blâmé par le ministre de la guerre. Peu de temps après, un cas plus grave s'étant présenté, car il s'agissait d'un nègre de la garde de l'émir, l'extradition fut refusée. Les complaisances du maréchal n'eurent pas plus d'effet que ses présents; lorsque son aide de camp pressa l'émir de s'expliquer enfin sur la question des limites, Abd-el-Kader se retrancha derrière l'avis de son grand conseil, unanimement déclaré contre la convention acceptée par Ben-Arach et pour le maintien absolu du traité de Tafna. Le commandant de Salles dut reprendre le chemin d'Alger sans avoir rien obtenu.

Cependant l'émir ne voulait rompre qu'à son heure et sans se donner les apparences de la rupture. Afin de gagner du temps, il fit rédiger par son secrétaire français des lettres pour le Roi, pour la Reine, pour le duc d'Orléans, pour le maréchal Gérard et pour M. Thiers. Il n'y en eut pas moins de trois successivement adressées au roi Louis-Philippe. Voici les passages les plus expressifs d'une de ces lettres : « Depuis la fondation de l'islamisme, les musulmans et les chrétiens sont en guerre; pendant des siècles, ce fut une obligation sainte pour les deux croyances; mais les chrétiens, négligeant leur religion et ses préceptes, ont fini par ne plus considérer la guerre que comme un moyen humain d'agrandissement. Pour le véritable musulman, au contraire, la guerre contre les chrétiens reste obligatoire dans tous les cas, à plus forte raison lorsque les chrétiens envahissent le territoire des musulmans. D'après ce principe, je me suis donc écarté des préceptes de ma religion lorsque j'ai conclu avec toi, roi des chrétiens, un traité de paix, il y a deux ans, et surtout en cherchant aujourd'hui à consolider cette paix pour toujours. Grand roi des Français, Dieu nous a désignés l'un et l'autre pour gouverner quelques-unes de ses créatures, toi dans une position bien supérieure à la mienne par le nombre, la puissance et la richesse de tes sujets; mais il nous a imposé pareillement l'obligation de les rendre heureux. Examine donc, et tu reconnaîtras que de toi seul dépend le bonheur des deux peuples... « Signe « ou ne signe pas, me dit-on, mais ton refus sera « la guerre. » Eh bien! moi, je ne signe pas et je veux la paix, rien que la paix. Seras-tu compromis, toi, sultan de la nation française, de la nation la plus puissante du monde, en faisant des concessions à un jeune prince dont le pouvoir commence à peine à s'affermir sous ton ombre? Ne dois-tu pas me protéger, me traiter avec indulgence, moi qui ai rétabli l'ordre parmi ces tribus qui s'égorgeaient, qui tâche chaque jour de faire naître chez elles le goût des arts et des utiles professions? Aide-moi donc au lieu de m'entraver, et Dieu te récompensera. Si la guerre éclate de nouveau, je n'ai pas l'orgueil de croire que je pourrai tenir ouvertement tête à tes troupes, mais je les harcèlerai sans cesse; je perdrai du territoire sans doute, mais j'aurai pour moi la connaissance du pays, la frugalité et le dur tempérament de mes Arabes, et surtout le bras de Dieu qui soutient toujours le faible opprimé. Que Dieu t'inspire une réponse digne de ta puissance et de la bonté de ton cœur! »

Toutes ces lettres, renvoyées au maréchal Valée, demeurèrent sans réponse.

A ce moment, le gouvernement traversait la célèbre crise connue dans notre histoire parlementaire sous le nom de la *coalition*. Le cabinet dans lequel une place allait être faite au maréchal venait de succomber; sa chute devait-elle entraîner celle du gouverneur de l'Algérie? Le maréchal n'en douta pas; il envoya sa démission. Le Roi refusa de l'accepter et lui demanda d'attendre au moins la naissance du futur ministère. Après trois mois d'un enfantement plus que laborieux, le nouveau-né vint enfin au monde, le 12 mai 1839. Le général Schneider, nommé ministre de la guerre, s'empressa de dépêcher au maréchal Valée le colonel d'état-major de La Rue pour le prier de rester à son poste; devant tant d'insistance, le maréchal y consentit, et, comme d'habitude, ce fut à la province de Constantine qu'il songea pour inaugurer en quelque sorte le renouvellement de ses pouvoirs.

VI

Depuis l'expédition du général Galbois à Sétif, quelques mouvements de troupes avaient été faits : sur le territoire des Hanencha, pour soutenir le kaïd Resghi contre son éternel rival El-Hasnaoui, ancien allié des Français, devenu leur adversaire; dans les environs de la Calle, pour empêcher les Tunisiens de mettre à contribution les douars soumis à la France; enfin, chez les Ouled-bou-Aziz, pour punir le meurtre commis sur le cheikh Bou-Akal, à l'instigation de l'ancien bey Ahmed. Dans ce dernier cas, les troupes françaises, sous les ordres du lieutenant-colonel de Bourgon, ne firent qu'appuyer en spectateurs l'action des cavaliers

Harakta que conduisit le kaïd Ali. Vers la fin du mois d'avril arriva d'Alger à Constantine le commandant de Salles, avec le titre de chef d'état-major de la division; en fait, cet officier supérieur, aide de camp et gendre du maréchal Valée, n'était que détaché temporairement du quartier général pour une opération spéciale, l'occupation de Djidjeli. Quatre mois auparavant, le 1er janvier 1839, aux environs de ce petit port, un navire de commerce français, le brick *Indépendant*, avait été pillé, après échouage, par les Kabyles qui avaient emmené dans la montagne et mis à rançon les marins du bord. C'était pour obtenir satisfaction et prévenir le renouvellement d'un acte qui rappelait les pires habitudes des anciens Barbaresques, que le maréchal Valée avait conçu le projet dont l'exécution était confiée à son gendre. Afin d'en assurer le succès, des diversions simultanées devaient détourner l'attention des Kabyles sur Mila, sur Bougie et sur Philippeville.

Depuis quatre années, depuis le temps de Duvivier, Bougie n'avait pas cessé de mener la triste existence d'une ville sans habitants, bloquée sans répit et quelquefois, mais à de longs intervalles, saluée par les balles kabyles. Deux événements en avaient seuls varié un instant la monotonie. Dans les premiers jours de son gouvernement, le maréchal Clauzel était venu à Bougie avec l'idée d'en ordonner l'évacuation; mais, sur les observations du colonel Lemercier, il s'était contenté de réduire la garnison en fortifiant davantage la place. Le second événement qui fit époque dans l'histoire du blocus fut tragique. Le 4 août 1836, le commandant Salomon de Musis, du 2e bataillon d'Afrique, avait accepté une entrevue, dans la plaine, avec le cheikh Amziane, frère de cet Oulid-ou-Rebah qui avait été si perfide aux Français. Il s'y était rendu avec le sous-intendant militaire, le kaïd de la ville et l'interprète, laissant en arrière, à quelque distance, la compagnie franche du capitaine Blangini. Insensiblement, les cavaliers du cheikh enveloppèrent le petit groupe, puis tout d'un coup ils firent feu; le commandant et l'interprète furent tués roides; le kaïd, grièvement blessé, le sous-intendant, jeté à terre, accablé de coups de crosse, furent sauvés à grand'peine par la compagnie franche. On peut juger de ce que furent désormais les rapports des successeurs de Salomon de Musis avec Amziane. Au mois d'avril 1839, c'était le lieutenant-colonel Bedeau, de la légion étrangère, qui commandait à Bougie.

Dans la série des mouvements combinés pour

l'affaire de Djidjeli, ce fut lui qui entra le premier en scène. A la tête d'une colonne de six cents hommes, il occupa, pendant la nuit du 11 au 12 mai, le col de Tizi, fit quelques démonstrations aux alentours, eut un assez vif engagement avec Amziane et ne se replia sur Bougie, le 17, qu'après avoir appris l'heureux succès de l'opération principale. La diversion de Philippeville, moins importante, ne dépassa pas la journée du 13. Ce fut dans la matinée de ce jour-là que les bateaux à vapeur *Styx* et *Cerbère,* venant de Bone, débarquèrent sur la plage de Djidjeli le commandant de Salles, un bataillon polonais de la légion étrangère, fort de sept cents hommes environ, un détachement de sapeurs, deux pièces de 12, deux obusiers de montagne. Le chef de bataillon Horain, Polonais de naissance, commandait l'infanterie; l'artillerie était sous les ordres du capitaine Lebœuf. La ville fut occupée sans résistance ; mais le lendemain et les jours suivants, les Kabyles vinrent à l'attaque. Dans le combat du 17, qui fut le dernier, le commandant Horain reçut une blessure mortelle; sa perte excita les plus vifs regrets, non-seulement dans la légion, mais dans toute l'armée d'Afrique, où il était justement estimé. Djidjeli, fortifié comme Bougie, pourvu, comme

Bougie, d'ouvrages avancés, était condamné au même sort que Bougie, au blocus, à la guerre intermittente ; c'était, jusqu'au jour où la Kabylie pourrait être soumise, une conquête illusoire.

Pendant ce temps, le général Galbois, qui aurait dû concourir à l'opération en partant de Mila, n'avait pas jugé prudent de s'engager dans le massif inexploré des Babor; au lieu de tenter l'inconnu, il s'était porté sur Djémila qu'il mit en état de défense. Enhardis par le voisinage de la colonne française, le khalifa El-Mokrani et le cheikh des Riga allèrent attaquer dans la Medjana le lieutenant d'Abd-el-Kader, Abd-el-Salem, et le battirent ; sa musique et ses drapeaux, accompagnés d'un chapelet d'oreilles, furent envoyés triomphalement au général. Quand les travaux de Djémila furent assez avancés pour mettre à couvert la garnison qu'on y laissa, la colonne se dirigea vers Sétif, où El-Mokrani s'établit sous la protection temporaire du bataillon turc et de quelques compagnies du 23e de ligne ; après quoi le général Galbois reprit, avec le reste de ses troupes, le chemin de Constantine par la plaine des Abd-en-Nour. A peine avait-il quitté ces parages qu'Abd-el-Salem y reparut, avant-coureur d'un plus grand que lui. Sous prétexte d'honorer les restes des saints vénérés par les Kabyles, Abd-el-Kader fit savoir au gouverneur qu'il se proposait de visiter, sans appareil militaire, les marabouts des Zouaoua. On l'y vit en effet paraître au mois de juin ; appelé par Amziane, il vint distribuer des burnous d'honneur aux cheikhs les plus hostiles à la France. Des murailles de Bougie on put voir flotter au vent son drapeau rouge et les fanions distinctifs de son escorte. A l'approche du lieutenant-colonel Bedeau qui sortit aussitôt de la place à la tête d'une petite colonne, l'émir se hâta de se mettre au retour par le col de Tizi. Avait-il lieu de se féliciter beaucoup de cette course? Les Kabyles, gent méfiante, l'avaient reçu avec respect, mais sans enthousiasme. Elle eut néanmoins pour effet certain l'évacuation de Sétif, qui n'était pas encore un poste défendable, et la retraite d'El-Mokrani au profit d'Abd-el-Salem. Il est vrai que, deux mois après, l'apparition du colonel Gueswiller dans les mêmes parages y rétablit encore une fois, au bénéfice de l'influence française, cet équilibre instable que l'occupation définitive de Sétif pouvait seule affermir. Au retour, sur le territoire de Djémila, le colonel fut assailli par une bande kabyle; mais l'intervention du kaïd Bou-Akkas, très-respecté dans la montagne, suffit pour mettre fin au combat. Il ne déplaisait pas à ce chef orgueilleux de laisser tomber la paix des plis de son burnous aussi facilement qu'aurait pu s'en échapper la guerre.

En résumé, l'état des affaires dans la province de Constantine était satisfaisant, et le maréchal Valée avait le droit d'écrire, le 20 juillet, à Paris : « Je crois le gouvernement du Roi trop juste pour se refuser à apprécier la différence des résultats obtenus dans cette province où, en moins de deux années, plus de mille lieues carrées ont été soumises à la France, tandis que, depuis près de dix ans, on lutte vainement dans les autres pour la possession tranquille et tout à fait improductive pour l'État de quelques lieues de territoire qu'on a voulu se réserver. »

VII

Pendant ces deux années de progrès dont le gouverneur général de l'Algérie se faisait honneur, son activité laborieuse s'était portée sur d'autres objets que les établissements ou les expéditions militaires ; il avait médité tout un plan de réforme pour l'administration civile et pour la constitution organique de l'armée d'Afrique. Le 27 juillet 1838, il avait adressé au gouvernement un long rapport sur le premier de ces grands sujets. Deux institutions subies par ses prédécesseurs étaient particulièrement dénoncées par lui, l'intendance civile à Alger et la direction des affaires d'Afrique au ministère de la guerre. Il réclamait pour le gouverneur général, assisté d'un directeur de l'intérieur, d'un directeur des finances et d'un directeur de la justice, exécuteurs de ses ordres, l'omnipotence administrative et la correspondance exclusive avec le pouvoir central, représenté par un ministère spécial de l'Algérie et des colonies, ou, si l'on se refusait à cette création nouvelle, par le président du conseil. Une ordonnance royale, promulguée le 31 octobre 1838, ne donna aux idées et aux demandes du maréchal Valée qu'une satisfaction incomplète. L'intendant civil disparut et fut remplacé par un directeur de l'intérieur et un directeur des finances; mais le procureur général, maintenu dans toutes ses attributions, au lieu d'être un simple directeur de la justice, continua d'être indépendant du gouverneur et de correspondre directement avec le garde des sceaux et le ministre de la guerre.

Les idées du maréchal au sujet de la constitution de l'armée d'Afrique n'étaient pas moins absolues. Il condamnait énergiquement le système des détachements distraits, pour telle ou telle circonstance, des corps de troupes régulièrement organisés. « Toutes les formations de compagnies hors ligne, disait-il, ne servent qu'à désorganiser les corps pour favoriser un petit nombre d'individus au détriment de leurs camarades, qui valent souvent autant ou mieux qu'eux. » Ainsi la compagnie franche du 2e bataillon d'Afrique, commandée par le capitaine Blangini, dut rejoindre son corps aussitôt après la prise de Constantine. « De bons régiments, constamment maintenus à un effectif suffisant, écrivait le maréchal au ministre de la guerre, le 17 janvier 1838, me paraissent suffire à tous les besoins du service, surtout lorsqu'ils seront placés sous l'autorité de lieutenants généraux actifs et instruits. Je pense que les principes suivis pour la constitution des armées en Europe peuvent s'appliquer, en les combinant aux exigences du terrain, à la guerre que nous faisons en Afrique. » C'est pourquoi il était systématiquement hostile, non-seulement à la création de nouveaux corps indigènes, mais encore au maintien de la plupart de ceux qui existaient déjà. Il leur reprochait de coûter fort cher et d'être incapables de rendre tous les services qu'on attendait d'eux; ce n'était pas autre chose, selon lui, que la pépinière des réguliers d'Abd-el-Kader; instruits, équipés, armés à la française, les fantassins désertaient pour entrer dans les bataillons d'askers, les cavaliers pour servir dans les escadrons de khiélas. Il n'y avait que les misérables, les vagabonds, les gens sans aveu qui se présentaient à l'enrôlement, et si on les éloignait de leur lieu d'origine, les désertions n'en devenaient que plus nombreuses; ainsi deux cents hommes, recrutés à Constantine et envoyés aux zouaves d'Alger, avaient peu à peu disparu des cadres. Quant à la dépense, elle était excessive; l'entretien d'un spahi coûtait 578 francs de plus que celui d'un chasseur, et l'entretien d'un zouave était de 117 francs plus cher que celui d'un fantassin français. Cependant, pour les spahis, le maréchal voulait bien revenir à l'organisation primitive des chasseurs d'Afrique en mettant à la suite des escadrons français un ou deux escadrons indigènes.

Pour ce qui est des zouaves, il était impitoyable. « Voilà, disait-il, un régiment porté à trois bataillons qui n'a pas 1,500 hommes d'effectif au lieu de 2,600 qu'il devrait avoir, et qui ne compte que 450 indigènes au lieu de 1,000, nombre réglementaire. » Le maréchal proposait donc leur licenciement, sauf à former des éléments français un nouveau régiment d'infanterie légère, et des indigènes un bataillon annexé à la légion étrangère. Énergiquement défendus par le duc d'Orléans, les zouaves furent sauvés, mais en sacrifiant leur troisième bataillon, de création récente. Le maréchal Valée ne s'avouait pas satisfait : « Les zouaves, disait-il en grommelant, n'ont pas pris une part plus glorieuse à l'assaut de Constantine que le 2e léger ou les autres corps qui ont formé des détachements pour le service d'honneur. L'armée a vu avec peine la prédilection qu'on a souvent montrée sans motif pour des régiments étrangers, à la solde de la France. La réduction de ce corps à deux bataillons ne peut être que transitoire et doit avoir nécessairement pour complément sa suppression ou sa *transformation.* » La transformation ne fut pas telle que la demandait le maréchal; elle allait se faire indirectement et peu à peu par l'absorption de l'élément indigène dans les bataillons spéciaux créés sur le modèle des tirailleurs de Constantine, de sorte que cette élimination naturelle ne devait plus laisser dans le régiment de zouaves que l'élément français.

Une ordonnance royale du 31 août 1839 régla l'organisation de la cavalerie. Les régiments de chasseurs d'Afrique, portés à quatre par la création d'un nouveau régiment dans la province de Constantine, eurent, selon la proposition du maréchal, un ou deux escadrons indigènes à la suite des escadrons français, indépendamment des spahis réguliers d'Oran et de Bone qui furent maintenus en corps distincts; ceux d'Alger seuls furent supprimés.

Au mois de septembre 1839, l'effectif général des troupes en Algérie était de 48,000 hommes; mais entre ce chiffre et celui des soldats disponibles prêts à marcher et à combattre, il y avait une différence énorme. Dans les camps systématiquement établis et multipliés par le maréchal, les fièvres paludéennes et la dysentérie faisaient de grands ravages. Sans parler des postes moins considérables et des simples blockhaus, la seule province d'Alger n'avait pas moins de seize camps: autour de la capitale, Koubba, Birkhadem, Tixeraïn, Dely-Ibrahim; à l'est, la Maison-Carrée, Kara-Moustafa, le Fondouk; au sud, l'Arba, l'Harrach, Boufarik; à l'ouest, les deux camps de Blida, supérieur et inférieur, l'Oued-el-Alleg,

Koléa, Maelma, Douéra : seize camps, autant dire seize prisons où l'inaction et l'ennui livraient aux sourdes influences d'un sol mal assaini des malingres hors de résistance; et pourquoi faire? « Nous ne devons pas, écrivait au maréchal Valée le ministre de la guerre, le 31 juillet 1839, nous ne devons pas condamner nos soldats à se fondre annuellement dans des lieux infects pour donner une protection insuffisante à quelques pauvres colons que d'avides spéculateurs s'obstinent à lancer dans la plaine de la Métidja, aussitôt que s'efface le souvenir de leurs premières victimes. »

En effet, où en était, après neuf années, la prétendue colonisation? Il y avait, dans toute l'Algérie, 11,000 Français et 14,000 étrangers de toute origine, Espagnols, Maltais, Italiens, avec quelques Allemands et quelques Suisses; étrangers et Français venus pour la plupart sans ressource et réduits, pour vivre, à demander du travail aux ingénieurs de l'État. C'était tout au plus si, pour dix artisans ou hommes de peine, on trouvait un cultivateur. Le gouvernement avait, dans la plaine, sept établissements agricoles, qui occupaient deux cent trente familles; assez étendues dans le Sahel, les entreprises particulières ne se hasardaient pas volontiers encore dans la Métidja;

cependant les outhanes de Beni-Khelil et de Beni-Mouça comptaient quelques haouchs exploités par des Français ; dans Khachna, on ne voyait guère que des baraques occupées seulement pendant la saison des foins.

C'était la principale affaire du gouvernement sans doute d'assurer à la population non armée sa protection tutélaire ; mais il ne devait pas oublier qu'il y avait aussi de grands intérêts moraux dont il ne lui était pas permis de se désintéresser à son égard ; telle était, au premier rang, l'obligation de pourvoir à ses besoins religieux. « Dieu, disait Abd-el-Kader, récompense la foi, même chez les infidèles; mais ceux qui ont fait la conquête d'Alger ne ressemblent en rien à leurs ancêtres. J'entends dire que quelques-uns ne reconnaissent pas de Dieu; en effet, ils n'ont construit aucune église, et les ministres de leur religion sont peu respectés par eux-mêmes. Ils ne prient jamais. Dieu les abandonnera, puisqu'ils l'abandonnent. » Le fait est que, jusqu'en 1838, les secours de la religion catholique n'étaient donnés, en Algérie, que par un petit nombre d'anciens aumôniers de régiment dont l'autorité morale ou intellectuelle n'était pas toujours suffisante. En dehors d'Alger même, la célébration du culte n'était à peu près régulière qu'à Koubba, Douéra et Boufarik; il était urgent qu'il en fût de même à Oran, à Mostaganem, à Bougie, à Philippeville, à Bone, à Constantine. Par un accord intervenu entre le gouvernement français et la cour de Rome, Alger fut pourvu d'un siége épiscopal dont le premier titulaire fut un prêtre du diocèse de Bordeaux, l'abbé Dupuch. Le nouvel évêque prit possession de son église le 31 décembre 1838. Son premier soin fut de visiter la plus grande partie de son vaste diocèse, la province de Constantine particulièrement, et d'installer dans les paroisses qu'il put fonder des prêtres respectables. En 1839, à l'occasion de la Fête-Dieu, la procession, sortie de la cathédrale, parcourut solennellement les principales rues d'Alger, au milieu des témoignages de respect, non-seulement des catholiques, mais des musulmans eux-mêmes. Il leur plaisait de voir enfin que leurs vainqueurs avaient un culte.

VIII

De Mascara, de Miliana ou de Takdemt, Abd-el-Kader, très-bien renseigné sur le compte des

Français, observait avec attention tout ce qui se passait chez eux depuis Oran jusqu'à Constantine. Son autorité, un moment ébranlée pendant le long siége d'Aïn-Madhi, avait été promptement raffermie par sa main puissante. Ses khalifas pressaient la rentrée des impôts et l'enrôlement des réguliers; les cadres des bataillons d'askers et des escadrons de khiélas se remplissaient de recrues, pendant que les sacs de boudjous s'amoncelaient dans les coffres du trésor. Des ateliers s'ouvraient dans les établissements nouveaux de Saïda et de Taza; des fusils, des barils de poudre, du soufre, du plomb, du fer, envoyés de Gibraltar et de Tanger, arrivaient en longs convois des frontières du Maroc à Tlemcen.

Le 3 juillet, devant une assemblée des khalifas, des kaïds et des grands, réunie à Taza et semblable à celle qui s'était tenue à Boukorchefa, cinq mois auparavant, un des officiers du sultan-chérif, envoyé solennellement de Fez, revêtit d'un kafetan d'honneur Abd-el-Kader, lieutenant de Mouley-Abd-er-Rahmane; puis, d'une acclamation unanime, le *djihad*, la guerre sainte fut décidée contre l'infidèle; mais l'heure de la déclaration demeura réservée au jugement de l'émir. Au mois d'août, il parcourut les montagnes et les vallées de l'ouest, demandant aux tribus de l'argent, beaucoup d'argent, pour faire aux chrétiens la guerre, « non pas une guerre comme par le passé qui n'avait dû qu'irriter le Prophète, mais une guerre vraiment sainte, où chacun, pour gagner le paradis, devait se préparer à mourir ». Le 15 octobre, il rentrait à Mascara. D'après les instructions du maréchal Valée, datées de Constantine, ce même jour, le général qui commandait les troupes d'Oran expédiait au capitaine Daumas, accrédité par le gouverneur près d'Abd-el-Kader, l'ordre de rentrer dans les lignes françaises. L'occasion si patiemment attendue par l'émir, c'était l'adversaire qui enfin la lui présentait lui-même.

Le duc d'Orléans, qui avait la nostalgie de l'Algérie, avait obtenu du Roi l'autorisation d'y revenir et de visiter surtout la province de Constantine. Décidé d'abord pour le printemps de 1839, le voyage s'était trouvé retardé jusqu'à l'automne. Le 23 septembre, le prince prit terre à Mers-el-Kébir ; ni gouverneur, ni lieutenant général même pour le recevoir ; une bourrasque de nord-ouest avait retenu dans le port d'Alger le gouverneur, et la maladie empêchait le lieutenant général Guéhéneuc de faire au royal visiteur les honneurs d'Oran. Enfin, comme si c'eût été une gageure de la fortune, quand le prince, amené par le *Phare,* arriva devant Alger, il ne trouva personne au débarcadère : l'homme de vigie n'était pas à son poste, et le maréchal ne fut averti que trop tard. Pendant huit jours, le duc d'Orléans visita les établissements civils et militaires de la ville, tout le chapelet des camps de la Métidja, les grands haouchs, les plantations Hurtin, Saint-Guilhem, Vialar. A Koléa, il passa en revue les zouaves avec une satisfaction que ne feignit pas de partager le gouverneur. Enfin, le 6 octobre, ils s'embarquèrent l'un et l'autre à bord du *Phare,* escortés par le *Crocodile* et le *Cocyte,* qui portaient le 2ᵉ léger dont Changarnier venait d'être nommé colonel. Ils virent en passant Bougie et Djidjeli, et débarquèrent, le 8, à Stora, où les attendait le général Galbois, accompagné des grands chefs de la province.

L'état sanitaire de Philippeville était déplorable, et le service hospitalier encore pire. Il faut citer ici l'expression indignée du prince : « Mille malades entassés sous quelques baraques en planches mal jointes ou sous de vieilles tentes trop minces, et par conséquent trop chaudes ou trop froides, gisent tout habillés sur la terre humide, sans paille, sans air, sans eau, car les ustensiles manquent pour leur donner à boire, sans médicaments et presque sans médecins, car les officiers de santé, trop peu nombreux, succombent eux-mêmes, victimes de fatigues au-dessus de leurs forces. Dans ces affreux charniers, les malades sont livrés à de soi-disant infirmiers qui, voilant sous une hypocrite apparence de philanthropie leur refus de combattre et de travailler, exploitent et dépouillent ceux qu'ils devraient assister et soulager. » L'indignation du duc d'Orléans ne fut pas stérile ; de son voyage ont daté de grandes et salutaires réformes dans les services du casernement et des hôpitaux. Le 12 octobre, il vit enfin Constantine, qui, depuis si longtemps, remplissait son imagination de rêves et de regrets. Pour don de joyeuse entrée, il accorda aux indigènes la vie de cinq des leurs, condamnés pour connivence avec l'ancien bey Ahmed. De même qu'à Philippeville, son passage fut marqué par des améliorations importantes au profit du bien-être et de la santé des troupes.

Le 16, le duc d'Orléans et le gouverneur partirent pour Mila. Le bruit général était qu'ils allaient forcer entre Sétif et Bougie le passage des montagnes kabyles ; et, de fait, le lieutenant-colonel Bedeau, commandant de Bougie, venait de recevoir d'Alger un bataillon du 62e en renfort. A

Mila, 5,300 hommes de toutes armes étaient réunis : le maréchal Valée en forma deux divisions : la première, sous les ordres du duc d'Orléans, comprenait trois bataillons du 2e léger et deux du 23e de ligne, faisant ensemble 2,500 baïonnettes, 360 chasseurs d'Afrique et spahis, une compagnie de sapeurs et quatre obusiers de montagne ; la seconde, commandée par le général Galbois, de force un peu moindre, se composait du 17e léger, d'un bataillon du 22e de ligne, du 3e bataillon d'Afrique, des tirailleurs de Constantine, de 350 chasseurs et spahis, d'une compagnie de sapeurs et de deux obusiers de montagne. Un troupeau conduit par des nègres, un convoi de neuf cents mulets chargés de vivres pour dix jours, étaient encadrés entre les colonnes. Le 18, l'expédition se mit en marche à travers le Ferdjioua ; le prince reçut en passant les chevaux d'hommage que vint lui offrir le kaïd Bou-Akkas. Arrivées à Sétif, le 21, les deux divisions y furent retenues par une pluie torrentielle jusqu'au 25. Ce temps d'arrêt fut employé par le gouverneur à préparer l'occupation définitive de ce poste, qui était un point stratégique de la première importance, et à donner des audiences aux nombreux cheikhs du pays kabyle accourus de toutes parts pour surveiller cette menace d'invasion, la détourner, s'il était possible, ou sinon la combattre. L'un d'eux, en se retirant, tua d'un coup de pistolet un caporal du 2e léger à moins de cent pas des avant-postes.

Le 25, l'expédition vint camper sur l'Oued-bou-Selam, près d'Aïn-Turco ; le lendemain, au moment où l'avant-garde allait s'engager dans le chemin de Bougie, elle fit tout à coup tête de colonne à gauche et prit la direction de Bordj-bou-Areridj ; mais cette direction, c'était celle des Biban, des fameuses Portes de fer, la direction d'Alger ! A cette révélation soudaine de la pensée du chef, l'enthousiasme envahit les rangs avec d'autant plus de force que le secret du maréchal avait été mieux gardé. Le soir, le bivouac fut établi près de Bordj-Medjana. Le 27, au lieu de la plaine aride et nue que l'expédition avait traversée depuis Sétif, elle trouva un pays charmant, raviné, arrosé, vêtu de la plus admirable verdure ; c'était au bivouac seulement que l'attendait un fâcheux déboire : le ruisseau limpide où tous les bidons allaient à l'envi se remplir, l'Oued-Bouktoune charriait dans ses eaux perfides, chargées de sulfate de magnésie, un violent purgatif.

Le 28, à l'aube, un ordre du jour annonça que la première division, augmentée du 17e léger et de deux escadrons, allait traverser les Portes de fer, tandis que la seconde reprendrait le chemin de Constantine. On se mit en marche; au bout d'une heure, la vallée de l'Oued-Boukloune, réduite aux étroites proportions d'un ravin, parut barrée par une gigantesque muraille. Pendant les anciens âges, une convulsion géologique y a fait deux cassures, la grande Porte et la petite; ce fut dans celle-ci que s'engagea la division d'Orléans. « La sombre horreur de ce défilé, a dit le général Changarnier plus tard, dépassa l'idée que nous nous en étions faite. Pendant six kilomètres, un ruisseau, un filet d'eau que deux heures de pluie élèvent à sept ou huit mètres, circulait entre deux parois de roc, absolument dénudées, exactement perpendiculaires, dont la hauteur varie de quatre-vingts à cent cinquante mètres, et si rapprochées l'une de l'autre que nous fûmes obligés de modifier le chargement des mulets. Avec le beau temps, avec le ruisseau réduit à son minimum, il fallut sept heures à notre faible colonne pour faire ces six kilomètres. Si l'orage, qui nous a inondés une demi-heure après notre sortie, nous avait assaillis pendant que nous cheminions sur une seule file entre les impitoyables parois, nous aurions tous été noyés. La pluie tombée pendant notre séjour à

Sétif avait laissé du limon à trente pieds de hauteur. » Sur une des parois du défilé, on put désormais lire cette simple inscription gravée par les soldats : *Armée française*, 1839.

Le 29, on fit une grande halte chez les Beni-Mansour, pour abreuver chevaux et mulets, qui depuis cinquante-deux heures étaient restés sans boire. Là on eut les premières nouvelles de Ben-Salem, que les Arabes disaient être campé à trois lieues environ dans le sud ; on saisit des courriers d'Abd-el-Kader qui s'en allaient appeler, pour un temps prochain, les Kabyles à la guerre sainte. Le 30, une heure avant le jour, le duc d'Orléans se porta rapidement avec la cavalerie, deux compagnies d'élite du 2e léger et deux obusiers de montagne, sur le fort de Hamza qu'il trouva inoccupé, délabré, désarmé, mais que le maréchal Valée décida de relever sous son vieux nom turc de Bordj-Bouira. Le 31, dernier jour d'octobre, il y eut un petit engagement d'arrière-garde contre quelque trois cents Kabyles de Beni-Djead et cinq ou six cents cavaliers de Ben-Salem ; du côté des Français, la perte ne fut que de deux morts et de dix ou douze blessés. Enfin, le 1er novembre, la division, suivie par quelques groupes d'Arabes qui lui tiraient de loin en loin des coups de fusil, traversa les vallées de l'Isser et de l'Oued-Khadra et vint coucher au Fondouk, où elle trouva les troupes d'Alger amenées par le général Rullière à sa rencontre. Des fêtes couronnèrent cette expédition de quinze jours, qui n'avait été en quelque sorte qu'une promenade triomphale. Le duc d'Orléans réunit dans un vaste banquet, sur l'esplanade de Bab-el-Oued, le 5 novembre, tous ceux qui, sans distinction de grade, avaient passé avec lui les Biban. A la fin du repas, monté sur une table, il fit à ses compagnons d'armes des adieux pleins de cordialité, de chaleur et de bon espoir, et, le lendemain, il s'embarqua pour la France.

Le 19 novembre, à Paris, le maréchal Soult, président du conseil, écrivait au maréchal Valée : « C'est un beau mouvement stratégique, militaire et politique au plus haut degré, que vos savantes combinaisons ont mis le prince royal à même d'exécuter sous votre direction. Je me garderai bien de dire que, de votre part, il y a eu de la témérité; non sans doute; il n'y a eu que justesse de calcul, science consommée et assurance de succès. Aussi ce succès a été complet et a surpassé tout ce qu'on pouvait attendre de vous, Monsieur le maréchal, de la présence du prince et de vos vaillantes troupes. C'est un beau titre de gloire que celui d'avoir écrit, après les Romains et les dix-huit siècles qui nous en séparent, cette page d'histoire, et d'avoir fait pénétrer les Français dans ces pays par des passages que les anciens maîtres du monde n'avaient pas osé franchir. »

Le 19 novembre, en Algérie, la Métidja était depuis dix jours en proie aux incursions des Hadjoutes. Le 10, le commandant Raphel, du 24e de ligne, attiré dans une embuscade par le kaïd El-Bechir, le plus habile chef de ces hardis cavaliers, y était tombé mort. Le 13 et le 16, des coups de feu avaient été tirés sur la ville et sur les camps de Blida. En même temps, une sorte d'aspiration du dehors faisait rapidement le vide parmi les tribus de la plaine; en dépit des postes retranchés, des redoutes, des blockhaus, les douars disparaissaient comme le poisson s'échappe entre les mailles élargies d'un filet trop lâche.

Le 20, jour néfaste, de l'est, du sud, de l'ouest, des hordes de cavaliers, qui par les défilés des Isser, qui par la gorge de l'Harrach, qui par les ravins du Bou-Roumi et de l'Oued-Djer, s'abattirent sur la plaine et, comme autant de trombes, y portèrent la dévastation et la mort. Tous les établissements européens, toutes les plantations, toutes les cultures furent anéantis; heureux les colons qui purent sauver leurs têtes! Dans le Sahel, on ne se croyait plus en sûreté : dans Alger même, on était en crainte. Le lendemain, ce fut encore pis. Un détachement, sorti du camp d'Oued-el-Alleg au-devant de la correspondance de Blida, fut détruit tout entier avec les renforts que le commandant du camp avait amenés à son aide, et les quinze cents Arabes exécuteurs de ce carnage portèrent victorieusement au khalifa de Miliana cent huit têtes françaises.

Quand Abd-el-Kader avait reçu, le 31 octobre, à Takdemt, les nouvelles des Biban : « Louanges à Dieu! s'était-il écrié; l'infidèle s'est chargé de rompre la paix; à nous de lui montrer que nous ne craignons pas la guerre! » Le lendemain, il avait pris le chemin de Médéa, envoyant partout ses ordres pour la prise d'armes universelle. Le 20 novembre était la date arrêtée par lui; si les Hadjoutes avaient devancé l'heure, c'était le fait de leur particulière impatience. Le 18 novembre, l'émir adressait au maréchal Valée sa déclaration et son cartel : « Je t'ai déjà dit que tous les Arabes sont d'accord pour faire la guerre sainte. J'ai employé tous mes efforts pour changer leur idée; mais personne n'a voulu la durée de la paix, et je suis obligé de les écouter pour être fidèle à notre sainte loi. Ainsi je me conduis loyalement avec toi, et je t'avertis de ce qui est. Renvoie mon oukil d'Oran et tiens-toi prêt; car, s'il arrive quelque chose, je ne veux pas être accusé de trahison. Je suis pur, et jamais il ne se fera par moi rien de contraire à la droiture de notre loi. Le Roi, lorsque je lui ai écrit, m'a fait répondre que toutes les affaires étaient chez toi, soit de paix, soit de guerre. Tiens-toi pour averti; avec tous les croyants, je choisis la guerre. »

Oui, c'était fait du traité de la Tafna; c'était la guerre. Le maréchal Valée, qui, par le passage des Biban, l'avait rendue inévitable, le maréchal Valée qui devait s'y attendre, qui s'y attendait si bien que, dès le 15 octobre, il avait rappelé de Mascara le capitaine Daumas, son chargé d'affaires, le maréchal Valée s'était pourtant laissé surprendre. La dévastation de la Métidja, qui faisait tort à sa vigilance, n'était pas davantage à l'honneur de ses conceptions militaires.

CHAPITRE X

LA RUPTURE DU TRAITÉ DE LA TAFNA

I. Premières mesures de défense. — Demande de renforts. — Lettre du duc d'Orléans. — II. Changarnier à Boufarik. — Combat d'Oued-el-Alleg. — Le 2e léger. — Combat du Bois-Sacré. — III. Affaires d'Oran. — Mazagran. — Combat de Ten-Salmet. — Affaires de Constantine. — Ben-Gana. — Aïn-Turco. — IV. Occupation de Cherchel. — Le duc d'Orléans et le duc d'Aumale. — Défi d'Abd-el-Kader. — Combat d'El-Afroun. — Audace d'Abd-el-Kader. — Marche sur Cherchel. — V. Assaut du col de Mouzaïa. — Combat du Bois des Oliviers — VI. Occupation de Miliana. — Combat du 15 juin. — Changarnier ravitaille Miliana. — VII. Discussion parlementaire. — État de l'armée. — VIII. Aïn-Tailazid. — Le télégraphe. — D'Aïn-Tailazid à Médéa. — IX. Combat de Kara-Moustafa. — Détresse de Miliana. — Ravitaillements. — X. Affaires de Constantine et d'Oran. — La Moricière à Oran. — Mort du colonel de Maussion. — Rappel du maréchal Valée. — Conclusion.

I

Comment le maréchal Valée allait-il faire la guerre? D'après quels principes? Entre la méthode qu'il préconisait et celle que soutenait le général Bugeaud, il y avait toute la distance de la défensive à l'offensive. Il le reconnaissait volontiers et s'en faisait gloire. « Mon opinion sur le système à suivre pour soumettre le pays, écri-

vait-il, le 31 août 1839, au maréchal Soult, diffère de celle émise par plusieurs généraux. La guerre offensive a de nombreux partisans, et l'on répète encore qu'il faut avoir en Afrique de nombreuses colonnes mobiles qui aillent chercher partout l'ennemi, qui le combattent et le détruisent; on assure qu'on arrivera ainsi à la domination générale. Je ne le crois pas, car l'expérience des Turcs est là pour montrer les résultats d'un semblable système. Mon avis, au contraire, est que désormais, en Afrique, la guerre doit être défensive. L'Arabe fuira constamment devant nos colonnes; il les laissera s'avancer aussi loin que la nécessité de nourrir les soldats le permettra, et il reviendra ensuite en donnant à leur retraite l'apparence d'un revers. L'habileté, en Afrique, consiste à attirer les Arabes au combat. Pour atteindre ce but, il faut se tenir habituellement sur la défensive, s'emparer à l'improviste des portions du territoire qu'on veut occuper, et y former des établissements permanents qui excitent la susceptibilité nationale des Arabes. Ces établissements ne tarderont pas à être attaqués. Le succès du combat sur une position choisie à l'avance sera certain, et la terreur qui suivra une défaite amènera la soumission des tribus voisines. »

Cependant, le 20 décembre 1839, quand la Métidja fut inondée par la cavalerie d'Abd-el-Kader, une colonne mobile aurait apparemment mieux servi que tous les camps retranchés du maréchal qui ne servirent de rien. Sans vouloir avouer que sa théorie avait tort, il ne laissa pas, dans la pratique, de faire comme s'il le reconnaissait; car il se hâta de se créer une colonne mobile en faisant évacuer la moitié de ses postes retranchés. Ainsi furent abandonnés, du 27 novembre au 7 décembre, le camp inférieur de Blida, les camps d'Oued-el-Alleg et de l'Harrach, en même temps qu'une douzaine de redoutes et de blockhaus. L'évacuation fut si vite menée qu'on fut réduit à livrer aux flammes, faute de temps et de moyens de transport, le foin en meules d'Oued-el-Alleg; il y en avait pour une somme importante. Des garnisons retirées le général Rullière composa une colonne de 2,500 hommes destinée surtout à la protection du Sahel, où la terreur était grande. « C'est, lui écrivait le gouverneur, la défense du Sahel qui doit vivement nous préoccuper, et dans toutes les opérations que vous croirez utile d'entreprendre, c'est toujours le Sahel dont il ne faut pas permettre l'entrée à l'ennemi. C'est à cet effet qu'un corps mobile est formé, et si, en le portant en avant ou à droite, vous vous apercevez qu'un corps ennemi manœuvre vers le Sahel, c'est ce corps qu'il faut suivre, attaquer et détruire, s'il est possible. » Dans Alger même, la population était assez inquiète pour que l'ordre fût donné d'armer les batteries de l'enceinte, et d'exercer sur l'entrée et la sortie des indigènes la plus active surveillance; peu s'en fallut même que la ville ne fût mise en état de siége.

Tout en prenant un peu tard ces mesures de protection et de défense, le maréchal Valée réclamait du gouvernement un renfort considérable et immédiat. Les états de situation ne donnaient pour toute l'armée d'Afrique, au 1er décembre, qu'un total de 39,624 hommes présents sous les armes. « L'ennemi, disait le gouverneur dans une dépêche du 23 novembre, l'ennemi nous appelle à la guerre. Il ne veut même plus nous laisser l'étroit espace dans lequel nous étions resserrés. La France doit lui faire une éclatante réponse; notre armée doit le refouler à son tour, et assurer par un vaste établissement au sud et à l'ouest la sécurité du territoire livré à la colonisation. L'issue de la convention de la Tafna a prononcé sur le système d'occupation restreinte. Je ne me dissimule pas que de grands sacrifices doivent être la suite de la position dans laquelle la force des choses nous a placés. Ces sacrifices, je viens, au nom de la colonie, les demander au Roi et au pays; 12,000 hommes de plus sont indispensables; j'en fais au gouvernement du Roi la demande formelle. Je demande surtout qu'il n'y ait aucune hésitation et que, dès l'ouverture de la session, un vote non équivoque de la législature, un crédit de vingt ou trente millions, s'il le faut, vienne enlever à l'émir sa dernière espérance. »

Avant le 17 décembre, près de 5,800 hommes d'infanterie étaient déjà réunis à Toulon.

« Le Roi et son conseil, écrivait au maréchal le duc d'Orléans, ont accepté sans hésitation, sans récrimination, la situation actuelle de l'Algérie. L'opinion publique, la presse ont suivi cet exemple; les Chambres seront entraînées de même. Jamais général en chef n'aura été soutenu et traité comme vous l'êtes : appui moral, récompenses pour vos troupes, pouvoir d'agir, liberté de mouvements, renforts immédiats et abondants en hommes, chevaux, mulets, matériel, approvisionnements de tout genre, vous aurez tous les éléments d'un succès que garantit votre habileté et que réclame un pays qui a droit d'être jaloux de son honneur, lorsqu'il se montre prodigue de ses ressources.

La juste confiance du Roi et de son gouvernement a dû laisser au général en chef, qui est sur les lieux et qui est le seul juge de l'opportunité et de la possibilité des opérations, le choix des coups que, dans cette lutte critique et décisive, il s'agit de porter à la puissance d'Abd-el-Kader; cependant, la pensée du Roi et du conseil serait d'opérer principalement par Alger dans la province de Titteri, de s'y établir fortement, en occupant, s'il y a lieu, Médéa, Miliana, Cherchel, et de se relier par la vallée du Chélif avec les troupes qui d'Oran auraient fait une diversion vers ce fleuve, sans occuper, dans une première campagne, Mascara, ni surtout Tlemcen. Reprendre, pour une lutte solennelle, une place encore chaude, si je puis m'exprimer ainsi, parmi ces troupes que je viens de commander dans une expédition presque pacifique, répondre à l'appel que l'Afrique fait à ses défenseurs, c'est plus qu'un droit pour moi, c'est, à mes yeux, un devoir d'honneur qui fait taire toute autre considération et qui a été apprécié par le Roi et son conseil. J'ai écarté l'offre d'un commandement distinct du vôtre; le service en eût souffert. Je n'ai d'autre ambition que le bien général. Je partirai d'ici avec mon frère d'Aumale, qui fera ses premières armes sous vos ordres. L'opinion publique et la presse se préoccupent vivement de mon départ, et, tant que cela ne va pas jusqu'à des manifestations qui troubleraient ma liberté, je ne puis qu'être touché d'une sollicitude qui me prouve que mes efforts pour me tenir à hauteur de ma position n'ont pas été complétement perdus; mais ni les motifs qu'on allègue, ni aucune considération d'intérêt, ni aucun calcul d'avenir ne pourront me retenir ici lorsque, dans mes inflexibles idées de point d'honneur, je crois avoir un devoir à remplir. Le cri de ma conscience me conduira en Afrique; Dieu réglera l'avenir. »

II

En attendant l'arrivée des renforts demandés et promis, le maréchal Valée ne pouvait que se tenir sur ses gardes. Des trop nombreux camps retranchés qui avaient été complétement inutiles, ceux qui restaient occupés étaient plutôt un embarras qu'autre chose; car, bloqués comme ils étaient, il fallait, pour les ravitailler seulement, livrer presque tous les jours de petits combats où l'on perdait du monde sans avancer en rien les affaires. Le 30 novembre, le maréchal avait envoyé à Boufarik le colonel Changarnier avec deux bataillons de son régiment, deux cent cinquante chasseurs d'Afrique et deux pièces de campagne commandées par le capitaine Bosquet; le troisième bataillon du 2e léger était au camp de l'Arba. Les zouaves du colonel de La Moricière continuaient d'occuper le camp de Koléa. La Moricière et Changarnier relevaient du général de Rostolan, qui se tenait en arrière, à Douéra, avec quinze ou seize cents hommes. Les ménagements qui, l'année précédente, avaient fait différer l'occupation effective de Blida, n'étaient plus de saison. Duvivier, récemment promu maréchal de camp, y avait établi son quartier général, et commandait à la fois la ville et le camp supérieur. Le général de Rostolan et lui avaient pour chef direct le général Rullière; enfin, les garnisons de Kara-Moustafa et du Fondouk recevaient les ordres du général de Dampierre.

Situé à distance à peu près égale de ces divers postes retranchés, Boufarik avait une grande importance stratégique. C'était de ce point central que devait rayonner la colonne dont le commandement mit tout de suite en vedette le colonel

Changarnier, son chef. Attentif à tout ce qui se passait aux alentours et très-alerte, il était résolu à ne laisser jamais sans réponse les provocations de l'ennemi. Le 3 décembre, le khalifa de Miliana, Mohammed-ben-Allal-ben-Sidi-Mbarek, plus brièvement connu sous le nom de Ben-Allal ou de Sidi-Mbarek, le plus habile et le plus vaillant des lieutenants d'Abd-el-Kader, était descendu en plaine avec trois ou quatre mille chevaux, et, s'approchant de Beni-Mered, manœuvrait de façon à envelopper le troupeau de l'administration; les deux bataillons du 2e léger, de front, en colonne double à distance de peloton, l'artillerie et la cavalerie dans l'intervalle, marchèrent à lui d'une si belle allure qu'il n'attendit pas leur approche, et, suivi à coups de canon, rentra prudemment dans la montagne.

Le 14, une division de cinq mille hommes, composée en grande partie des troupes de Douéra et de Boufarik, partit de ce dernier camp, sous le commandement du général Rullière, pour ravitailler Blida et le camp supérieur. Telle était la vigilance des Kabyles, qui avec l'assistance d'un bataillon d'askers en faisaient étroitement le blocus, que ces deux postes si rapprochés ne pouvaient même plus communiquer entre eux. A quatre kilomètres de Blida, au delà de Méred, la division aperçut sur sa gauche les réguliers formés en bataille et la cavalerie arabe prête à fondre sur l'arrière-garde. Une double charge des chasseurs d'Afrique, conduite par le colonel de Bourjoly d'un côté, par le commandant Bouscaren de l'autre, prévint la double attaque et dégagea, la mitraille aidant, les abords du camp supérieur. Depuis trois jours on y criait la soif, les Kabyles ayant obstrué la rigole qui l'alimentait. Le lendemain, le convoi fut conduit à Blida, sous la protection du 2e léger, dont les tirailleurs, embusqués sur la berge de l'Oued-Kébir, tenaient l'ennemi à distance. Quand la colonne reprit le chemin de Boufarik, réguliers et cavaliers tentèrent un retour offensif qui ne réussit pas mieux que leur tentative de la veille. Dans ces petites affaires, la division française eut dix hommes tués et quatre-vingts blessés, dont cinq officiers. Ce fut la dernière opération menée par le général Rullière, qui, n'étant pas toujours d'accord avec le maréchal Valée, demanda son rappel en France.

Dans le même temps les généraux de Rostolan et de Dampierre s'occupaient de ravitailler, l'un Koléa, l'autre les camps de l'Arba, de Kara-Moustafa et du Fondouk. L'état des affaires à l'orient de la plaine n'était pas brillant; Ben-Salem y régnait en maître et partageait justement avec Sidi-Mbarek la confiance d'Abd-el-Kader.

Aussitôt après le départ de la colonne, qui, le 14 et le 15 décembre, venait de débloquer, pour un moment, Blida et le camp supérieur, Sidi-Mbarek avait repris et resserré plus étroitement le blocus; il lui était arrivé de Médéa un canon et un obusier qu'il mit en batterie contre la ville; mais ce n'était pas le feu de cette artillerie mal servie qui inquiétait la garnison, c'était le manque d'eau. Maîtres du cours supérieur de l'Oued-Kébir, les Kabyles espéraient réduire leurs adversaires par la soif. Il y avait dans Blida des citernes, et, pendant un temps donné, la garnison pouvait se passer du torrent; mais, au camp supérieur, le 24e n'avait pas cette ressource. Deux fois, le colonel Changarnier, venu de Boufarik, réussit à déblayer la rigole du camp; lui parti, le barrage fut aussitôt refait par les Kabyles. Averti de la détresse du 24e, le maréchal Valée prit à Douéra les troupes du général de Rostolan et se rendit, le 30 décembre, à Boufarik. Il y arriva triste, préoccupé, impatient des retards qui retenaient à Toulon la plus grosse part des renforts promis de France, humilié de l'attitude passive qu'en attendant il était contraint de subir. « On nous oublie, dit-il en arrivant au colonel Changarnier; notre situation est déplorable; elle est honteuse. Ces trois ou quatre mille hommes sont tout ce que j'ai pu réunir pour voir ce qui se passe autour de Blida et de Koléa. » Le lendemain, au point du jour, la colonne se mit en marche, grossie de la garnison de Boufarik. Le convoi, venu d'Alger à la suite du maréchal, fut laissé provisoirement à l'abri du camp retranché.

Après une avant-garde de spahis et de voltigeurs marchaient à hauteur égale deux bataillons du 2ᵉ léger, puis deux bataillons du 23ᵉ de ligne, les uns et les autres encadrant quatre cents chevaux du 1ᵉʳ chasseurs d'Afrique et quatre pièces de campagne, puis un bataillon du 17ᵉ léger et cent chasseurs à l'arrière-garde. La direction était donnée, non sur Blida, mais sur l'ancien camp d'Oued-el-Alleg. L'espoir du maréchal était d'attirer l'ennemi en plaine. Vers neuf heures, on vit un gros de cavalerie, détaché du blocus de Blida, défiler parallèlement au flanc gauche de la colonne, mais à rebours, contourner l'arrière-garde, reparaître sur le flanc droit et faire, deux heures plus tard, sa jonction avec un autre corps qui venait de traverser la Chiffa; d'infanterie on n'apercevait pas trace encore. Deux fois cette masse de cavalerie fit mine d'attaquer; deux fois elle s'arrêta devant le feu des tirailleurs. Après une longue halte près de l'ancien camp d'Oued-el-Alleg, la marche fut reprise au sud, vers Blida. Il était trois heures; la journée, bien avancée dans cette saison, semblait perdue. On approchait du ravin herbu qui marque l'ancien lit de l'Oued-Kébir, quand un lieutenant des gendarmes maures, employés comme éclaireurs, vint dire au colonel Changarnier qu'il avait vu, de l'autre côté du ravin, en avant de la nouvelle direction que suivait la colonne, briller une ligne de baïonnettes. Se porter au galop vers le point indiqué par le guide fut pour le colonel l'affaire d'un instant; alors il vit de ses yeux un gros corps d'infanterie marchant sur un grand front. Pendant qu'un de ses officiers courait à toute bride vers le maréchal, Changarnier tirait le 2e léger de la colonne et déployait sur la berge droite du ravin ses deux bataillons. Sur l'autre berge, l'infanterie signalée faisait aussi son déploiement. Il y avait là trois bataillons de réguliers, un seul déployé selon les règles, les deux autres divisés par pelotons entre lesquels étaient intercalés des groupes de Kabyles : l'uniforme de ceux-là, le burnous de ceux-ci marquaient par des bandes alternées, grises et blanches, la composition singulière de cette longue ligne de bataille. Pendant le déploiement de l'ennemi, lentement fait, le colonel Changarnier donnait pour instructions, aux officiers, de ne pas laisser tirer un coup de fusil, aux soldats, de marcher résolûment, la baïonnette au canon, mais, jusqu'à nouvel ordre, l'arme sur l'épaule droite, au tambour-major, de ne le pas perdre de vue et de se tenir prêt, au signal de son épée, à faire battre la charge. En ce moment le maréchal arriva, non plus triste et morne comme la veille, mais rayonnant de joie et de bon espoir.

L'épée tendue, Changarnier commençait à lui indiquer les dispositions faites, quand, le tambour-major prenant pour le signal convenu le geste de son colonel, tout à coup la charge battit. Tandis que le 2e léger, d'un pas allègre, franchissait le ravin, le maréchal donnait ses ordres, au 23e de suivre le mouvement, aux chasseurs d'Afrique de se porter en avant et de se rabattre sur le flanc droit de l'ennemi, au 17e léger et à l'artillerie de faire un feu nourri sur la cavalerie arabe. Quand le 2e léger, le ravin franchi, parut au sommet de la berge, une salve l'accueillit, une seule; ceux qui venaient de la fournir n'eurent pas le temps d'en préparer une seconde. Abordée, percée, rompue en tronçons épars, l'infanterie si laborieusement alignée par Sidi-Mbarek fuyait vers la Chiffa, Kabyles et askers confondus, rejetés de la baïonnette sur le sabre et du sabre sur la baïonnette. Côte à côte avec le colonel de Bourjoly, le maréchal Valée menait la charge des chasseurs d'Afrique; mais tel était l'élan du 2e léger qu'après trois kilomètres parcourus tout d'une haleine, quand il fit halte aux broussailles de la Chiffa, les chasseurs n'avaient pas sur lui d'avance. Il avait laissé au 23e de ligne, qui venait après lui, le soin de glaner sur le champ de bataille les prisonniers qu'il n'avait pas le temps de faire. « Jamais, dans toutes mes campagnes, disait le maréchal, jamais je n'ai vu un aussi beau mouvement d'infanterie. » Le succès était complet; sur le terrain jonché de morts et de blessés, l'ennemi avait abandonné une pièce de canon, trois drapeaux, des caisses de tambour, des fusils par centaines. Du côté du vainqueur, la perte était de quatre-vingt-douze blessés et de treize morts. Le combat d'Oued-el-Alleg acheva pour Changarnier ce qu'avait ébauché la retraite de Constantine. Déjà bien vu du maréchal Valée depuis l'expédition des Biban, la confiance du gouverneur lui fut de ce jour-là tout à fait acquise.

Le 1er janvier 1840, le général de Rostolan amena de Boufarik à Blida le convoi de ravitaillement, et le 4, la division reprit, en passant par Koléa, le chemin d'Alger. Boufarik était occupé par le 23e de ligne et le 2e bataillon d'Afrique. La garde de Blida était confiée au 24e de ligne et celle du camp supérieur au 2e léger, qui fut rallié par son troisième bataillon.

Sous le commandement énergique et l'initiative hardie de son colonel, le 2e léger fut bientôt un modèle pour les troupes d'Algérie. La marche du régiment, la première où la sonnerie du clairon ait accompagné le battement du tambour, devint célèbre et n'eut quelque temps après pour rivale que celle des zouaves; le sac de campement décousu et soutenu par des piquets fut le premier type de la tente-abri; la couverture que les hommes trouvaient trop lourde à porter sur un sac déjà lourd, coupée en deux devint la demi-couverture réglementaire. Nulle troupe n'était plus alerte à se rassembler sous les armes. Si le clairon de garde à la baraque du colonel sonnait la marche du régiment, en trois minutes il était formé en colonne, les hommes ayant dans le sac le pain, le riz, le sucre et le café pour trois jours; si la sonnerie, suivie d'un certain refrain, indiquait qu'il ne fallait prendre que la couverture, une chemise et les vivres, trois minutes et demie suffisaient pour modifier le paquetage; si un autre refrain prescrivait de ne prendre que le fusil et la cartouchière, en deux minutes la colonne était prête. L'appel se faisait pendant la marche ou à la première halte. Sévère, acerbe pour les négligents, impitoyable pour les poltrons, « car, a dit expressément Changarnier, il y en a dans les meilleures troupes, même en plus grand nombre que ne le croit le vulgaire, si prodigue de courage en paroles », il était obligeant pour les zélés et les braves. En tout ce qui intéressait la subordination et la discipline, il avait une main de fer.

Peu de jours après l'installation du régiment au camp supérieur, un matin, au moment de la soupe, on entend des cris, des coups de feu, des appels; c'est le troupeau du camp qui est enlevé par les Arabes; aussitôt, d'instinct, les hommes se jettent sur leurs fusils et, sans ordres, s'élancent hors du camp à la poursuite des maraudeurs; le bétail est repris : victoire! En arrière, sur les parapets du camp, les clairons ont depuis longtemps sonné la retraite; les héros de l'escapade reviennent, joyeux de la recouvrance, quand au milieu de la route, ils voient se dresser devant eux, à cheval, le colonel, pâle de colère, les lèvres serrées, l'œil plein de menaces. On est rentré dans le camp, on a formé le carré ; le colonel est au centre : « Soldats du 2e léger, dit-il d'une voix frémissante, allez vous vanter de vos exploits ! Tout un régiment pour combattre une centaine de mauvais Arabes contre lesquels il m'aurait suffi d'envoyer une escouade ! J'en rougis pour notre drapeau. » Les officiers sont mis aux arrêts, les sous-officiers à la garde du camp. Tout le monde est saisi ; l'humiliation est grande, mais elle est méritée : on ne s'y exposera plus.

Depuis la journée du 31 décembre, l'ennemi ne faisait plus que de temps à autre des apparitions timides ; du haut de la position de Mimich, leurs vedettes se bornaient à surveiller Blida. Entre la ville et le camp supérieur, le général Duvivier faisait ouvrir une route à travers les jardins et les orangeries. Chaque jour, un millier d'hommes sortaient du camp et de Blida, employés alternativement au travail et à la surveillance. Le 29 janvier 1840, ils venaient d'arriver à l'ordinaire, quand, à huit heures, d'une futaie d'oliviers appelée communément le Bois-Sacré, une violente fusillade éclata sur eux ; puis apparurent des compagnies d'askers et des bandes de Kabyles. D'abord surpris, les travailleurs se rallièrent sous la protection de leurs camarades armés, reprirent leurs fusils, et, commandés par le lieutenant-colonel Drolenvaux, du 2e léger, se formèrent, prêts à combattre. Aux premiers coups de feu, le général Duvivier avait fait sortir de Blida un bataillon du 24e; plus rapidement encore, le colonel Changarnier était accouru avec ses deux bataillons disponibles et quatre obusiers de montagne. En passant, il avait posté dans un jardin entouré de cactus, sous les ordres du capitaine Leflô, deux cents hommes et deux obusiers, pour tenir à distance un gros corps de cavalerie qui venait de la Chiffa; puis il s'était jeté dans le flanc gauche de l'infanterie ennemie que les troupes de Drolenvaux attaquaient de front. En peu d'instants le Bois-Sacré fut repris, et il ne fallut pas beaucoup plus de temps pour refouler au delà de l'Oued-Kébir l'assaillant qui avait compté faire de cette surprise la revanche d'Oued-el-Alleg. Dans cette affaire, qui découragea définitivement l'ennemi et rendit la sécurité à Blida, le 2e léger eut soixante-cinq hommes tués ou blessés.

Autant le gouverneur était satisfait de la prestesse de Changarnier, autant il blâmait l'extrême circonspection du général Duvivier qui, d'ailleurs, avait eu le tort de se laisser surprendre. « Le général Duvivier, écrivait-il au général d'Houdetot, le 1er février, me paraît trop exclusivement occupé de la défense de Blida; quatre mille cinq cents hommes y sont réunis contre un ennemi beaucoup moins fort, en admettant même qu'il y eût deux bataillons réguliers. Ce point, fort par lui-même, fort par l'existence du camp supérieur que le général regarde comme un inconvénient, et qui cependant empêche Blida d'être bloqué de près, en prenant des revers contre les attaques et la base d'opération de l'ennemi, s'il veut sortir des montagnes, ce point ne devrait pas faire oublier au général l'ensemble des opérations de l'armée et le concours qu'il doit prêter à leur exécution. »

III

Il y avait près d'un mois que la guerre avait envahi la province d'Alger, alors qu'autour d'Oran tout restait tranquille encore; c'est qu'Abd-el-Kader avait concentré ses forces entre Médéa et

Miliana, dans le Titteri. Le 13 décembre, pour la première fois, le khalifa de Mascara, Ben-Tami, fit une démonstration contre Mazagran, puis, le 17, une autre contre Arzeu. Le 23, ce fut le khalifa de Tlemcen, Bou-Hamedi, qui se présenta devant Misserghine. Deux mois s'écoulèrent ensuite sans autres incidents que des vols de bétail faits par les Gharaba, et des représailles infligées aux voleurs par le général Moustafa-ben-Ismaïl : le vieux guerrier avait reçu du gouvernement français le grade de maréchal de camp au titre étranger. Au mois de février 1840, des attaques simultanées furent dirigées par les Arabes contre Misserghine, Arzeu et Mazagran. La dernière, seule, vaut la peine qu'on s'y arrête, moins pour son importance réelle que pour la renommée excessive qui lui a été faite inopinément par la légende.

Mazagran, petite ville aux trois quarts ruinée, désertée par ses habitants, était pourvue d'une redoute bien construite où 123 hommes du 1er bataillon d'Afrique tenaient garnison, sous les ordres du capitaine Lelièvre; ils avaient une pièce de canon, des cartouches, de l'eau et des vivres; rien ne leur manquait. Le 2 février, cinq ou six cents Arabes, dirigés par Moustafa-ben-Tami, se logèrent dans les ruines, tandis que, du côté de la plaine, un nombre de cavaliers à peu près double investissait la redoute. Le khalifa avait amené de Mascara une vieille bouche à feu qui ne put tirer qu'un seul coup. Après quatre journées de fusillade, inquiété sur ses derrières par le lieutenant-colonel Du Barail, commandant de la petite garnison de Mostaganem, et menacé d'être abandonné de ses hommes, qui, leurs maigres provisions consommées, ne pensaient plus qu'à regagner leurs douars, Ben-Tami essaya, le 6 au matin, d'une tentative d'assaut que la défense repoussa sans beaucoup de peine ni beaucoup de pertes; dans ces cinq jours, elle n'eut que trois morts et seize blessés; après quoi, les Arabes se retirèrent. Réduite à ses proportions exactes, l'affaire faisait assez d'honneur aux défenseurs de Mazagran; mais que dire de ces exagérations prodigieuses, de tous ces détails imaginés ou grossis à plaisir, disproportionnés, hors de mesure : présence d'Abd-el-Kader, multitude d'assaillants, canonnade furieuse, carnage de l'ennemi, silos comblés de cadavres? Que penser de ces éclats de fanfare lancés par les journaux de Toulon et de Marseille pour étourdir les gens de bon sens, égarer l'opinion publique, abuser le gouvernement, donner le change à l'histoire? Oui, malgré la protestation des *Annales algériennes,* l'histoire est encore encombrée de ces faussetés voulues. Était-elle bonne pour l'armée, cette glorification, cette apothéose des *zéphyrs,* l'écume de la société militaire? « Les exemples qu'ils donnent aux autres troupes sont pernicieux, écrivait le général Trézel; il faut regretter même d'avoir quelquefois des éloges à leur accorder pour leur bravoure, dans la crainte que ces éloges n'accréditent l'opinion très-fausse, très-dangereuse, qu'un mauvais sujet, un homme adonné à toute sorte de vices peut être un bon soldat et mérite alors la même considération et les mêmes récompenses. »

Cinq semaines après l'affaire de Mazagran, le 12 mars, trois ou quatre cents Arabes viennent, sous le canon de Misserghine, menacer les troupeaux des Douair. Le lieutenant-colonel des spahis d'Oran, Jusuf, qui commande le camp, sort avec 250 de ses hommes, quatre compagnies du 1er de ligne, sous les ordres du chef de bataillon Mermet, et deux obusiers de montagne. Les spahis s'avancent sur un large front dans la plaine, suivis de deux compagnies déployées en tirailleurs; les deux autres en colonne forment la réserve. A leur approche, les Arabes se retirent et les attirent; on est déjà loin du camp. Tout à coup, du ravin de Ten-Salmet débouche à grand bruit, à grands cris, une masse de cavaliers : c'est Bou-Hamedi qui a dressé l'embuscade; c'est lui qui va diriger le combat. La ligne trop étendue des spahis est enfoncée, coupée, mise en déroute. Les tirailleurs d'infanterie, traversés eux-mêmes, se pelotonnent par petits groupes, cinq ou six ensemble, la pointe de la baïonnette au poitrail des chevaux, et peu à peu se replient sur la réserve. Voilà quatre compagnies, trois cents hommes environ, noyées dans des flots d'ennemis en rase campagne. Heureusement, quatre autres compagnies, mises en éveil par les fuyards, sont accourues du camp avec le commandant d'Anthouard. Au lieu de les laisser se former en carré comme les premières, et d'avoir ainsi deux petites redoutes mobiles échelonnées pour la retraite, flanquées l'une par l'autre, le lieutenant-colonel Jusuf a la fâcheuse idée de donner au commandant Mermet l'ordre de faire entrer dans sa formation les nouveaux venus. C'est un mouvement et c'est un moment critique d'où peut résulter la destruction des uns et des autres. Par une bonne chance, les Arabes ne savent pas mettre l'occasion à profit. Enfin, les huit compagnies forment un carré unique de six cents hommes qui rétrograde lentement, la baïonnette croisée, s'arrêtant quelquefois pour fournir des feux de salve. Après sept heures de combat, il est rejoint par quelques pelotons de spahis ralliés, par des secours envoyés d'Oran, et rentre enfin derrière les parapets de Misserghiné. Si, au lieu de s'acharner uniquement sur cette faible troupe, Bou-Hamedi s'était porté en avant avec une partie de son monde, ce n'est pas le camp à peu près dégarni qui aurait pu arrêter ses ravages. Tel quel, son succès lui paraissait suffire : il emportait trente-deux têtes de spahis et neuf de soldats français; si tous les blessés étaient tombés entre ses mains, c'eût été une centaine de têtes qu'il aurait envoyées à Mascara. Mauvaise pour le lieutenant-colonel Jusuf et pour les spahis, la journée du 12 mars était glorieuse pour le 1er de ligne et pour les commandants Mermet et d'Anthouard. Les Arabes disaient de ce carré : « C'était un blockhaus de feu. » Et maintenant, quand on sait que jamais les Arabes n'ont pu forcer un poste retranché, que l'on compare à la défense de Mazagran le combat de Ten-Salmet! C'est celui-ci qui est vraiment un beau fait d'armes; mais qui le connaît? Qui donc en a jamais entendu parler? La renommée est allée tout entière à l'autre.

Djémila nous a montré, dans les derniers jours de l'année 1838, un poste ouvert bien défendu; la même province de Constantine va nous fournir encore, en 1840, l'exemple d'une défense aussi mémorable; mais, auparavant, il convient de signaler un fait considérable accompli dans le sud par Ben-Gana, le Cheikh-el-Arab. Bel-Azouz, khalifa d'Abd-el-Kader pour le Zab, était entré dans le Djérid avec un bataillon de réguliers, deux pièces d'artillerie et mille cavaliers. Attaqué, le 24 mars, par le Cheikh-el-Arab et complétement battu, il perdit ses canons, ses tambours, trois drapeaux, la moitié de ses fantassins et le tiers de ses cavaliers. En témoignage de son succès, Ben-Gana envoya au général Galbois son propre yatagan tout ébréché des coups qu'il avait portés, les trois drapeaux et cinq cents oreilles droites proprement coupées sur les morts. A la réception de cet étrange et sanglant trophée, la population de Constantine se mit en fête, comme au temps du bey Ahmed, quand elle allait voir les têtes des Français accrochées à la kasba. Ben-Gana fut fait officier de la Légion d'honneur et reçut une indemnité de 40,000 francs pour les primes qu'il avait dû payer de sa bourse aux coupeurs d'oreilles. « Cet événement, écrivait le maréchal Valée au ministre de la guerre, a une grande importance. Pour la première fois depuis dix ans, un chef institué par nous marche seul contre les troupes d'Abd-el-Kader et obtient sur elles un succès constaté. Désormais le petit désert nous appartient. Ben-Gana, soutenu par nos troupes qui vont se rapprocher des Portes de fer, soumettra toutes les tribus du Djérid et appuiera Tedjini. Je prescris de lui rembourser les dépenses qu'il a faites. »

Puisque le gouverneur et le gouvernement, d'après son avis, acceptaient dans la province de Constantine le concours des grands chefs, il fallait bien accepter aussi, dans une certaine mesure, leurs façons de faire qui chez eux étaient de tradition : ainsi les oreilles coupées, ainsi, en dépit du maréchal Valée, la responsabilité collective et la razzia. Cernés, au mois d'avril, par trois colonnes parties de Constantine, de Sidi-Tamtam et de Ghelma, les turbulents Harakta se virent enlever en un jour 80,000 têtes de bétail; il est vrai que le lendemain, quand on fit, au camp d'Aïn-Babouch, le recensement de la capture, il ne se trouva plus que 230 chameaux, 550 bœufs et 22,700 moutons; les Arabes auxiliaires s'étaient honnêtement attribué, pendant la marche, les

56,000 bêtes qui manquaient. L'effet de cette grande razzia fut de rendre les Harakta plus humbles et de rétablir la tranquillité dans toute la partie orientale de la province.

A l'ouest, l'occupation définitive de Sétif, après l'expédition des Biban, paraissait avoir eu un résultat pareil. Dans la Medjana néanmoins, Abd-el-Salem et Ben-Omar, lieutenants d'Abd-el-Kader, disputaient encore au khalifa Mokrani la possession de la plaine. Afin de relever et de soutenir l'influence du grand chef allié des Français, le général Galbois prescrivit l'établissement d'une redoute sur la position d'Aïn-Turco. Le 3 mai, un bataillon du 62e y fut conduit par le commandant de La Cipière. A peine les travaux de terrassement étaient-ils ébauchés que, dès le 4, Ben-Omar vint à l'attaque avec un bataillon de réguliers et de nombreuses bandes de Kabyles. Pendant cinq jours, tout autant qu'à Mazagran, le commandant de La Cipière sut se maintenir dans un poste absolument ouvert. Ravitaillée de vivres et de munitions par le colonel Lafontaine, commandant de Sétif, qui lui laissa un canon et quelques fusils de rempart, la petite garnison d'Aïn-Turco se vit, après son départ, investie et attaquée derechef, jusqu'à ce que le camp d'Abd-el-Salem eût été emporté par le général Galbois et ce qui restait des bandes de Ben-Omar mis en déroute par les Arabes de Mokrani. Pour perpétuer le souvenir de la belle défense d'Aïn-Turco, le général décida que l'ouvrage construit sur la position porterait le nom de Redoute du 62ᵉ. En France, il en fut d'Aïn-Turco comme de Djémila : on n'y sut rien d'un des plus beaux faits de guerre qui aient été accomplis en Afrique. Il convient cependant d'ajouter, à titre de circonstance atténuante, qu'en ce mois de mai, tout ce que le public avait d'attention était absorbé par les événements militaires de la province d'Alger.

IV

Au mois de février 1840, le maréchal Valée avait reçu la plus grande partie des renforts réclamés et promis. Sans parler des nombreux détachements envoyés par les dépôts des corps qui servaient en Afrique, le ministre de la guerre avait fait partir de France deux nouveaux régiments d'infanterie, le 3ᵉ léger et le 58ᵉ de ligne, un bataillon de tirailleurs, armé d'une carabine à longue portée, créé l'année précédente à Vincennes et type des futurs chasseurs à pied, douze escadrons de chasseurs à cheval et de hussards formant deux régiments de marche, trois batteries de campagne, trois compagnies de sapeurs, un escadron du train des équipages et quinze cents mulets de bât. L'effectif général de l'armée d'Afrique, au 1er mars, approchait de 60,000 hommes répartis en quatre divisions affectées, les deux premières avec une réserve à la province d'Alger, la troisième à la province d'Oran, la quatrième à la province de Constantine. L'effectif des divisions d'Alger et de la réserve dépassait 33,000 hommes.

L'heure était venue d'exécuter le plan de campagne proposé par le maréchal, accepté par le gouvernement, et dont le prologue devait être l'occupation de Cherchel. Il y avait pour commencer par là une raison urgente, la même qui, l'année précédente, avait décidé l'occupation de Djidjeli. Le 26 décembre, un bâtiment de commerce français avait été capturé par une tartane de Cherchel ; était-ce donc, après dix années, la renaissance de la piraterie barbaresque ? Le bruit courait que des corsaires musulmans avaient été signalés dans les parages de Barcelone.

Pour cette opération préliminaire, trois brigades furent organisées, sous les ordres des généraux d'Houdetot, de Dampierre, Duvivier, et sous le commandement supérieur du maréchal Valée en personne. Le rendez-vous général était indiqué à Bordj-el-Arba. Le 12 mars, les trois colonnes commencèrent, chacune de son côté, le mouvement, se réunirent, le 13 au soir, et arrivèrent, le 15, devant Cherchel, après avoir échangé quelques balles avec les Arabes. La ville était déserte ; il n'y restait qu'un mendiant aveugle et un idiot contrefait. Les trois journées suivantes furent employées à construire quelques ouvrages avancés dans lesquels on planta des blockhaus, et à creuser un fossé autour du mur en pisé qui formait le corps de place. Le 19, l'expédition quitta Cherchel, dont le commandement fut confié au colonel Bedeau, avec une garnison formée du 2e bataillon d'Afrique, dont le chef était alors le commandant Cavaignac. Le 21, les troupes rentrèrent dans leurs cantonnements ; elles ramenaient une soixantaine de blessés, mais elles n'avaient à regretter que deux morts, dont un noyé au passage de la Chiffa.

Pendant que le maréchal Valée préparait l'occupation de Cherchel, un changement politique dans le gouvernement avait ramené M. Thiers au pouvoir; depuis le 1er mars, il était pour la seconde fois président du conseil. Sa haute situation était assurément un gage de faveur pour les affaires algériennes; cependant tous ses collègues ne paraissaient pas aussi bien disposés à leur égard. « Ce brusque changement, écrivait le duc d'Orléans au gouverneur, devait réagir naturellement sur l'Algérie. Tout fut remis en question, les hommes et les choses. On attaqua avec une ardeur contenue par la seule influence du Roi et, j'ose le dire, par mes efforts, le système que vous avez appliqué avec tant de succès et dont vous êtes le pivot, même aux yeux de ceux qui le combattent aujourd'hui. » Le 17 mars, le général Despans-Cubières, ministre de la guerre, fit porter par un de ses aides de camp au gouverneur l'ordre d'attendre de nouvelles instructions et de renforcer d'abord la division d'Oran qu'il trouvait sacrifiée. Cette crise, qui ne laissa pas d'ébranler l'autorité du maréchal, dura quinze jours; enfin, le 2 avril, le ministre autorisa l'exécution du plan de campagne agréé par son prédécesseur; le 1er avril, le duc d'Orléans put écrire au maréchal Valée : « Je pars satisfait de voir se dissiper toutes les préventions dont le nouveau cabinet n'avait pas d'abord été tout à fait exempt dans son premier jugement sur l'Afrique. Le président du conseil et ses collègues vous rendent aujourd'hui pleine justice. Vous le verrez par les communications que j'ai à vous faire et, dès auparavant, par les instructions qui vont vous être transmises pour les opérations premières de la campagne et ne sont guère que la confirmation de vos propositions au gouvernement du Roi. Mon départ a été laborieux, car personne que moi ne pouvait vouloir sacrifier à la voix inflexible de ma conscience toutes les considérations auxquelles j'ai dû préférer le sentiment qui me ramène dans les rangs de vos troupes. »

Le 13 avril, la population d'Alger fit au duc d'Orléans le plus chaleureux accueil ; au premier rang de son état-major, on se montrait avec une curiosité sympathique un chef de bataillon au 4ᵉ léger, le plus jeune de ses officiers d'ordonnance ; c'était le duc d'Aumale, son troisième frère.

Avant d'attaquer Abd-el-Kader corps à corps, il importait de savoir aussi exactement que possible quelles étaient ses ressources. D'après les notes et les informations rapportées de Mascara par le capitaine Daumas, le trésor renfermé dans ses coffres pouvait être évalué à 1,500,000 francs, et l'entretien de ses troupes régulières à 54,000 francs par mois. Il avait sur pied 4,800 fantassins askers, 1,000 cavaliers khiélas et 150 topjis qui servaient quatorze pièces de campagne. Ces forces réglées étaient inégalement réparties entre ses huit khalifas, Mohammed-bou-Hamedi à Tlemcen, Moustafa-ben-Tami à Mascara, Ben-Allal-ben-Sidi-Mbarek à Miliana, Mohammed-el-Barkani à Médéa, Ahmed-ben-Salem au Sebaou, Ahmed-ben-Omar dans la Medjana, Bel-Azouz dans le Zab, Kaddour-ben-Abd-el-Baki dans le Sahara; mais chacun d'eux pouvait appeler aux armes les goums de sa circonscription, de sorte qu'on estimait à 50,000 chevaux pour le moins le chiffre de cette force irrégulière. Les magasins militaires de toute sorte, les ateliers, les fabriques étaient dans le fond du Tell, à Takdemt, Boghar, Taza, Saïda, Tafraoua.

Dans sa lutte pour le triomphe de l'islamisme, c'était à l'âge glorieux de Saladin que l'émir demandait les plus hautes inspirations de son zèle. Hanté par les grands souvenirs du temps héroïque des croisades, il adressa, le 15 avril, au maréchal Valée ou plutôt à la France entière ce défi superbe : « J'ai appris que vous voulez m'attaquer avec cinquante mille hommes ou plus. Je ne crains pas, avec l'aide de Dieu, le nombre de vos soldats. Vous savez que mon royaume n'a que huit ans d'âge, tandis que le vôtre dure depuis près de deux mille ans, que vous avez des troupes nombreuses et de nombreux instruments de guerre. Eh bien ! donnez-moi des instruments de guerre que je vous payerai avec de l'argent ; alors, je réunirai des troupes, la moitié seulement des vôtres, et nous combattrons. Ou bien, restons chacun dans les pays qui sont dans nos mains d'ici à douze ans ; alors mon royaume aura vingt ans d'âge : chaque année de mon royaume comptera pour un siècle du vôtre, et nous combattrons. Envoyez un homme de chez vous qui comptera mes soldats ; opposez-moi deux hommes contre un, je vous jure que je n'augmenterai pas d'un guerrier le nombre qui sera compté. Que le maréchal vienne sur le champ de bataille : j'enverrai contre lui un de mes khalifas. Si mon ami est le plus fort, alors vous m'abandonnerez l'intérieur du pays et vous resterez dans les villes maritimes ; si votre ami est le plus fort, alors, moi, je ne vous disputerai pas le chemin depuis Alger jusqu'à Constantine. Que le duc d'Orléans vienne sur le champ de bataille : moi, l'esclave de Dieu, j'y viendrai aussi. Si je parviens à le vaincre, alors vous retournerez tous dans votre pays, et vous laisserez dans les villes tout ce qui appartient au beylik ; vous partirez seulement avec vos biens et vos têtes. Si, au contraire, lui parvient à me vaincre, vous serez débarrassés de moi et la province sera pour vous. Si vous acceptez une de ces propositions, faites réunir les consuls des nations pour qu'ils soient témoins. Quoique vous nous regardiez comme faibles, nous sommes forts par Dieu, qui est notre maître et notre victoire. Je vous jure, au nom de Dieu qui nous a honorés par l'Islam, qui nous a chéris pour avoir suivi notre seigneur Mohammed, — que le salut soit sur lui ! — que vous ne posséderez pas la régence, que vous n'y serez jamais en repos et que vous n'en jouirez pas. Celui de vous qui restera vivant me verra un jour sur le trône d'Alger, et celui de vous qui sera alors à Alger sera sous le sabre des croyants. » Que répondre à ce fier cartel, à cette provocation d'un autre âge ? Évidemment rien selon la raison. Mais le sentiment chevaleresque s'indignait qu'on n'y pût rien répondre, et l'honneur trouvait humiliant que la raison silencieuse laissât le beau rôle avec le dernier mot à l'émir.

Puisqu'il était interdit de parler, il fallait au plus tôt substituer l'action à la parole.

Le corps d'armée qui allait faire campagne, sous le commandement du maréchal gouverneur, était formé de deux divisions et d'une réserve commandées, la première division par le duc d'Orléans, la seconde par le général de Rumigny, la réserve par le général de Dampierre. Il comprenait quinze bataillons, treize escadrons, quatre batteries, quatre compagnies de sapeurs, un nombre de soldats du train suffisant pour conduire un convoi de six cents mulets; l'effectif total était de dix mille hommes. Douze bataillons, quatre escadrons et huit bouches à feu restaient dans la province d'Alger, sous les ordres du général de Rostolan. Avant de s'engager à l'ouest, au delà de la Chiffa, le maréchal voulut assurer la tranquillité de la Métidja orientale que menaçait un rassemblement d'Arabes et de Kabyles commandés par Ben-Salem. Une colonne, formée au camp du Fondouk, de sept bataillons, de six escadrons et de quatre obusiers de montagne, se porta, le 19 avril, sur le campement de l'ennemi, qui, refusant le combat, se mit en retraite et disparut derrière les montagnes des Isser. En revenant au Fondouk, le maréchal y laissa le général de Rostolan avec quatre bataillons, prescrivit l'évacuation du camp de l'Arba, passa deux jours à Alger pour régler l'administration des affaires pendant son absence, et se rendit, le 25, à Blida, où l'attendait le corps expéditionnaire.

Le 27 avril, il passa la Chiffa. La plaine des Hadjoutes s'étendait devant lui; au fond, sur la droite, on apercevait le bois des Kareza; à gauche, sur les hauteurs d'El-Afroun, les tentes d'un campement arabe. Le soir, vers quatre heures, la première division commençait à installer son bivouac au bord du lac Halloula, quand les avant-postes signalèrent un gros corps de cavalerie qui débouchait par la gorge de l'Oued-Djer. C'était la cavalerie de Sidi-Mbarek. Aussitôt les marmites renversées, les faisceaux rompus, les troupes sous les armes, le duc d'Orléans se dirigea rapidement sur l'aile gauche de l'ennemi que l'artillerie de la réserve canonnait au centre. Quand il voulut faire porter aux chasseurs d'Afrique l'ordre de charger sans retard, ce fut le duc d'Aumale qui se présenta, et quand le régiment s'ébranla pour la charge, ce fut le jeune officier d'ordonnance qui partit en avant, botte à botte avec le colonel. A gauche, les deux régiments de marche s'étaient pareillement engagés. Traversée par les escadrons français, la ligne arabe s'était reformée derrière; il fallut d'un autre élan la repercer au retour, puis la charger deux fois encore et de front et de revers avant de la décider à la retraite. Dans le va-et-vient de ces heurts de cavalerie, semblables au choc des vagues dans une mer démontée, le lieutenant-colonel Miltgen, commandant le 1er régiment de marche, fut atteint d'une blessure mortelle. Débarrassés de leurs sacs, les zouaves et le 2e léger achevèrent la défaite des Arabes, qui, la nuit venue, disparurent par le ravin du Bou-Roumi. Tel fut le combat d'El-Afroun, prologue heureux de la campagne ouverte ce jour-là même, et pour le duc d'Aumale, vaillant début, joyeux élan dans la carrière qu'il se préparait à fournir.

Le lendemain et le jour d'après, l'armée ne fit que des mouvements indécis; le maréchal Valée paraissait attendre qu'Abd-el-Kader descendît dans la plaine. Il y descendit en effet, le 29, au milieu du jour, avec dix mille cavaliers en bel ordre. On eût dit vraiment qu'il passait en revue les troupes françaises, tant il mit d'insolence à parader en avant d'elles. On pouvait aisément le distinguer, au milieu de la longue colonne, précédé de ses étendards, suivi de ses cavaliers rouges. Tout à coup, par un mouvement absolument inattendu, on le vit s'engager entre le lac Halloula et la droite de l'armée. Une marche de flanc dans un défilé, quelle audace! mais, pour le maréchal, quelle occasion magnifique! On attendait un ordre, un coup de canon, un signal; rien ne vint. Au bout d'une heure, d'une longue heure, le maréchal commanda face en arrière, et ce fut tout; l'émir était déjà loin. Inquiet pour le Sahel qu'il semblait menacer, le maréchal se contentait de le suivre. Dans tous les rangs, la déception fut grande : « Ah! se disaient les vieux *africains*, ce n'est pas le maréchal Clauzel qui eût manqué la chance! Comme il aurait eu bientôt fait de bousculer cette parade! » D'autres, au souvenir de la Sikak, rappelaient le général Bugeaud. Cette journée malheureuse devait faire à l'autorité morale du maréchal Valée un tort irréparable. On ne cessa pas de respecter son caractère; on continua de rendre justice aux qualités solides de « ce bronze vivant, de ce lanceur de bombes, de cet obusier de vingt-quatre », comme disaient entre eux les jeunes officiers, mais on lui contesta les mérites d'un manieur d'armée, d'un capitaine de champ de bataille, et la confiance des troupes s'éloigna instinctivement de lui. « On n'a pas d'idée de ce que c'est que dix mille hommes conduits de la sorte, écrivait La Moricière; cela dépasse de beaucoup tout ce que je pouvais imaginer. Il est impossible de prévoir ce qui pourrait arriver dans une affaire un peu sérieuse. »

Le lendemain 30 avril, pendant que l'armée rétrogradait vers la Chiffa, il y eut, au passage de l'Oued-Djer, un combat d'arrière-garde où se distingua particulièrement un bataillon de la légion étrangère. Le 2 mai, le corps expéditionnaire bivouaqua autour de Haouch-Mouzaïa; c'était là que le maréchal avait résolu de faire construire, avant de s'engager dans la montagne, une vaste redoute destinée à recevoir les blessés, les malades, un grand dépôt de munitions et de vivres. Lorsque les travaux lui parurent assez avancés, il laissa, pour les achever, les sapeurs du génie avec un bataillon du 48e, et se remit, le 7 mai, en mouvement, non pas dans la direction de Médéa, mais encore une fois à travers la plaine. Contraint naguère par les ordres du ministre d'envoyer un renfort à la division d'Oran, l'entêté gouverneur n'en avait pas pris son parti; c'était l'équivalent de ce renfort qu'il s'était fait renvoyer d'Oran et qu'il allait recevoir à Cherchel.

Le 8, dans l'après-midi, le corps expéditionnaire n'en était plus qu'à trois lieues; il venait d'entrer sur le territoire de la belliqueuse tribu des Beni-Menacer. La route, belle et large, était dominée, sur la rive gauche de l'Oued-Hachem, par une suite de hauteurs peu élevées, mais très-abruptes; afin de protéger le passage de la colonne, le colonel Changarnier reçut du général Duvivier l'ordre de les faire occuper par trois compagnies de son régiment. Le détachement parti, le colonel, qui le jugeait un peu faible, voulut le rejoindre et le commander lui-même. Quand il fut au sommet de l'escarpement, il aperçut à quelque distance une grande masse de Kabyles, dix fois supérieurs en nombre, qui se disposaient pour l'attaque. Une sorte d'isthme séparait les deux troupes. Couchés derrière un pli de terrain, les hommes du 2e léger attendaient; seuls, le colonel Changarnier et le commandant Levaillant, à cheval, apparaissaient au-dessus des broussailles; derrière eux, les clairons étaient prêts à sonner la charge. Au moment où les Kabyles, resserrés par l'étranglement du terrain, abordaient l'isthme sur un front plus étroit, au signe du colonel, la sonnerie éclata, les trois compagnies se dressèrent et, d'un feu à bout portant, foudroyèrent les rangs pressés de la colonne ennemie; puis, sans lui donner le temps de se reconnaître, elles se jetèrent, tête baissée, baïonnette en avant, sur la masse ahurie qui s'enfuit à la hâte et se dispersa dans le dernier désordre. « Cette attaque, a dit Changarnier, fut irrésistible parce qu'elle était imprévue; elle eût été moins impétueuse et moins franche si nos soldats n'eussent été placés de manière à ne pas voir, avant le choc, les masses contre lesquelles ils allaient se heurter. Ils furent étonnés de leur victoire en voyant les Beni-Menacer, éparpillés par la fuite, couvrir au loin le plateau. » Dans cette lutte corps à corps, les trois compagnies eurent douze tués, dont un officier, et huit blessés. Quelques heures après, le 17ᵉ léger eut avec d'autres bandes kabyles une affaire d'arrière-garde.

A Cherchel étaient arrivés d'Oran trois bataillons détachés du 15ᵉ léger, du 1ᵉʳ et du 41ᵉ de ligne, et d'Alger un gros approvisionnement de munitions et de vivres. Le 10, le corps expéditionnaire, grossi du renfort, mais alourdi par le convoi, reprit le chemin de la Métidja. Tant qu'on fut en pays de montagne, la fusillade ne cessa pas à l'arrière-garde et sur les flancs; le lendemain, journée plus calme, ramena de bonne heure la colonne à la redoute de Haouch-Mouzaïa, son point de départ. Le bivouac établi, le duc d'Orléans convoqua dans sa tente les deux généraux de brigade avec tous les chefs de corps de la première division, et leur annonça pour le lendemain, 12 mai, l'attaque du col de Mouzaïa. Il ajouta que toutes les forces d'Abd-el-Kader, réunies derrière des retranchements construits à l'européenne, préparaient à l'assaillant une résistance qu'il serait d'autant plus glorieux de vaincre.

V

La nuit était venue. Étagés de gradin en gradin sur l'amphithéâtre de montagnes au fond duquel s'ouvre le col, les feux de l'ennemi donnaient à l'armée le spectacle d'une illumination splendide; ainsi s'annonçait la fête. Au bivouac, on ne dormit guère; la veillée des armes se fit comme il convient dans l'attente d'un grand jour. Les hommes avaient ordre de n'emporter que les cartouches, le biscuit, la ration de viande cuite et le bidon plein d'eau; une heure avant l'aube, ils mangèrent la soupe; puis, aux premières lueurs du crépuscule, le mouvement commença.

L'immense convoi restait parqué dans la redoute, gardé par la cavalerie et le bataillon du 1er de ligne. Pendant deux ou trois heures, à la fraîcheur du jour naissant, la marche eut tout le charme d'une promenade matinale; pas un coup de feu; aucun indice ne signalait encore le voisinage de l'ennemi. Au plateau du *Déjeuner*, on fit halte. Là se formèrent les colonnes d'attaque. Il y en eut trois : la première, forte de dix-sept cents hommes, et composée du 2e léger, d'un bataillon du 24e de ligne et d'un bataillon du 41e, devait, sous le commandement du général Duvivier, s'élever à l'extrême gauche par un large mouvement tournant jusqu'au Djebel-Enfous, qui est le grand pic de Mouzaïa, et se rabattre ensuite sur le col; la deuxième, forte de dix-huit cents hommes, et composée des zouaves, des tirailleurs de Vincennes et d'un bataillon du 15e léger, sous les ordres du colonel de La Moricière, avait sa direction moins à gauche, de façon à rejoindre la première entre le grand pic et le col; la troisième, composée du 23e de ligne et d'un bataillon du 48e, sous les ordres du général d'Houdetot, devait suivre la route carrossable ouverte en 1836 par le maréchal Clauzel et marcher directement au col, quand les deux autres se seraient rendues maîtresses des crêtes supérieures. Le maréchal Valée, le duc d'Orléans et tout l'état-major se tenaient avec la troisième colonne. La deuxième division et le 17e léger avaient pour mission de couvrir les mouvements de la première, et de repousser toute diversion qui pourrait venir du côté de la plaine.

Pendant que le corps d'armée se préparait à prendre ses formations de combat, l'ennemi achevait de prendre les siennes; l'air était si calme qu'on entendait distinctement les commandements des réguliers, et comme ils avaient adopté les intonations françaises, c'était parfois à s'y méprendre. Il arriva qu'au moment où le 2e léger, qui s'en allait à la colonne de gauche, passait auprès du duc d'Orléans, un tambour des askers commença de battre aux sergents-majors : « Eh bien! messieurs du 2e léger, dit en souriant le prince, est-ce que vous n'allez pas répondre? » Aussitôt le sergent-major de la compagnie la plus voisine, se faisant un porte-voix de ses deux mains, se mit à crier : « Minute! minute! colonel, on y va! » et le duc d'Orléans, et ses officiers, et tout le bataillon de partir d'un éclat de rire, et les hommes, mis par cette saillie en belle humeur, de marcher d'un pas plus allègre au combat. C'était à eux, placés en tête de la colonne, d'affronter les premiers coups.

Il était midi ; la première division s'était échelonnée sur la route du col pour céder le plateau à la seconde. Le 2ᵉ léger, suivi du 24ᵉ de ligne et du 41ᵉ, commençait à gravir les pentes de gauche ; les zouaves attendaient que le mouvement fût assez prononcé pour s'ébranler à leur tour. Tout à coup, la fusillade éclata ; ce n'était pas encore le feu des réguliers. Derrière chaque pointe de roc, chaque pierre éboulée, chaque touffe de broussailles, les Kabyles embusqués avec intelligence, l'arme bien appuyée, tiraient comme à la cible sur le 2ᵉ léger, qui ne répondait pas. Officiers et soldats avaient bien assez à faire de lutter avec les difficultés du terrain qu'il fallait d'abord vaincre. On y allait des pieds et des mains, grimpant à la paroi, s'accrochant aux saillies, aux branchages, les hommes, le fusil en bandoulière, s'aidant mutuellement, se faisant la courte échelle ; on ne s'arrêtait pas pour les blessés que les bataillons suivants devaient recueillir. A l'abri d'un saillant qui défilait à peu près ses hommes, le colonel Changarnier leur donna dix minutes pour reprendre haleine. Au-dessus s'étageaient trois retranchements gardés par les réguliers. Le premier n'avait qu'un faible relief; il est emporté sans trop de peine; le profil du second était un peu plus marqué; il est emporté aussi, mais avec plus d'efforts. Reste à prendre, au sommet du grand pic, une grande redoute, clef de la position. Afin de réduire ses pertes autant que possible, le colonel en fait serrer la base et se dirige à gauche vers un ravin dont l'origine doit être apparemment au niveau de la redoute. A ce moment, un nuage entoure le régiment, arrête sa marche, mais le dérobe aussi aux coups de ses adversaires. « Semblables, a dit un des acteurs de cette grande scène, à ces héros de l'*Iliade* et de l'*Énéide* que des divinités enveloppaient de nuées pour les protéger, nous attendions, et les coups des réguliers, sans but précis, incertains, sifflaient sans nous atteindre au-dessus de nos têtes. »

Pendant ce temps, la deuxième colonne, partie plus tard, mais cheminant sur des pentes moins roides, avait gagné du terrain, tandis que la troisième, suivant lentement les lacets de la route, servait de point de mire à deux pièces de petit calibre qu'Abd-el-Kader avait établies à droite du col, et dont le feu, peu efficace d'ailleurs, fut bientôt éteint par celui d'une batterie de campagne que le maréchal Valée, toujours artilleur de prédilection, se donna le plaisir de mettre en position lui-même. En tête de la colonne s'avançait le duc d'Orléans et, près de lui, à pied, le duc d'Aumale, qui avait donné son cheval au colonel Gueswiller, du 23e de ligne. Répercutées par les échos des montagnes, la canonnade et la fusillade roulaient avec des grondements de tonnerre. Parfois, comme si le combat se rapprochait, le retentissement éclatait plus net et plus fort. Dans un de ces moments, le maréchal, silencieux, immobile, les mains croisées sur les fontes de la selle, crut entendre derrière lui ces deux mots chuchotés : « Nous reculons. — Non ! dit-il, en se retournant, le front sévère ; non, c'est l'effet du vent. Silence ! » Tout à coup, le bruit lointain cessa, on n'entendait plus que les coups de feu les plus rapprochés ; que se passait-il donc au fond du champ de bataille ? Pendant un quart d'heure, l'anxiété fut grande. Enfin, une sonnerie de clairon apportée par la brise de l'est fit tressaillir de joie tous les cœurs ; c'était la fanfare du 2e léger qui sonnait avec entrain la marche bien connue du régiment. « A ce moment, a dit le maréchal Valée, toutes les poitrines se dilatèrent, soulagées de l'oppression qui les accablait lorsque, ne voyant plus nos bataillons cachés dans les replis de la montagne, on n'entendait que le roulement de la fusillade arabe à laquelle pas un coup de fusil français ne répondait, roulement si formidable qu'on l'entendait même de Blida, à huit lieues de distance. »

Ce quart d'heure de silence et d'angoisse, c'était le temps que le 2e léger avait passé sous la brume du nuage protecteur. Quand il fut revenu à la lumière, ce fut pour recevoir à bout portant le feu d'un bataillon d'askers sorti de la redoute. Quarante hommes tombèrent, mais les autres, bondissant comme des fauves, rompirent le bataillon, en poursuivirent les débris et franchirent après eux le fossé de l'ouvrage. Le premier qu'on vit sur le parapet, le lieutenant Guyon, tomba mort; le duc d'Orléans l'avait décoré le matin même. Au plus haut sommet du Djebel-Enfous, le drapeau du 2e léger flotta déployé sur la redoute conquise, et les clairons à perte d'haleine sonnèrent la marche du régiment. C'était pour le maréchal et pour l'armée l'annonce de la victoire. Du point où l'avait porté son élan, le colonel Changarnier embrassait le panorama de la bataille; à l'ouest, les restes du bataillon qu'il venait de défaire s'éloignaient avec un millier de Kabyles en suivant une arête qui devait aboutir au col; à l'est, d'autres bandes descendaient vers la Chiffa; au sud, une colonne, presque entièrement composée d'infanterie régulière, semblait se retirer vers Médéa.

Aussitôt que le 24e eut remplacé le 2e léger dans la redoute, le colonel Changarnier prit la direction du col; à mi-chemin, La Moricière le rejoignit, et tous deux s'arrêtèrent pour attendre le général Duvivier, qui, retardé par l'âpreté du terrain, avait laissé jusqu'alors ses deux lieutenants mener l'action d'eux-mêmes. La jonction s'était faite dans un site ravissant, au bord d'un petit lac aux eaux limpides, encadré par des bouquets de chênes d'une rare beauté. Au delà, la prévoyance des ingénieurs, déserteurs ou autres, qui s'étaient mis au service d'Abd-el-Kader, avait coupé par une redoute l'arête qui mettait en communication le pic de Djebel-Enfous avec le col. Deux compagnies de réguliers l'occupaient encore. Carabiniers du 2e léger, zouaves, tirailleurs de Vincennes s'y élancèrent à l'envi et l'emportèrent en commun. Vif et court, ce combat fut le dernier. Les deux premières colonnes réunies descendirent au col que la troisième atteignit dans le même temps, sous le feu d'un demi-bataillon d'askers qui fit sa retraite, après avoir fourni régulièrement la salve. Dans le lointain, au pied des pentes que les colonnes triomphantes venaient de gravir, on entendait encore quelques détonations; c'était la fin d'un combat que la deuxième division avait soutenu contre une partie de la cavalerie de Sidi-Mbarek et quelques centaines de Kabyles.

Le succès était grand, car Abd-el-Kader avait rassemblé pour la défense du Ténia toutes ses forces; mais quand il avait vu le progrès du 2e léger sur sa droite, il n'avait pas voulu, en homme habile, s'entêter au combat, et, sauf pour les corps destinés à faire l'arrière-garde, il avait de bonne heure donné les ordres de retraite. En fait, il était battu, mais non hors de combat, et ses pertes étaient relativement peu importantes. Celles de son adversaire dépassaient trois cents hommes; elles portaient, pour les deux tiers, sur le 2e léger, qui comptait quarante-deux morts, dont trois officiers, et cent quarante-cinq blessés; après lui venait le 24e, avec une perte d'une quarantaine d'hommes; la deuxième et la troisième colonne, moins longtemps et moins sérieusement engagées, avaient beaucoup moins souffert.

Dans la journée du 13 mai, les blessés furent évacués sur Haouch-Mouzaïa; parmi eux, on comptait les généraux de Rumigny et Marbot, et le commandant Grobon, des tirailleurs de Vincennes. L'escorte qui les conduisit ramena, le lendemain, avec le concours de cavalerie, l'énorme convoi parqué, depuis le 11, dans la redoute. Le 16, l'armée descendit à Médéa; le lieutenant-colonel Drolenvaux gardait, avec deux bataillons, le col où le maréchal avait fait faire quelques travaux défensifs. La marche fut peu inquiétée; cependant, avant d'arriver au bivouac, l'avant-garde eut à débusquer des vieux oliviers de Zeboudj-Azara un bataillon d'askers qui, sans s'éloigner beaucoup, alla s'établir, de l'autre côté du ravin, en face des mines de cuivre, sur un plateau qui prit dès lors le nom de plateau des Réguliers. Le lendemain, après un court engagement en avant de Médéa, la ville fut occupée; elle était absolument déserte. Le maréchal la fit mettre en état de défense, autant qu'il était possible de faire en trois jours, l'arma d'artillerie, la pourvut de munitions et de vivres pour deux mois, et en confia le commandement au général Duvivier, avec une garnison de deux mille quatre cents hommes formée du 23e de ligne, d'un bataillon du 24e, d'un bataillon du 58e et de détachements d'artillerie et du génie. Dans la nuit du 17 au 18, la cavalerie venue de France, qui se croyait bien en sûreté dans l'angle compris entre le mur de la ville et l'aqueduc, se laissa surprendre par une bande de partisans heureusement peu nombreuse; autrement la surprise eût pu avoir des résultats funestes, car la panique fut grande, et sans l'infanterie qui vint à la rescousse, les régiments de marche n'en auraient pas été seulement pour une trentaine de chevaux blessés ou enlevés.

Le 20 mai, l'armée reprit le chemin du col. La première division marchait en tête, puis le convoi escorté par la cavalerie; l'arrière-garde était faite par ce qui restait de la première division, c'est-à-dire un bataillon du 15e léger, un du 48e et les trois bataillons du 17e léger. C'est à ce moment-là que l'émir attendait la revanche. A droite de la route, un bataillon d'askers se dissimulait dans le ravin de la haute Chiffa; à gauche deux autres bataillons occupaient le plateau des Réguliers; en arrière une colonne de cinq mille cavaliers se prolongeait sur le chemin de Miliana. Le mouvement des troupes françaises avait commencé tard et se faisait lentement; quand, après le défilé de l'interminable convoi, l'arrière-garde s'engagea dans le bois des Oliviers, ce fut sur elle que, selon l'usage traditionnel des Arabes, s'abattit l'orage. La vieille futaie devint le théâtre d'un des combats les plus acharnés qu'on eût encore vus en Afrique. Pendant longtemps le 17ᵉ léger en supporta l'effort; car les deux autres bataillons avaient assez à faire de protéger le convoi menacé par des Kabyles embusqués dans la montagne. Abd-el-Kader dirigeait habilement ses troupes; les cavaliers avaient mis pied à terre et fournissaient un feu plus meurtrier que s'ils étaient demeurés à cheval. On voyait des cheikhs richement vêtus s'avancer à vingt pas des tirailleurs français et aligner les leurs sur les hampes des drapeaux fichés en terre. Les réguliers de droite essayèrent de couper derrière le 17ᵉ léger la route du col en gagnant du terrain vers la mine de cuivre, mais un détachement de chasseurs d'Afrique, démonté comme les cavaliers de l'émir, leur barra le passage. Que faisait cependant le maréchal? Toujours plus préoccupé du convoi que de la bataille, il se borna d'abord à faire mettre en batterie deux pièces de montagne dont la mitraille fit peu d'effet. Témoins éloignés de la lutte dont ils n'entendaient que le grondement, les six bataillons d'avant-garde frémissaient d'impatience. Enfin, sur la demande réitérée du duc d'Orléans, le maréchal consentit à lâcher la bride au 2ᵉ bataillon de zouaves. Ils s'élancèrent, le colonel de La Moricière et le commandant Renault en avant, chargeant de front avec les compagnies décimées du 17e que le colonel Bedeau, couvert de sang, entraînait l'épée à la main, ne voulant pas se laisser dépasser par ses généreux camarades. Abd-el-Kader recula, mais menaçant encore; si la nuit ne fût intervenue, le combat eût recommencé sans doute.

Pour lui, c'était presque un succès; quoiqu'il eût perdu beaucoup plus de monde qu'au col de Mouzaïa, il en avait aussi fait perdre davantage à son adversaire; il lui avait tué plus de cinquante hommes et blessé plus de trois cents; un trop grand nombre étaient atteints de blessures mortelles, et quelques-uns n'avaient pas pu être sauvés de l'ennemi. Enfin, remarque pénible à faire, la journée du 20 mai, revanche en quelque sorte de la journée du 12, rehaussait autant, parmi les soldats de l'émir, l'éclat de son prestige qu'elle achevait d'abaisser, parmi les Français, l'autorité morale du maréchal Valée. Le 21, le corps d'armée, suivi des deux bataillons qu'il avait laissés au col, descendit à la redoute de Haouch-Mouzaïa, et le lendemain, les troupes qui le composaient rentrèrent dans leurs cantonnements, tandis qu'une longue colonne de voitures d'ambulance et de cacolets amenait aux hôpitaux d'Alger le douloureux contingent des blessés et des malades. Quelques jours après, les princes firent leurs adieux à leurs compagnons d'armes et s'embarquèrent pour la France.

VI

Pendant l'absence du maréchal, Alger avait mené une vie inquiète; le général de Rostolan n'avait pas dormi tranquille. Les Hadjoutes d'un côté, Ben-Salem de l'autre infestaient la Métidja; le Sahel même n'était pas à l'abri de leurs coups de main. A Birkhadem, le 27 avril, on avait signalé leurs coureurs; deux maisons de campagne étaient brûlées, trois personnes enlevées près de la Ferme modèle; le lendemain c'était Hussein-Dey qui recevait leur visite. Le général multipliait les postes, les rondes, les patrouilles; il faisait marcher la milice; il armait les condamnés militaires. Pendant quelques jours, l'ennemi se tint à distance, mais tout à coup, le 15 mai, on le vit de plus près qu'on ne l'avait jamais vu depuis 1830, dans le Hamma, au café des Platanes. Il y eut ce jour-là un épisode émouvant, renouvelé d'Hercule, de Nessus et de Déjanire. Hercule était un maraîcher du Hamma, Déjanire sa jeune femme, le Centaure un cavalier de Ben-Salem. Emportée au galop par Nessus, Déjanire se débattait en poussant des cris; Hercule, qui mieux aimait la voir morte qu'abandonnée au ravisseur, tira sur le groupe, et Nessus tomba mort. L'histoire ne dit pas si le burnous de l'Arabe dont le colon s'empara lui devint aussi funeste qu'à l'époux de Déjanire la tunique empoisonnée du Centaure.

Le retour de l'armée allait mettre pour quelques jours un terme à ces insultes, mais Alger ne pouvait pas compter beaucoup sur sa protection immédiate; car, dès le 4 juin, elle était de nouveau en campagne. D'après des informations qui paraissaient au moins probables, Abd-el-Kader aurait divisé ses forces et renvoyé même une partie de ses réguliers à leurs dépôts pour se refaire; il ne serait resté que le bataillon de Barkani devant Médéa, celui de Sidi-Mbarek à Miliana et celui de Ben-Tami à quelque distance de cette ville, au pont du Chélif. C'était à Miliana qu'en voulait le maréchal. Il partit le 4 de Blida, traversa la plaine hadjoute, bivouaqua le 5 à Karoubet-el-Ouzri, sur le territoire des Beni-Menad, qui, le lendemain, pour lui avoir cherché noise, virent brûler leurs moissons, passa le défilé de Chab-el-Kêta et s'arrêta, dans la soirée du 6, au confluent de l'Oued-Hammam et de l'Oued-Djer. Le 7, l'armée rejoignit au marabout de Sidi-Riar le chemin direct d'Alger à Miliana, remonta la vallée de l'Oued-Adelia, franchit sans difficulté le col du Gontas et descendit dans la plaine du Chélif. Pendant la nuit, la lueur d'un grand incendie éclaira de ses reflets rougeâtres les sommets du Zaccar, et, le jour venu, des tourbillons de fumée servirent à la colonne de repère et de guide dans la direction de Miliana livrée aux flammes.

Suspendue au flanc méridional du Zaccar qui lui prodigue ses eaux bienfaisantes, la ville est reliée à la plaine du Chélif, qu'elle domine de très-haut, par un couloir à pente roide au fond duquel court, pendant deux lieues et plus, l'Oued-Boutane rapide et limpide. C'est au marabout de Sidi-Abd-el-Kader qu'est le seuil du défilé. C'est de là que le maréchal Valée fit ses dispositions pour aborder la ville et combattre l'ennemi, s'il était possible. Les deux brigades de la première division, composées, l'une des zouaves et du 2ᵉ léger, l'autre des tirailleurs de Vincennes, du 17ᵉ léger, d'un bataillon du 23ᵉ et d'un bataillon du 24ᵉ de ligne, avaient pour chefs les colonels Changarnier et Bedeau. A ces deux brigades était confiée l'action de vigueur; la seconde division, formée du 3e léger, d'un bataillon du 1er de ligne, du 48e et de la légion étrangère, demeurait en réserve, ainsi que le 1er régiment de chasseurs d'Afrique, le 1er régiment de marche et les gendarmes maures. A l'ouest de la ville, sur un plateau, on apercevait un bataillon de réguliers et trois petites pièces d'artillerie que le feu d'une section de campagne eut bientôt fait disparaître; à part quelques groupes de cavaliers qui se tenaient en observation sur les hauteurs, le gros de la cavalerie arabe était massé dans la vallée du Chélif.

La première brigade par les crêtes de droite, la seconde par les crêtes de gauche, avançaient lentement, réglant leur pas sur le convoi qui gravissait péniblement la pente accidentée du vallon. Quand elles arrivèrent à portée de l'ennemi, les réguliers les honorèrent d'une salve, puis firent demi-tour et se mirent en retraite par le chemin de Cherchel. Le premier soin des troupes, après leur entrée dans Miliana, fut de courir aux incendies; l'eau ne manquant pas, elles en eurent assez facilement raison; mais c'était une désolation que cette ville aux maisons croulantes, aux ruelles encombrées de ruines. Au dehors, dans le ravin de l'est, les ingénieurs à la solde d'Abd-el-Kader avaient commencé l'établissement d'une fonderie et d'une forge à la catalane. Pendant trois jours, le maréchal fit réparer les brèches de l'enceinte, construire en avant des jardins quelques ouvrages défensifs, et approprier pour le logement des troupes les maisons les plus habitables. Deux mosquées furent occupées, l'une par l'hôpital, l'autre par le service des vivres. Après cette installation hâtive, la garde de la place fut confiée au lieutenant-colonel d'Illens, du 3ᵉ léger, avec un bataillon de son régiment, un bataillon de la légion étrangère et deux détachements du génie et de l'artillerie; l'effectif de la garnison était de 1,236 hommes.

Le 12 juin, le corps d'armée quitta Miliana; comme d'habitude, il fut sérieusement inquiété au départ. Les réguliers avaient reparu; il y en avait trois bataillons et beaucoup de Kabyles; l'infanterie des colonels Changarnier et Bedeau repoussa leurs attaques, et lorsque la colonne eut débouché dans la vallée du Chélif, la cavalerie ne s'épargna pas. Deux belles charges furent poussées par le commandant Bouscaren, à la tête des gendarmes maures, et par le commandant Morris, à la tête des chasseurs d'Afrique. La perte de cette journée fut de quatorze morts et de cent dix blessés. Le soir, le bivouac fut établi sur les deux bords du Chélif, au gué de Souk-el-Arba. Selon les ordres du maréchal, l'arrière-garde avait brûlé tous les gourbis, toutes les moissons sur son passage. Constamment observé, mais à distance, par la cavalerie arabe, le corps d'armée traversa, le 13, la plaine des Djendel et les ravins des Ouamri, passa, dans la matinée du 14, en vue de Médéa, et bivouaqua, l'après-midi, au bois des Oliviers. On apercevait au loin, de l'autre côté du Bou-Roumi, la cavalerie d'Abd-el-Kader; mais son infanterie, qu'était-elle devenue? N'avait-elle pas occupé le col? Si elle n'y était pas, il importait de l'y prévenir, ou, si elle y était, de l'y surprendre.

A minuit, une colonne composée des zouaves, du 2e léger et du 24e, quitta le bivouac sous le commandement du colonel Changarnier. On cheminait en silence, l'œil au guet, l'oreille ouverte; défense de tirer un coup de fusil; les armes étaient chargées, mais les bassinets n'avaient pas d'amorce. Sur le ciel d'une sérénité splendide deux nuages passèrent, colorés en rouge par les reflets d'un grand feu. Ce grand feu reflété, c'était assurément celui des réguliers au bivouac. Une détonation retentit, puis une autre, puis un cri d'appel. La colonne montait toujours, silencieuse, attentive. Quand elle arriva au col, elle n'y trouva personne et rien que trois ou quatre tisons fumants. Il n'y avait évidemment eu là qu'un petit poste qui venait de s'enfuir, et ce n'était pas ce foyer chétif qui avait pu donner aux nuages une coloration si intense. On eut, le lendemain, l'explication du phénomène, quand, tout à côté de la redoute de Haouch-Mouzaïa, on vit l'emplacement noirci d'une grande meule de foin toute brûlée.

Quoi qu'il en soit, le col était libre, et, dès l'aube, le maréchal avait mis en mouvement la cavalerie, le convoi, et l'infanterie à l'arrière-garde; mais aussitôt ces réguliers qu'on avait cherchés où ils n'étaient pas étaient apparus, et avec eux les cavaliers et les Kabyles. C'était à peu près sur le même terrain et dans les mêmes conditions, la répétition prévue et voulue par Abd-el-Kader du combat si émouvant du 20 mai. L'arrière-garde, que commandait le général d'Houdetot, se composait du 48ᵉ, d'un bataillon du 3ᵉ léger et d'un bataillon de la légion étrangère. A peine eut-elle dépassé le bois des Oliviers que les réguliers s'y logèrent et ouvrirent contre elle un feu nourri. En même temps, le convoi était attaqué sur ses deux flancs par des Kabyles qui le mirent en désordre. D'un petit plateau situé au niveau des mines de cuivre, une batterie de campagne canonnait le bois. Un peu en arrière et au-dessus se tenaient, l'arme au pied, les carabiniers et les voltigeurs du 2e léger, spectateurs du combat, impatients d'y prendre part. Abrité des ardeurs du soleil par un bouquet de lentisques, le colonel Changarnier attendait. Le maréchal le fit chercher par le capitaine Lebœuf, un de ses officiers d'ordonnance. « On ne me fait là-bas que des sottises ; allez-y, lui dit-il, et donnez à l'affaire une meilleure allure. » Comment se récuser ? Mais aussi comment enlever au général commandant l'arrière-garde la direction du combat ? Avec une habileté rare et sans manquer à l'ordre hiérarchique, Changarnier sut faire agréer des avis que le général s'appropria le plus naturellement du monde ; puis, du conseil passant à l'action, il mena ses compagnies d'élite au soutien du 48e, qui tint avec honneur, ce jour-là, le rôle difficile qu'avait joué le 17e léger dans le drame du 20 mai. Un dernier retour offensif rejeta l'ennemi hors du bois des Oliviers et mit fin à la lutte ; dans l'après-midi, tout le corps d'armée bivouaqua aux environs du col. Les nombreux blessés, — il n'y en avait pas moins de trois cent quatre-vingts, —

furent transportés à l'ambulance de Haouch-Mouzaïa, et, le lendemain, de l'ambulance à l'hôpital de Blida. La cavalerie qui les avait escortés ramena, au retour, un convoi énorme destiné au ravitaillement de Médéa et de Miliana.

Le 19 juin, à huit heures du matin, des berges ombragées du lac de Mouzaïa, sous le couvert des chênes, la première brigade, au repos, voyait serpenter au-dessous d'elle, par toutes les sinuosités de la route, la file interminable des mulets chargés qui remontaient lentement au col ; à l'ombre, le colonel Changarnier attendait le moment de faire prendre les armes aux bataillons d'escorte, lorsqu'un officier d'ordonnance vint, comme dans la matinée du 15, le chercher de la part du maréchal. Il le trouva préoccupé, soucieux ; les généraux et la plupart des colonels étaient venus lui représenter qu'il était urgent de ménager les effectifs réduits, harassés de marches et de combats, épuisés surtout par l'ardeur d'un soleil implacable, et que de nouvelles opérations, en présence d'un ennemi acharné, nombreux, fait au climat, pourraient avoir un échec, sinon un désastre pour conséquence. D'autre part, pour approvisionner du nécessaire Médéa, Miliana surtout, ces opérations, jugées si périlleuses, n'en étaient pas moins indispensables. C'était sur ce dilemme embarrassant que le maréchal avait voulu consulter le colonel du 2e léger. Toujours prêt à l'action, Changarnier opina sans hésitation pour une expédition sans retard. Revenu à sa brigade, dès que les derniers mulets du convoi eurent défilé, il la mit en marche. Le soir, à quatre heures, au bivouac du bois des Oliviers, le maréchal le fit appeler derechef : « Votre opinion, lui dit-il, est-elle toujours la même ? — La réflexion l'a confirmée. Vous avez encore assez de troupes pour passer partout, et si Abd-el-Kader veut vous barrer le chemin, vous le battrez. — Mon estomac et mes entrailles m'ennuient ; je serai obligé de rester à Médéa pour régler le système de fortification que Duvivier veut trop étendre. — Nous vous regretterons, monsieur le maréchal ; mais nous seconderons si énergiquement le général Schramm que... — Est-ce que je pense à lui ? C'est vous qui commanderez. C'est vous qui comprenez ce qu'il faut faire ; c'est vous qui avez la résolution nécessaire ; c'est vous qui commanderez. » Et, laissant le colonel ravi, mais stupéfait, le maréchal rentra dans sa tente.

Le 20 juin, les troupes étaient de bonne heure sous les murs de Médéa. Depuis l'occupation, la ville n'avait pas subi d'attaques sérieuses; les pertes de la garnison n'étaient que de quatre tués et onze blessés; mais Duvivier, mécontent de son inaction, réclamait ou des renforts qui le missent en état d'agir au dehors, ou sa mise en disponibilité. C'était encore un dilemme. Par un mélange d'autorité, de promesses et d'éloges, le commandant de Médéa se laissa persuader de patienter encore; mais quelle dut être l'amertume de ses réflexions quand, le lendemain matin, il apprit par l'ordre du jour la fortune inouïe de Changarnier, son rival! Un corps expéditionnaire était ainsi constitué : 350 zouaves; 900 hommes du 2ᵉ léger, 400 du 17ᵉ léger, 1,000 du 23ᵉ de ligne, 1,000 du 24ᵉ, 400 du 58ᵉ; 400 chasseurs d'Afrique; deux compagnies du génie; une batterie de montagne; soit 4,600 hommes, tout ce qu'il y avait de valide dans le rang, et le commandant de ce corps était Changarnier! Tous les généraux, tous les colonels plus anciens que lui étaient retenus sous Médéa; seuls, les colonels Bedeau et Drolenvaux, moins anciens, étaient appelés à marcher sous ses ordres avec les lieutenants-colonels.

Le 22 juin, vingt minutes avant l'aube, la cavalerie, suivie de la moitié des bataillons, prit la direction du col de Mouzaïa ; aussitôt les vedettes arabes coururent en donner avis à l'émir, qui, comme au 20 mai et comme au 15 juin, envoya toutes ses forces, réguliers et cavaliers, occuper les ravins autour des oliviers de Zeboudj-Azara. Cependant, tandis que Changarnier longeait avec une lenteur calculée les pentes du Nador, derrière lui, le reste de ses bataillons, l'artillerie et le convoi gagnaient le plus de terrain possible sur le chemin de Miliana ; puis, lorsqu'il jugea qu'ils avaient pris assez d'avance, il les rejoignit par une marche en diagonale avec l'avant-garde du matin, qui allait devenir l'arrière-garde du soir. C'était le pareil stratagème qui avait réussi deux fois au général Bugeaud avant la Sikak ; Abd-el-Kader s'y laissa prendre encore ; quand il s'avisa de son erreur, il était trop tard et son infanterie trop loin. Changarnier lui avait habilement dérobé une marche. Au plus fort de la chaleur, les troupes se rafraîchirent à la charmante fontaine de Sidi-Ali-Tamjiret ; dans la futaie qui l'entoure, on se montrait avec admiration trois arbres à la ramure si étendue que chacun d'eux pouvait abriter du soleil tout un bataillon sous son ombre. Le soir, à six heures, la colonne bivouaquait au bord du Chélif, au Souk-el-Arba des Djendel ; le lendemain matin, avant huit heures, elle s'arrêtait à l'entrée du vallon de Miliana. Les crêtes fortement occupées à droite et à gauche, le seuil du défilé gardé par le 24ᵉ et par l'artillerie, le convoi, précédé d'un bataillon, monta vers la ville; c'était un supplément de 60,000 rations qui allait entrer dans les magasins aux vivres et suffire, avec ce qu'ils devaient contenir encore, selon les calculs de l'intendance, aux besoins de la garnison jusqu'au 20 septembre. Pendant que le colonel Changarnier pressait le déchargement des mulets de bât, une vive fusillade, appuyée de coups de canon, le rappela en hâte au seuil du vallon attaqué par la cavalerie de l'émir, mais si bien défendu par le colonel Gentil, du 24ᵉ, que l'ennemi ne parvint pas à le forcer. A trois heures, tout était fini, et les mulets haut le pied ralliaient le bivouac sous le marabout de Sidi-Abd-el-Kader. Vers cinq heures, on aperçut les réguliers, qui, du Djebel-Mouzaïa, étaient revenus à marches forcées au Djebel-Gontas.

Autant le colonel Changarnier avait pris soin, la veille, d'éviter une rencontre, autant, allégé du convoi, il attendait, il espérait, il recherchait une affaire générale ; mais il en fut pour son vain espoir. Suivi de loin par les bataillons d'Abd-el-

Kader qui longeaient prudemment le pied des montagnes, escorté de plus près par la cavalerie, très-nombreuse, mais presque aussi prudente que l'infanterie, le colonel faisait des haltes fréquentes afin de donner à l'ennemi des tentations d'attaque. Une seule fois il parut mordre à l'appât; mais la charge, rompue par un feu de deux rangs, n'arriva même pas jusqu'aux carrés hérissés de baïonnettes. La colonne revit avec plaisir, le 24 et le 25, les bons bivouacs de Souk-el-Arba et de Sidi-Ali-Tamjiret, et le 26, au pied du Nador, elle fit sa jonction avec les troupes restées sous Médéa.

Du 27 juin au 2 juillet, cavaliers et fantassins ne cessèrent pas de faire la navette de Médéa à Blida et réciproquement, pour amener de celle-ci les chargements de munitions et de vivres destinés à celle-là. Le 2 juillet, pendant que le corps d'armée quittait définitivement le col, le 2ᵉ léger et le 24ᵉ de ligne d'un côté, les zouaves et le 17ᵉ léger de l'autre, brûlaient et détruisaient tout ce qu'ils pouvaient atteindre, moissons, gourbis, jardins, vergers, dans les montagnes des Mouzaïa et des Soumata. Le 3 juillet, au camp supérieur de Blida, La Moricière et Changarnier reçurent des mains du gouverneur leur brevet de maréchal de camp, signé à Paris le 21 juin, le même jour où, sous Médéa, la confiance du maréchal Valée avait conféré au colonel du 2e léger un commandement d'officier général. En quatre ans, cinq mois et vingt jours, Changarnier avait franchi, du grade de capitaine à celui de maréchal de camp, la distance que La Moricière et Duvivier avaient parcourue, celui-ci en neuf ans, celui-là en six ans et huit mois. Pour avoir été plus lent que celui de leur heureux émule, l'avancement de Duvivier et de La Moricière n'en était pas moins exceptionnellement rapide.

VII

Les troupes regagnaient leurs cantonnements ; les grandes opérations avaient pris fin. « Le plan de campagne est exécuté, disait le maréchal Valée dans son rapport au ministre ; la France est fortement établie dans la vallée du Chélif ; de grandes communications relient à la Métidja Médéa et Miliana. Le moment approche où les tribus se sépareront de l'émir. » N'était-ce pas montrer beaucoup de satisfaction et beaucoup de confiance ? Le maréchal Clauzel, qu'on blâmait tant, en avait-il naguère montré davantage ? A Paris, on était loin d'être aussi rassuré. C'était le moment où les affaires d'Égypte mettaient la France en contradiction avec la plus grande partie de l'Europe. Les adversaires de l'Algérie ne pouvaient pas manquer de tirer parti pour leur thèse des inquiétudes de l'opinion publique.

Au mois de mai, une commission parlementaire avait proposé la résolution suivante : « Dans le cours de la prochaine session, le gouvernement soumettra aux Chambres les conditions de la domination et de l'occupation française en Algérie. » M. Thiers s'y opposa énergiquement. « Si la proposition, dit le président du conseil, n'est que l'expression détournée d'un système qui aurait pour résultat d'affaiblir aux yeux de l'étranger ou des Arabes la ferme résolution du gouvernement français de posséder l'Algérie et d'employer toutes les forces du pays, si cela est nécessaire, pour triompher des résistances qu'il y rencontre, je la combattrai de toutes mes forces. Un système d'occupation restreinte, je le déclare impossible. Le traité de la Tafna est la réponse la plus victorieuse au système de l'occupation restreinte. Je crains que la commission n'ait contribué, contre sa volonté, à affaiblir la force morale dont nous avons besoin en Afrique. Tout se sait en Afrique, tout ce qui se dit ici a du retentissement. Je le dis encore, l'occupation restreinte serait une résolution funeste; ce serait un rêve, une chimère de gens qui ne connaissent ni les hommes ni les choses. » Devant cette déclaration si nette, le plus fougueux des antialgériens, M. Piscatory, ne se contint plus : « L'Afrique, s'écria-t-il, c'est la ruine pendant la paix, l'affaiblissement pendant la guerre. Je croyais à la possibilité d'une occupation restreinte; j'y croirais encore sans M. le président du conseil; mais puisqu'il veut tout conquérir, tout soumettre, tout occuper, je le dis hautement : l'Afrique est un malheur, une folie, et si on doit la pousser hors de toute limite, sans hésiter je suis pour l'abandon. » Avec moins de violence, le général Sébastiani exprima le même sentiment : « Jusqu'à ce que l'on me démontre qu'on est en état de conserver Alger dans le cas d'une guerre en Europe, que l'influence de la France ne serait pas plus grande lorsqu'elle aura la libre disposition de ses forces et de son argent, je persisterai dans mon opinion. »

On attendait le général Bugeaud; quand il parut

à la tribune, l'attention devint grande. Il fut comme toujours énergique, absolu. « Voulez-vous, dit-il, rester imperturbablement en Afrique? Eh bien! il faut y rester pour y faire quelque chose; jusqu'à présent, on n'a rien fait, absolument rien. Voulez-vous recommencer ces dix ans de sacrifices infructueux, ces expéditions qui n'aboutissent qu'à brûler des maisons et à envoyer bon nombre de soldats à l'hôpital? Vous ne pouvez continuer quelque chose d'aussi absurde. Messieurs, puisque vous êtes condamnés à rester en Afrique, il faut une grande invasion, qui ressemble à celles que faisaient les Francs, à celles que faisaient les Goths; sans cela vous n'arriverez à rien. » Serrant de plus près la question militaire, à propos des faits de guerre qui étaient en train de s'accomplir, il blâma l'occupation de Cherchel; à Médéa, selon lui, ce n'était pas deux mille quatre cents hommes qu'il aurait fallu mettre, c'était huit mille hommes. « Il y a, dit-il encore, un système qu'il faut abandonner : c'est le système de la multiplication des postes retranchés. Je n'en connais pas de plus déplorable; il nous a fait un mal affreux. C'est le système de la mobilité qui doit soumettre l'Afrique. Il y a, entre le système de l'occupation restreinte par les postes retranchés et celui de la mobilité, toute la différence qu'il y a entre la portée du fusil et la portée des jambes. Les postes retranchés commandent seulement à la portée du fusil, tandis que la mobilité commande le pays à vingt ou trente lieues. Il faut donc être avare de retranchements et n'établir un poste que quand la nécessité en est dix fois démontrée. » Il était impossible de viser plus droit et plus juste; le coup devait atteindre le maréchal Valée en pleine poitrine.

Cependant le maréchal se complaisait dans l'excellence de sa méthode. « L'armée, écrivait-il au général Corbin, le 2 juillet, a besoin d'un repos honorablement gagné, et l'ennemi est suffisamment occupé à lécher ses plaies. Tous les renseignements s'accordent à dire qu'il a fait des pertes extrêmement considérables. Il n'était pas accoutumé à deux mois de campagne consécutive au sein de ses provinces. Les Kabyles eux-mêmes, peu portés naturellement à prendre part aux affaires d'Abd-el-Kader, contraints de marcher et poussés par les troupes régulières, désirent vivement la fin d'un état de choses qui les ruine et les rend très-malheureux. »

Les troupes ont besoin de repos, disait le maréchal; mais ce repos, où le trouver? Était-ce dans ces postes multipliés dont la chaîne ininterrompue embrassait le Sahel? Terrassés par la fièvre, les hommes y tombaient, suivant l'expression vulgaire, comme des mouches. En veut-on un exemple? Voici ce qu'écrivait, le 28 août, un officier du 1er de ligne, le capitaine de Montagnac : « Dispersés dans six ou huit postes, nous occupons les endroits les plus malsains en ce moment; ce sont les postes avancés qui bordent le Sahel du côté de la plaine, où l'on est sous l'influence des miasmes de cette infernale Métidja où personne ne peut vivre. Aussi sommes-nous minés par les maladies d'une façon déplorable. Notre pauvre bataillon, qui était de sept cents hommes à notre départ d'Oran, se trouve réduit à deux cent dix; depuis que nous sommes ici — il n'y a qu'un mois — il est entré plus de cinq cents hommes à l'hôpital. Ma compagnie, qui était de quatre-vingt-six hommes le 26 juillet, lorsque nous sommes partis de Boufarik, est aujourd'hui de vingt-six grenadiers, trois caporaux et un sergent; plus de sergent-major, plus de fourrier, plus de tambour. Des compagnies de cent vingt hommes réduites à trente, c'est effrayant! Ces malheureux sont frappés de la fièvre comme de la foudre; ils tombent, et l'on n'a que le temps de les porter à l'hôpital. J'ai été détaché, le 6 de ce mois, avec cent et un hommes de mon bataillon au camp de Bouderba, le plus important de tout le Sahel, car il en est la clef. Mes cent et un hommes sont aujourd'hui réduits à cinquante-deux. On a réuni dans ce malheureux camp les débris d'un bataillon du 58ᵉ et un détachement de cent hommes du 48ᵉ. J'ai le commandement de tous ces corps, avec un personnel de sept officiers du 58ᵉ — reste des cadres d'un bataillon — deux officiers du 48ᵉ et un de chez nous. Cela me donne un effectif de deux cent quarante hommes avec deux pièces d'artillerie. Sur ces deux cent quarante hommes, il nous faut en fournir cent chaque jour pour la garde de six postes, dont quatre redoutes avancées. Voyez ce qu'il reste pour faire des sorties, lorsque les Arabes s'approchent de trop près, ce qui arrive souvent; c'est pourtant avec cette poignée d'hommes que je suis appelé à fermer l'entrée du Sahel aux bandes de sauvages qui essayent à chaque instant de traverser nos lignes. Dernièrement, le 12 août, ils ont fait, du côté de Koléa, un coup qui a dû leur donner bien de l'orgueil : un détachement composé de quarante chasseurs à cheval, de quinze indigènes et de cent cinquante hommes du 3ᵉ léger, sortis, les uns disent pour relever un blockhaus, les autres disent pour pousser une reconnaissance, est tombé dans une embuscade et a perdu cent trois hommes : soixante ont eu la tête coupée; le reste fut fait prisonnier. Un voltigeur qui avait été pris s'est échappé; il a rejoint son corps et a raconté que le capitaine qui commandait l'infanterie avait été emmené avec un certain nombre d'hommes; l'officier de cavalerie a été tué. Sept ou huit cents cavaliers, soutenus par un bataillon de réguliers, les ont surpris et enveloppés tout d'un coup. Vous voyez comme les Arabes sont atterrés par les coups que nous leurs portons! Leur violence et leur audace augmentent chaque jour. Nous ne sommes maîtres nulle part. Ils nous attaquent de tous les côtés : Miliana attaqué, Cherchel attaqué, nos convois attaqués, nos correspondances attaquées tous les jours. Le maréchal ne pourrait pas mettre 4,000 hommes sur pied; il y a en ce moment, dans la province d'Alger, plus de 6,000 malades. Moi, je vais toujours bien; tout tombe autour de moi et je reste debout, quoique je ne me sois pas déshabillé depuis *le* 6 *mai* et que je n'aie pas couché autrement que par terre, rongé par les puces et les poux. Je suis tout en guenilles. »

Y avait-il beaucoup d'exagération dans ce tableau poussé au noir? Non, par malheur; les documents officiels ne le démentent pas, au contraire. Dans toute l'armée, au 1er novembre, il y avait tout près de 15,000 malades ou malingres, incapables d'aucun service. Sur un effectif de 71,703 hommes, la situation à cette date porte en effet 14,812 absents et 56,891 présents, indigènes compris. Depuis le 1er juin, 4,200 hommes étaient morts dans les hôpitaux; 2,700 avaient été évacués sur France; 745 étaient en congé de convalescence. Dans les seuls hôpitaux d'Alger, il y avait 3,600 malades, sans compter les malingres traités dans les infirmeries régimentaires. Le nombre des hommes présents sous les armes se réduisait à cent cinquante pour un bataillon du 3e léger, à cinq cents pour le 53e de ligne, à deux cents pour tout le 58e.

L'effrayante réduction des effectifs dans les troupes françaises eut pour effet d'incliner le maréchal à plus d'indulgence pour les corps indigènes. Le bataillon des tirailleurs de Constantine fut organisé définitivement à huit compagnies; il y eut un demi-bataillon de trois compagnies à Bone, un bataillon de six compagnies à Alger. L'effectif de la gendarmerie maure, des spahis réguliers et des irréguliers reçut une augmentation notable. En somme, à la fin de l'année 1840, le nombre des indigènes soldés par la France était de 2,300 fantassins et de 3,300 cavaliers.

VIII

S'il était vrai, comme s'en vantait le maréchal, qu'il eût fortement établi dans la vallée du Chélif la domination française, que de grandes communications fussent désormais ouvertes entre Alger d'une part, Médéa et Miliana de l'autre, comment se faisait-il qu'on n'eût reçu, depuis les premiers jours de juillet, aucune nouvelle ni de l'une ni de l'autre? Pour Médéa, notamment, le fait était inexplicable, car, à défaut de la correspondance postale, Duvivier avait à sa disposition la correspondance télégraphique. En effet, dès le 4 juillet, le général Changarnier, à peine reconnu de la veille et nommé commandant supérieur de Blida, avait reçu du maréchal la mission d'installer au point culminant des montagnes visibles de Médéa un télégraphe, et non content de lui en donner l'ordre, le maréchal avait voulu de sa personne reconnaître avec lui l'emplacement le plus favorable à l'exécution de ce dessein. Il le trouva chez les Beni-Sala, au Djema-Dra, à plus de 1,200 mètres de hauteur, au-dessus d'une belle source d'où le nouvel établissement prit son nom, Aïn-Tailazid. Aussitôt le terrain choisi, on y avait construit d'abord la redoute du télégraphe, puis un vrai camp retranché. Des dix bataillons que le général Changarnier avait immédiatement sous la main, quatre occupaient avec lui Aïn-Tailazid; les six autres, qui étaient à Blida, venaient à tour de rôle relever les premiers.

Dans la seconde quinzaine de juillet, le télégraphe avait reçu tous ses apparaux; les employés étaient à leur poste. Le 28, par un temps superbe, on se mit en mesure d'échanger avec Médéa les premiers compliments. Les grands bras de la machine aérienne s'agitèrent : « Attention! » Médéa n'eut pas l'air de s'en apercevoir. Deux fois, trois fois, on répéta le signal : Médéa ne répondit pas. Les jours suivants, Aïn-Tailazid continua de gesticuler : peine perdue. Enfin, le 2 août, le général Changarnier eut l'idée malicieuse d'intercaler, parmi des signaux hors de sens, trois mots : « Ordonnance... Avancement... Lieutenant général. » O miracle! Aussitôt les bras de Médéa s'agitèrent : « Signal pas compris; répétez »; à quoi ceux d'Aïn-Tailazid ayant répliqué : « Gouverneur très-mécontent de n'avoir pas de vos nouvelles », Médéa redevint inerte; mais on avait désormais le mot de l'énigme : la paralysie n'était que volontaire. C'était un entêtement du général Duvivier : commandant d'une place bloquée, il ne voulait plus communiquer avec le dehors. « La position de Médéa n'était pas fâcheuse, écrivait un peu plus tard le maréchal Valée à M. Thiers; le manque de communications tenait à l'esprit de système, bien connu dans l'armée, du général Duvivier. Plusieurs Arabes que j'ai laissés près de lui porteraient volontiers des dépêches à Blida; par système, il s'isole et ne fait aucun usage des moyens mis à sa disposition. L'année dernière, lorsqu'il commandait à Blida, je ne pouvais avoir de rapports de lui qu'en envoyant le général d'Houdetot les chercher. »

Le maréchal avait, lui aussi, ses entêtements; il s'était mis dans l'idée qu'entre Blida et Médéa, par la région tourmentée des Beni-Sala, des Beni-Meçaoud et des Ouzza, il devait y avoir nécessairement un chemin direct, et ce chemin-là, il avait donné au général Changarnier l'ordre formel de le découvrir. Le 26 août, le 2e léger, le

24e de ligne, les tirailleurs de Vincennes, un escadron de chasseurs d'Afrique, une batterie de montagne, un convoi de cent dix mulets chargés de munitions et de vivres, se formèrent en colonne au-dessous d'Aïn-Tailazid; deux bataillons demeurèrent pour la garde du camp. Le 27, commença le voyage d'exploration; il dura deux jours sans autre résultat qu'un excès de travail et de fatigue au delà de ce que les plus déterminés grimpeurs de montagne auraient pu imaginer ou prévoir. Les Kabyles eux-mêmes étaient si loin de s'attendre à pareille visite qu'à peine essayèrent-ils d'y faire obstacle; s'ils avaient eu le temps de se réunir, la colonne, surprise dans des gorges où le soldat étouffait de chaleur, se serait trouvée plus d'une fois en mauvaise passe. Le 28 au matin, l'ennemi était déjà plus nombreux; mais on apercevait la crête du Djebel-Dakla, et Médéa n'était pas loin. « L'ardeur du combat, a dit l'un des vieux soldats de Changarnier, la poudre que nous brûlions, celle qui restait sur nos lèvres en déchirant la cartouche, avaient enflammé nos gosiers; nos bidons étaient vides et tous les torrents à sec. Nous atteignîmes enfin les vignes qui entourent Médéa; notre soif était si grande que les tirailleurs se précipitaient vers les puits et s'y disputaient un bidon d'eau, sans s'inquiéter des Kabyles qui nous suivaient en nous fusillant de crête en crête. »

Arrivé sous les murs de la ville que l'apparition imprévue de la colonne avait débloquée, le général dut attendre un certain temps devant la porte. Son aide de camp, le capitaine de Mac Mahon, qui l'avait précédé d'un quart d'heure, n'avait pas pu obtenir qu'elle fût ouverte. Quand Duvivier parut enfin, grave et solennel : « Soyez le bienvenu, dit-il, mais vous savez, mon cher général, qu'une place assiégée ne doit pas avoir de relations avec l'extérieur. » Il lui fallut bien pourtant recevoir le convoi qu'on lui amenait et permettre à Changarnier de visiter la place dont la bonne tenue ne pouvait que faire honneur à son commandant. Il n'y avait eu qu'une seule attaque vraiment sérieuse, le 3 juillet, trois jours après le dernier ravitaillement. Ce jour-là, sous la direction d'Abd-el-Kader, Barkani, avec deux bataillons de réguliers et de nombreux contingents kabyles, avait surpris les travailleurs de la garnison occupés à la construction d'une redoute extérieure. La réserve accourue avait rétabli le combat qui ne s'était terminé que le soir par la retraite de l'ennemi très-maltraité. Les pertes avouées par Duvivier étaient sérieuses : soixante-deux morts, quatre-vingt-six blessés ; selon les informations recueillies par Changarnier, elles auraient été plus graves encore. Quoi qu'il en soit, l'attaque ne s'était pas renouvelée; Barkani et les Kabyles avaient seulement resserré le blocus. Dans le journal tenu régulièrement par Duvivier, on lisait, à la date du 13 août, cette page d'une forme un peu plus qu'originale : « La ville prend tous les jours une situation plus imposante. Si M. d'Abd-el-Kader veut faire enterrer son monde, son plus court parti est de venir nous attaquer ici. Je doute qu'il en ait le cœur; il se contente de nous bloquer, croyant probablement que nous mourrons bientôt de faim. S'il était homme à conversation, je lui proposerais de venir faire un tour dans nos magasins de vivres et de liquides; mais il ne vient pas plus à conversation qu'il ne vient de près, de sa personne, dans les combats qu'il livre lui-même, se tenant à trois quarts de lieue en arrière des siens. » Excessif en tout, Duvivier était ici beaucoup trop injuste pour son grand adversaire.

Quand le général Changarnier eut tout vu dans Médéa, les fortifications, l'hôpital, les magasins, les casernes, même le télégraphe qui était en parfait état, il se remit en chemin, le 29 août, aux premières lueurs du jour. Au moment où Duvivier recevait ses adieux : « Vos troupes se trompent, dit tout à coup celui-ci; elles vont passer sous l'aqueduc. — Elles ne se trompent pas; nous retournons par le col de Mouzaïa. — Pourquoi pas par la route que vous avez prise en venant? — Je la connais assez, et le gouverneur approuvera ma résolution quand il aura lu mon rapport. Persuadé que si nos colonnes fréquentent ce pays, l'une d'elles aura quelque jour à s'en repentir, je ne veux pas que ce soit celle que je commande. — Votre résolution est bien subite ! — Ma résolution est prise depuis avant-hier, à neuf heures du matin. Les chefs de corps et mes deux aides de camp, Mac Mahon et Pourcet, ne l'ont apprise qu'hier soir, après la fermeture des portes de Médéa, dont les habitants ont les oreilles très-ouvertes. »

Comme Duvivier, Barkani s'était imaginé que la colonne allait refaire la dangereuse exploration qu'elle avait hasardée l'avant-veille, et il avait embusqué le gros de ses forces au-dessous d'Aïn-Tailazid, dans le coupe-gorge. Vers dix heures seulement, Changarnier vit descendre rapidement du Djebel-Dakla les premières compagnies des réguliers rappelés à la hâte. A cette heure, l'avant-garde, la cavalerie, l'artillerie et les bagages avaient assez d'avance sur le chemin du Ténia pour ne laisser au général aucune inquiétude. Arrêté derrière un pli de terrain auprès des mines de cuivre, avec les tirailleurs de Vincennes et le 2e léger, il attendit l'approche de l'ennemi ; quand il le vit à moins de deux cents pas, il fit rapidement replier les tirailleurs. Encouragés par cette fuite apparente, les réguliers se lancèrent à la poursuite; mais, au premier tournant, ce furent les baïonnettes du 2e léger qu'ils rencontrèrent. Le choc fut terrible, la mêlée courte ; l'ennemi en déroute, laissant la pente jonchée d'une centaine de cadavres, courut chercher asile dans le bois des Oliviers. Le lendemain, les troupes expéditionnaires regagnèrent, les unes Blida, les autres Aïn-Tailazid. Depuis l'établissement de ce dernier poste, le camp supérieur n'était plus occupé.

L'année d'après, Duvivier se mit en tête de chercher à son tour et de découvrir enfin cette communication de Blida à Médéa, ce chemin direct rêvé naguère par le maréchal Valée, qui n'était plus alors gouverneur général. Il n'y réussit pas mieux que Changarnier; il y perdit même plus de temps et de monde, ce qui lui attira les sarcasmes du général Bugeaud et le décida, pour s'y soustraire, à demander peu de temps après son rappel en France. Un jour que devant un cercle de généraux et de colonels, Bedeau faisait au gouverneur le récit de cette fâcheuse opération à laquelle il avait pris part, quelqu'un rappela l'expédition de Changarnier et son retour par le col de Mouzaïa. « Moi, dit à ce propos le général Baraguey-d'Hilliers, qui n'était pas aimé des troupes, moi, à votre place, je serais revenu par le même chemin, quand j'aurais été sûr d'y rester avec tout mon monde. » A quoi Changarnier répondit doucement : « Vous ne paraissez pas comprendre qu'en ayant assez vu pour faire un rapport concluant, ma mission était remplie. J'ai ramené mes troupes, je leur ai procuré un beau succès, je suis revenu sain et sauf, et l'armée en a été bien aise. Vous, vous y seriez resté, et elle n'en aurait pas été fâchée peut-être. » Là-dessus, le général Bugeaud fut saisi d'un fou rire qui gagna tout le monde, sauf Baraguey-d'Hilliers.

IX

Le ministre de la guerre n'était pas aussi satisfait du maréchal Valée que le maréchal l'était de lui-même : « La situation générale ne s'est pas améliorée depuis le commencement de la campagne, disait le ministre; nous occupons, il est vrai, Médéa et Miliana, mais dans des conditions jusqu'ici peu favorables. Les partis arabes n'en demeurent pas moins à peu près maîtres de la plaine, et les communications entre nos postes sont difficiles et rares. Il est urgent de remédier, par des opérations *heureuses* et *décisives*, à un tel état de choses dont il y aurait bientôt à s'alarmer. » Il est certain que nulle part dans la Métidja, pas même dans le Sahel, les communications n'étaient sûres. Un jour, la diligence d'Alger à Douéra était attaquée, un voyageur tué, le sous-intendant Massot pris et emmené chez les Hadjoutes; le lendemain, c'étaient trois carabiniers du 17e léger qui étaient enlevés tout près de Boufarik. Cependant, à l'est de la plaine, un heureux coup de main du général Changarnier venait de donner à l'ennemi une sévère leçon.

Le 18 septembre, comme il se trouvait à Alger pour l'inspection des troupes, il avait appris que Ben-Salem, avec des forces considérables, tenait assiégés dans le réduit de Kara-Moustafa cinquante hommes du 58e, et que le commandant du Fondouk ne se croyait pas en état de leur porter secours. « Allez vite chasser ces gens-là, lui dit le maréchal, avant que nous ayons la honte d'une capitulation. » Aussitôt, sous couleur d'inspection, les zouaves du commandant Leflô à Birkhadem, les tirailleurs à Koubba, les chasseurs d'Afrique à Hussein-Dey, la compagnie du génie, la batterie de montagne et la section d'ambulance à Moustafa-Pacha, reçurent l'ordre de se rendre immédiatement à la Maison-Carrée. Les hommes, en petite tenue, ne devaient prendre avec eux que les cartouches et trois rations de vivres. Le soir, entre huit et neuf heures, le général se mit en route avec sa colonne légère. Après un bataillon de cinq cent cinquante zouaves venaient trois escadrons du 1er chasseurs d'Afrique, un bataillon de deux cent quatre-vingt-dix tirailleurs, quarante sapeurs du génie, quatre obusiers, une section d'ambulance, enfin quatre cent quatre-vingts hommes du 17e léger, de la garnison de la Maison-Carrée, au total : dix-huit cents hommes. On marcha toute la nuit; avant l'aube, on fit halte au pied des collines de Kara-Moustafa. L'ancien camp, occupé par un poste kabyle, fut enlevé tout de suite, puis ce fut l'infanterie de Ben-Salem, qui, surprise au bivouac, ne fit pas longue résistance. Restait la cavalerie; au lever du soleil, on la vit, sur l'autre rive du Boudouaou, en ligne de bataille : au centre, un escadron rouge; sur les ailes, douze cents cavaliers du Sebaou et de l'Isser. Couverts à droite par les tirailleurs, à gauche par les zouaves, les chasseurs d'Afrique franchirent la rivière, poussèrent droit aux rouges, les rompirent, et, l'infanterie aidant, mirent toute la ligne en déroute. Les Arabes laissèrent sur le terrain cent vingt-neuf morts, deux cents fusils, des pistolets, des yatagans; on leur prit dix-sept hommes, quarante-quatre chevaux, trente-cinq mulets; dans la tente de Ben-Salem, on trouva ses tapis, ses éperons, son cachet. Parmi les morts, on reconnut un vaillant chef, le kaïd des Isser, tué d'un coup de sabre par le lieutenant-colonel Tartas. Du côté des vainqueurs, la perte en tués ou blessés ne fut que d'une vingtaine d'hommes. Le soir même, tandis que les troupes se reposaient au bivouac avant de reprendre, le lendemain, le chemin de leurs cantonnements, le général Changarnier entrait chez le maréchal, tout surpris de le revoir sitôt, victorieux en vingt-quatre heures.

« Il y a ici, écrivait le capitaine de Montagnac, un général qui est tous les généraux d'Afrique : c'est Changarnier. Y a-t-il une expédition à organiser? Vite on ramasse des fractions de tous les corps et l'on prend mon Changarnier. Y a-t-il une razzia à faire? Changarnier. S'agit-il d'établir un télégraphe dans les nuages ? Encore Changarnier, toujours Changarnier! Changarnier est donc le *factotum,* l'homme universel, indispensable, de toutes les affaires africaines. Du reste, il répond à la confiance qu'on a en lui : il se bat bien. Sa réputation va toujours grandissant, et bientôt la terre ne sera plus assez vaste pour le contenir. Voici les opérations de ravitaillement qui vont commencer; Changarnier commande l'expédition. Il a dû traverser le col, aujourd'hui 3 octobre, car on a entendu une canonnade assez nourrie toute la journée. Ils auront encore un fameux pavé à arracher pour franchir cette barrière infernale où tant de Français ont péri et qui nous coûtera encore bien du monde. Quel système, grand Dieu! que celui qu'on a adopté pour occuper ce pays! Ces horribles villes, véritables prisons, dans lesquelles on a jeté trois mille individus, sont autant de gouffres où disparaissent ces malheureux abandonnés. Déjà l'on sait qu'à Médéa le général Duvivier a été obligé de faire de la gélatine avec ses bœufs, qui, tous les jours, mouraient de faim. L'officier supérieur qui commande à Miliana aura-t-il su tirer parti des carcasses des malheureux animaux desséchés par les privations de tout genre? Nous avons appris, dans le courant d'août, par un espion, qu'au commencement du mois deux cent quatre-vingt-neuf hommes avaient péri, que beaucoup d'hommes de la légion étrangère avaient déserté, que la garnison, réduite à un très-faible effectif, avait été obligée de construire un réduit dans l'intérieur de la ville, pour s'y réfugier en cas d'attaque. Nous ne savons plus ce qui s'est passé depuis cette époque, et je crains bien qu'on ne trouve nos malheureux soldats morts ou mourants. » Lugubre prophétie! vérité lugubre!

Le capitaine de Montagnac ne se trompait que sur un point : le canon qu'il entendait de Birkhadem était bien celui de Changarnier; mais ce n'était pas au col de Mouzaïa qu'on se battait, c'était au col du Gontas. Changarnier allait au secours de Miliana, non de Médéa; il y allait, le 3 octobre; c'était bien tard. Le dernier ravitaillement datait du 23 juin, et les magasins n'avaient reçu de vivres que pour un trimestre. Dès le 1er septembre, le maréchal avait fait avertir le commandant par un espion qu'il se préparait à lui envoyer prochainement un convoi; cependant, les jours et les semaines passaient, et le convoi ne se faisait pas. Pourquoi ce retard? Changarnier, qui s'en inquiétait et qui était en situation d'en parler au maréchal, l'expliquait, sans le justifier, par la difficulté de mobiliser une colonne d'une certaine force, tant il y avait de petits postes à garder et tant la fièvre d'automne y propageait ses ravages! Enfin, dans la nuit du 27 au 28 septembre, un homme vêtu en Arabe se présenta au palais du gouvernement; c'était un échappé de Miliana, ancien soldat de la légion étrangère, ancien ouvrier des arsenaux de l'émir. Les nouvelles qu'il apportait *in extremis* étaient de telle sorte qu'il n'y avait plus un jour à perdre. Appelé avant l'aube, le général Changarnier reçut les instructions du maréchal. Le soir même, il était à Blida, donnant ses ordres pour le rassemblement des troupes et l'organisation d'un convoi destiné, selon le bruit public, au ravitaillement de Médéa. Personne, même dans l'état-major du général, n'avait reçu ni pénétré son secret. Ce ne fut qu'au bivouac, près de Haouch-Mouzaïa, dans la soirée du 1er octobre, que le troupes apprirent où on les menait.

Il y avait, avec les zouaves, trois petits bataillons détachés du 17e léger, du 24e et du 48e de ligne, quatre cents chasseurs d'Afrique, deux compagnies de sapeurs, une batterie de montagne. Les mulets du convoi portaient cent cinquante mille rations, farine, riz, sel, sucre, café. La colonne traversa la plaine hadjoute et pénétra, le 2, dans les montagnes des Beni-Menad. Il y eut des engagements assez vifs au passage de l'Oued-bou-Rkika, à Karoubet-el-Ouzri, au défilé de Chab-el-Keta, et le lendemain, au col du Gontas. Le 4, la cavalerie arabe parut vouloir défendre le seuil du vallon de l'Oued-Boutane qui fut aisément forcé. Pendant que les zouaves, l'artillerie, le génie s'établissaient à l'entrée de la gorge et les autres bataillons sur les hauteurs de droite et de gauche, le convoi, précédé d'une petite avant-garde, montait vers la ville. Quand le général y entra, ce qu'il vit tout d'abord dépassa sa plus douloureuse attente. L'état des troupes était navrant. Il y avait encore une certaine quantité de vivres dans les magasins, mais ces vivres étaient avariés, et si le nombre des rationnaires n'avait pas été depuis longtemps réduit par la mort, la faim aurait assurément fait des survivants ses victimes. La nostalgie, l'ennui, la dysentérie, la fièvre, la maladie morale et les maladies physiques, tout concourait à les abattre. « La moitié de la garnison, a dit le général Changarnier, était dans le cimetière, un quart dans les hôpitaux; le reste se traînait sans force et sans courage, incapable de défendre les remparts que l'ennemi, mal informé, n'avait heureusement pas attaqués. » Cette malheureuse garnison fut relevée tout entière, à l'exception d'un seul homme, le capitaine du génie Tripier, qui demanda comme une faveur de rester dans ce poste abhorré. Le commandant Brunet, du 48e, remplaça le lieutenant-colonel d'Illens; le général Changarnier lui composa un effectif de douze cents hommes. Réduite d'autant, car les survivants de Miliana ne pouvaient pas compter, la colonne dut être conduite, pendant la retraite, avec une sûreté de coup d'œil, une habileté tactique et une décision qui firent à son chef, au jugement des hommes du métier, plus d'honneur que le succès d'une offensive heureuse. Observée, suivie, côtoyée par la cavalerie arabe, attendue par les montagnards aux passages difficiles, sans se laisser entamer ni retarder même, elle rentra, le 7 octobre, à Blida, avec une perte de quarante-deux tués et de deux cent soixante blessés. Le capitaine de Mac Mahon, aide de camp de Changarnier, fut cité particulièrement pour sa bravoure et son intelligence de la guerre.

Victimes d'une fatalité impitoyable, les tristes débris qu'on croyait avoir sauvés des horreurs de Miliana avaient été suivis par la mort; ils lui appartenaient : elle les reprit presque jusqu'au dernier tour à tour. Des douze cent trente-six hommes laissés au mois de juin dans la ville maudite, soixante-dix survivaient seuls au 31 décembre. Étonnée de ce grand désastre, émue par la poésie frémissante de Joseph Autran, l'opinion publique fut sévère pour le maréchal Valée. Le maréchal, homme de conscience et de probité, n'essaya de dissimuler, pas plus à autrui qu'à soi-même, la gravité de la catastrophe dont ses lenteurs étaient la cause, et comme il y allait de son honneur d'en prévenir un second exemple, il voulut, sans plus de retard, diriger en personne le ravitaillement des garnisons bloquées.

Le 27 octobre, un corps de sept mille combattants, escortant un convoi de huit cents mulets, quittait Blida et le lendemain s'établissait au col de Mouzaïa sans opposition. Le 29, au bois des Oliviers, l'arrière-garde, un moment compromise, fut dégagée par un retour offensif du général Changarnier. Après Médéa, ce fut Miliana qui reçut la visite du maréchal; il y arriva le 8 novembre, compléta pour un semestre l'approvisionnement de la place, substitua au 3e léger, qui n'y était que depuis un mois, le 2e bataillon d'Afrique, et revint sur Blida par un nouvel itinéraire, en châtiant les Beni-Menad au passage. Du 15 au 20 novembre, un convoi supplémentaire acheva de remplir les magasins de Médéa dont la garnison fut intégralement renouvelée ; les zouaves y relevèrent le 23e de ligne, et Cavaignac, leur lieutenant-colonel, le stoïque bloqué de Tlemcen, remplaça Duvivier qui reprit avec satisfaction le commandement d'une brigade active. La campagne d'automne ainsi terminée, les troupes rentrèrent dans leurs cantonnements.

X

Presque uniquement absorbé par les opérations sur Médéa et Miliana, le maréchal Valée avait à peu près négligé la province de Constantine, et tout à fait la province d'Oran. Dans une dépêche qui ne lui fut pas agréable, le ministre de la guerre crut devoir lui rappeler, le 25 septembre, l'importance de l'une et de l'autre. « Vous aurez, disait le ministre, à considérer quels résultats a déjà produits sur les Arabes de l'intérieur et sur la fidélité de nos alliés la longue défensive dans laquelle la province d'Oran a été tenue, et à examiner, s'il est, en effet, sans danger de la prolonger... D'un autre côté Abd-el-Kader, après une suite de combats glorieux pour nos armes, a pu cependant envahir, par ses lieutenants, la Medjana et porter la guerre dans la province de Constantine, où nous n'avions que quelques embarras intérieurs. »

Il est certain que, dans la Medjana, El-Hadji-Moustafa, le propre frère d'Abd-el-Kader, avait provoqué, au mois d'août, une insurrection générale et bloqué, ou peu s'en faut, la garnison de Sétif; mais il faut ajouter qu'un beau combat de cavalerie, livré le 1er septembre aux environs de cette place, à Medzerga, par les chasseurs d'Afrique du colonel de Bourgon, dissipa la ligue insurrectionnelle et contraignit le frère de l'émir à se retirer dans la montagne, d'où il ne tarda même pas à regagner le Titteri. La tranquillité parut même assez bien rétablie pour que le général Galbois, qui avait porté son quartier général à Sétif, pût retourner à Constantine. Son attention était appelée sur un autre point de la province, du côté de Bone, où le capitaine d'état-major Saget, officier de la plus grande distinction, et le kaïd de la Calle, venaient d'être assassinés en trahison par un cheikh des Beni-Sala. Commis au mois d'octobre, le crime fut sévèrement puni, six semaines plus tard, par le général Guingret qui mit à feu et à sang le territoire de la tribu coupable; malheureusement, le cheikh assassin put échapper à toutes les recherches, mais soixante de ses complices payèrent de leur tête l'assistance qu'ils avaient prêtée au guet-apens.

Dans la province d'Oran, il semblait qu'on eût rétrogradé de cinq ans, au lendemain de la Macta, au temps fâcheux où les garnisons, retenues en arrière des blockhaus, laissaient les Arabes parader triomphalement en plaine. Telle était la détresse des Douair et des Sméla, resserrés entre les murs d'Oran, le Figuier et Misserghine, que l'intendance était obligée de pourvoir à la nourriture des hommes et des chevaux, à raison d'un demi-kilogramme de blé et de trois kilogrammes d'orge par jour. Heureusement l'heure approchait où, les affaires prenant une autre allure, la division d'Oran allait sortir de cet état de marasme. Au mois d'août, le général Guéhéneuc fut remplacé par La Moricière. Ce changement, décidé à Paris, ne plut pas au gouverneur qui ne l'avait pas provoqué : mauvais symptôme. Afin de remettre les troupes en haleine, La Moricière commença par faire des razzias. Avec les chasseurs d'Afrique du colonel Randon, les spahis du commandant Montauban, les 13e et 15e léger, le 1er et le 41e de ligne, il était toujours prêt à déboucher du Figuier ou de Misserghine, et décidé à ne plus laisser Bou-Hamedi ou Ben-Tami courir impunément du Sig au Rio-Salado. Le temps n'était plus où le maréchal Valée dictait ses volontés au gouvernement; obligé de se plier aux instructions du ministre, voici ce qu'il écrivait, lui, l'ennemi de la razzia, lui, l'adversaire des colonnes mobiles, le 11 octobre, à La Moricière : « Le rôle de la division d'Oran devra être de tenir la campagne, de manière à inquiéter sérieusement l'ennemi, à lui faire éprouver des pertes considérables, à attirer dans notre alliance les tribus, à faire peser sur celles qui resteront hostiles le poids de la guerre. Vos opérations devront commencer par une attaque, tenue autant que possible secrète, contre les Gharaba et les Beni-Amer. Ravager le pays au sud du lac, enlever les troupeaux, amener Bou-Hamedi à un combat décisif, puis, si on le pouvait, se porter dans la plaine de l'Habra, empêcher les tribus d'ensemencer les terres, tel est le but qu'il conviendrait d'atteindre. »

Le 21 octobre, sous prétexte d'une revue, 3,000 hommes d'infanterie, une batterie de montagne, 700 chevaux du 2e chasseurs d'Afrique, 400 spahis, 500 Douair et Sméla étaient rassemblés au Figuier. Dans la nuit, La Moricière les porta rapidement sur le haut Tlelate. Il devait y avoir là, d'après le capitaine Daumas, un grand campement de Gharaba et de Beni-Amer, sous les ordres de leurs aghas Ben-Yacoub et Sidi-Zine. La surprise, au point du jour, fut complète et le butin énorme : un millier de bœufs, trois mille moutons et chèvres, soixante chevaux, trente chameaux, trois cents ânes, de l'orge, des poules, du blé, des tentes, des tapis, des bijoux, des boudjous, etc. Les femmes de Ben-Yacoub avaient été prises; l'agha offrit de payer largement leur rançon, à condition qu'elles n'eussent pas subi d'insultes; autrement il les abandonnait « pour être salées et mangées ». C'était, selon le capitaine Daumas, l'expression courante chez les Arabes en pareil cas. Le 2 novembre, visite de la colonne mobile aux silos des Beni-Amer; le 8 et le 9, visite aux silos des Gharaba. Dans cette dernière affaire, il y eut un assez vif engagement à l'arrière-garde. A la tête d'un escadron de chasseurs d'Afrique, côte à côte avec le général de La Moricière, le colonel de Maussion, son chef d'état-major, tomba frappé de trois balles, en pleine charge. « Nous avons perdu un homme qu'on ne remplacera jamais ici, écrivait, quelques jours après, le capitaine de Montagnac; il emporte non-seulement les regrets de l'armée, mais encore ceux de toute la population. Le colonel de Maussion est mort au bivouac, deux heures après avoir été blessé; le 11, nous l'avons enterré. Les derniers adieux à cet honnête homme ont été touchants, et quelques paroles prononcées sur sa tombe par le commandant de Crény ont fait couler bien des larmes. » Ce fut le lieutenant-colonel Pélissier qui prit l'emploi de chef d'état-major de la division d'Oran.

La guerre ne donne pas de loisir aux longs attendrissements, et ceux qu'elle passionne lui pardonnent ses rigueurs en faveur de ses mâles jouissances. Encore et sincèrement ému de la mort héroïque du colonel de Maussion, le capitaine de Montagnac esquissait d'une plume allègre, en dilettante, le combat du lendemain : « Il faisait un temps superbe, le soleil était brillant; le terrain, pas trop accidenté, laissait apercevoir tous les mouvements des deux partis. Ces nuées de cavaliers, légers comme des oiseaux, se croisant, voltigeant sur tous les points, ces *hourras,* ces coups de fusil dominés, de temps à autre, par la voix majestueuse du canon, tout cela présentait un panorama délicieux et une scène enivrante. Il paraît que demain nous allons nous mettre encore en course. Le petit La Moricière ne nous laisse pas beaucoup de repos, et il a raison, s'il veut avoir des troupes aguerries et faites à la fatigue pour les expéditions du printemps prochain. »

Les expéditions du printemps prochain, qui donc allait les diriger en chef? La nomination de La Moricière à la division d'Oran n'était-elle pas l'indice d'un changement plus considérable ? La Moricière n'était-il pas un précurseur ? Pendant trois années, le maréchal Valée avait donné sa mesure ; l'expérience de sa méthode était largement faite ; qu'avait-elle produit ? Sauf un cas unique d'offensive, l'assaut du col de Mouzaïa, toutes ses opérations militaires n'étaient qu'escortes de convois et ravitaillements. On savait de reste ce que valaient les postes retranchés et le système d'attente. N'était-ce pas au tour des colonnes mobiles et du système d'action de faire leurs preuves ? C'était de ce côté-là qu'inclinait visiblement déjà le cabinet que présidait M. Thiers. Celui qui lui succéda, le 29 octobre 1840, sous la présidence nominale du maréchal Soult, sous l'autorité réelle de M. Guizot, ministre des affaires étrangères, et du comte Duchâtel, ministre de l'intérieur, décida la question en tranchant résolûment dans le vif. Le 29 décembre, une ordonnance royale releva de ses fonctions le maréchal Valée et nomma le général Bugeaud à sa place. L'affaire d'Algérie allait entrer dans une phase absolument nouvelle.

L'Algérie, comme l'ancienne Grèce, a eu ses *Temps héroïques,* son âge légendaire. J'appelle de ce nom les dix années, de 1830 à 1840, dont la période s'achève avec ces lignes. C'est une ère confuse, incohérente, pleine de disparates, mais qui, ce me semble, ne manque ni d'originalité ni de grandeur. Les hommes y sont livrés à eux-mêmes, dans le libre jeu de leurs qualités et de leurs défauts, sans direction, sans contrôle, aux prises avec des difficultés de toute sorte. La France hésite; dix fois, elle semble près de renoncer à cette lutte ingrate, d'abandonner cette Afrique dévorante : l'honneur la retient cependant, et ce sont des défaites à venger qui l'enracinent dans un sol imprégné de son sang. En face d'elle et par elle a grandi un Arabe de génie; lui seul a de la persévérance, un dessein suivi, une volonté que rien ne décourage : c'est un caractère. Mais voici qu'en face de lui va se dresser, à son tour, un homme de guerre à sa taille, aussi persévérant, énergique, résolu, qui, après avoir d'abord hésité lui-même, entraînera dans son élan les hésitations de la France. Avec lui, tout se range, tout s'organise, tout se règle.

Chez les Grecs, les *Temps héroïques* ont pris fin quand s'est ouverte la grande histoire. La grande histoire en Algérie s'ouvre avec le général Bugeaud. Son avénement clôt décidément pour nous les *Commencements d'une conquête.*

FIN.

TABLE DES MATIÈRES

CHAPITRE VI

LE MARÉCHAL CLAUZEL

CHAPITRE VII

LA PREMIÈRE EXPÉDITION DE CONSTANTINE

CHAPITRE VIII

LE GÉNÉRAL DE DAMRÉMONT

CHAPITRE IX

LE MARÉCHAL VALÉE

CHAPITRE X

LA RUPTURE DU TRAITÉ DE LA TAFNA

FIN DE LA TABLE DES MATIÈRES.

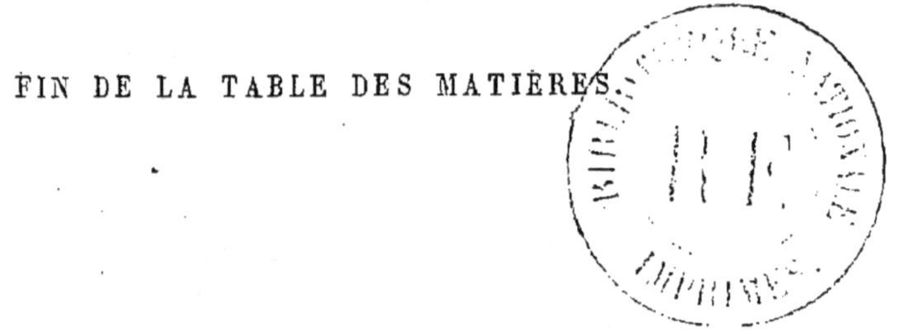

PARIS. TYPOGRAPHIE DE E. PLON, NOURRIT ET Cie, RUE GARANCIÈRE, 8.

www.ingramcontent.com/pod-product-compliance
Lightning Source LLC
LaVergne TN
LVHW010525100826
845148LV00001B/96

9782012565531